高校文化育人
质量评价指标体系构建研究

董承婷 著

西南财经大学出版社
Southwestern University of Finance & Economics Press

中国·成都

图书在版编目(CIP)数据

高校文化育人质量评价指标体系构建研究/董承婷
著.--成都:西南财经大学出版社,2025.2.
ISBN 978-7-5504-6509-1

Ⅰ.G640

中国国家版本馆 CIP 数据核字第 20243EC982 号

高校文化育人质量评价指标体系构建研究

GAOXIAO WENHUA YUREN ZHILIANG PINGJIA ZHIBIAO TIXI GOUJIAN YANJIU

董承婷　著

策划编辑:李晓嵩
责任编辑:李晓嵩
责任校对:王　琳
封面设计:何东琳设计工作室
责任印制:朱曼丽

出版发行	西南财经大学出版社(四川省成都市光华村街55号)
网　　址	http://cbs.swufe.edu.cn
电子邮件	bookcj@swufe.edu.cn
邮政编码	610074
电　　话	028-87353785
照　　排	四川胜翔数码印务设计有限公司
印　　刷	成都国图广告印务有限公司
成品尺寸	170 mm×240 mm
印　　张	15.25
字　　数	280 千字
版　　次	2025 年 2 月第 1 版
印　　次	2025 年 2 月第 1 次印刷
书　　号	ISBN 978-7-5504-6509-1
定　　价	98.00 元

序

习近平总书记指出："文以载道，以文化人。"文化育人是高校思想政治教育的重要任务。面对世界百年未有之大变局加速演进，中华民族伟大复兴进入关键时期，人类社会正经历时代之变、世界之变、历史之变，人们的思想观念和价值取向多元多样，主流意识形态与多样化的社会思潮相互碰撞激荡，意识形态领域斗争更加激烈。坚持以文育人、以文化人、以文培元，用文化涵养德行、凝心聚力、培根铸魂，在以中国式现代化全面推进中华民族伟大复兴的新征程中，不断增强人民群众的精神力量，是当前一项十分紧迫的政治任务。高校担负着培养时代新人、推动文化传承创新的重要使命，全力推进文化育人工程，提高文化育人质量，是高校落实立德树人根本任务的必然要求，也是办好中国特色社会主义大学的根本要求。

因此，将文化育人作为高校思想政治教育研究的重要范畴，是新时代思想政治教育学科发展创新的重要体现。关于文化育人的研究，可以追溯到20世纪80年代，其围绕培养什么人、怎样培养人、为谁培养人这一教育的根本问题，经历了从"素质教育"到"文化素质教育"再到"文化育人"的思想发展，演绎出"丰富校园文化""培育大学精神""推进以文化人"的理论思考与实践探索。中国特色社会主义进入新时代，建设社会主义文化强国，落实立德树人根本任务，培养担当民族复兴大任的时代新人，对高校文化育人提出了新的更高要求。2016 年，习近平总书记在全国高校思想政治工作会议上指出："要更加注重以文化人以文育人。"重视思想政治教育的文化力量，注重发挥文化的潜移默化、润物无声、滋养心灵功能，推动社会主义核心价值观内化于心、外化于行，是高校思想政治教育的时代使命。中共中央、国务院印发的《关于加强和改进新形势下高校思想政治工作的意见》指出："形成教书育人、科研育人、实践育人、管理育人、服务育人、文化育人、组织育人长效机制。"2017 年，教育部印发的《高校思想政治工作质量提升工程实施纲要》提出，要提升高校思想政治工作质量，构建包含文化育人等在内的高校思想政治工作十大育人体系。高校文化育人的目标、任务等得以明晰，高校文化育人质量作为高校思想政治工作质量的重要组成部分的地位得以彰显。

提升思想政治工作质量，成为新时代高校思想政治工作的主线。推进思想政治工作质量评价，成为思想政治教育理论研究和实践工作的重要议题。在这一过程中，教育部出台了《全国大学生思想政治教育工作测评体系（试行）》《高等学校思想政治理论课建设标准（暂行）》《普通高等学校马克思主义学院建设标准》《高等学校辅导员职业能力标准（暂行）》《普通高等学校学生党建工作标准》《高校思想政治工作质量提升工程实施纲要》等一系列制度文件，明确了高校思想政治工作质量评价的新要求，从不同维度构建了高校思想政治工作质量测评体系。在这一时期，学者们推出了一系列关于思想政治工作质量评价的理论研究成果，较为系统地回答了高校思想政治教育工作质量"为什么评价""谁来评价""评价什么""如何评价"等问题，关于高校思想政治工作质量评价的学理研究取得了重要进展。2020年，为深入贯彻落实习近平总书记关于教育的重要论述和全国教育大会精神，中共中央、国务院印发了《深化新时代教育评价改革总体方案》，明确指出要"科学设计各级各类教育德育目标要求""分类设计、稳步推进，增强改革的系统性、整体性、协同性"。为此，在把握高校思想政治工作质量评价一般规律的基础上，开展高校思想政治工作十大育人体系各子系统的评价，深入研究不同育人体系的特殊性，探索各育人体系的目标任务、场域构建、质量识别、质量判定等，推进各育人体系质量评价的学理性研究，就成为思想政治教育一项十分重要且紧迫的任务。

在这一背景下，作为董承婷的博士生导师，我建议她以《高校文化育人质量评价》为题开展博士论文的研究工作。董承婷是高校思政骨干专项的博士研究生，具有多年从事学生工作的经历和多学科交叉背景，其博士论文的研究过程体现了她对这一问题的独特洞见和思考。本书是在其博士论文的基础上进一步修改完成的。本书从学理上阐释了高校文化育人质量是什么、如何形成、何以实现、可否评价以及评价理路，从高校文化育人质量评价指标体系的应然性出发，回答了一个科学合理的高校文化育人质量评价指标体系应当具备何种内在规定以及构建的依据和应遵循的原则，从高校文化育人质量的生成逻辑出发将高校文化育人质量划分为过程质量、结果质量、效益质量，并以此为基础分析了影响三个不同维度文化育人质量的主要因素和核心关注点，进而凝练出三个维度的具体评价指标。本书在运用科学方法进行反复测量、验证和筛选后，构建起了高校文化育人质量评价指标体系的基本框架，明确了各评价指标的基本内容和权重，通过实证研究对所构建指标体系的科学性进

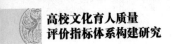
行了检验。这一研究成果具有开创性，对有关教育行政部门、高校开展文化育人质量评价具有重要的指导作用，对科学把握高校文化育人效果以及文化育人功能的实现具有重要的实践意义。

　　当然，对这一问题的研究还需要在实践中不断向前推进，需要与高校十大育人体系的其他质量评价进行比照研究，需要进一步思考如何将大数据思维及人工智能等应用于评价中，需要进一步研究不同类型、不同层次高校文化育人质量评价的共性与差异性问题等。我既期待学界同仁对这一研究成果提出批评和建议，也期待董承婷在今后的学习和工作中对上述问题继续开展研究，取得更多的创新性研究成果。

王永友

2024 年 12 月 18 日

目录 MULU

导论

文化育人是高校思想政治工作的重要组成部分。习近平总书记强调要育新人、兴文化，高校围绕培养什么人、怎样培养人、为谁培养人这一根本问题开展文化育人，坚持以文化人、以文育人、以文培元。这是强化大学生思想政治工作的重要举措，是落实立德树人根本任务的重要途径，是社会主义高校培养担当民族复兴大任时代新人的根本要求。高校文化育人质量关乎高校文化育人目标的达成、思想政治工作的实效，是不容忽视的重要问题。关注高校文化育人质量，探索高校文化育人质量评价，通过构建高校文化育人质量评价指标体系，从多个维度综合判断高校文化育人的质量，是新时代高校文化育人的重要关注点，是高校思想政治工作全面进入质量时代的科学路径，是建设社会主义文化强国的时代呼唤。

一、研究缘起

习近平总书记强调"要更加注重以文化人以文育人"[①]。高校坚持以文化人、以文育人、以文培元，是强化大学生思想政治工作的重要举措，是落实立德树人根本任务的重要途径，是社会主义高校培养担当民族复兴大任时代新人的根本要求。高校文化育人质量关乎高校文化育人目标的达成、思想政治工作的实效，是不容忽视的重要问题。高校思想政治工作已步入质量时代，在中共中央、国务院《深化新时代教育评价改革总体方案》推动分级分类评价、教育部《高校思想政治工作质量提升工程实施纲要》健全高校思想政治工作质量评价机制的要求下，在高校思想政治工作质量评价研究进入全面发展阶段的背景下，关注高校文化育人质量，探索高校文化育人质量评价，不仅是完善高校文化育人质量提升体系、提升高校文化育人过程质量进而提升高校思想政治工作质量的现实需要，也是进一步深化高校思想政治教育理论的需要。

（一）培养担当民族复兴大任时代新人的题中之义

培养担当民族复兴大任的时代新人是新时代高校的人才培养目标。在实现中华民族伟大复兴的新征程中，党和国家对能深怀爱国之心、砥砺报国之

---

① 吴晶，胡浩. 习近平在全国高校思想政治工作会议上强调 把思想政治工作贯穿教育教学全过程 开创我国高等教育事业发展新局面［J］. 中国高等教育，2016（24）：5-7.

志，主动担负起时代使命的人才的需要尤为迫切。培养大学生在理想信念上更加坚信马克思主义的指导、价值观念上更加自觉弘扬社会主义核心价值观、思想认识上更加坚定中国特色社会主义文化自信、情感心理上更加强调国家民族认同，是新时代高校思想政治教育的使命。作为高校思想政治教育的重要着力点，文化育人以其潜移默化、深入持久、润物无声的独特优势，在实现高校全过程育人、全方位育人方面发挥着越来越突出的作用。"国家之魂，文以化之，文以铸之。"① 习近平总书记在多个场合曾多次强调，要以文化人、以文育人，引导大学生坚定中国特色社会主义文化自信，增强做中国人的志气、骨气、底气②。中华文化是赓续民族血脉的根基。中华优秀传统文化所蕴含的思想观念、人文精神、道德规范，是培育时代新人家国情怀、仁善品质、道义担当、勤俭素养等精神的力量源泉。革命文化蕴含着在黑暗中坚定理想信念、在困境中艰苦奋斗、全心全意为人民服务等品质，是塑造时代新人在新征程上坚守初心、敢于斗争、乐观豁达、赤诚奉献的精神密码。社会主义先进文化所承载的理想信念、价值规范、科学思想和文化观念等丰富内涵，为培根铸魂、启智润心、立德树人筑牢了精神底色。深入发掘中华文化的育人化人资源，发挥文化培根铸魂、启智润心的功能，帮助大学生实现文化认同、文化觉醒、文化自信，是培养时代新人的应有之义。

(二) 提升高校思想政治工作质量的内在要求

质量是高等教育的生命线。伴随着党和国家对高校思想政治工作的重视，根据一系列提升高校思想政治工作质量的文件要求，学界围绕思想政治教育质量的内涵、要素、本质、评价、提升等进行了深入研究，取得了丰硕的理论成果和实践探索成果，高校思想政治工作已全面进入质量时代。作为高校思想政治工作十大育人体系之一，高校文化育人统摄于培养担当民族复兴大任时代新人的总体目标，服从于高校立德树人根本任务，服务于高校思想政治工作整体推进，是高校思想政治工作的重要内容。随着时代的进步和发展，高校文化育人经历了丰富文化生活、发展第二课堂、创建校园文化、培育大学精神、创新育人形式等阶段，现已进入内涵式发展阶段。当下的高校文化

---

① 习近平. 在纪念马克思诞辰 200 周年大会上的讲话 [J]. 党建，2018 (5)：4-10.
② 习近平. 在庆祝中国共产主义青年团成立 100 周年大会上的讲话 [N]. 人民日报，2022-05-11 (02).

育人的工作实效性如何、哪些环节需要改进、育人目标完成程度等，关系到下一步高校文化育人的工作路向，迫切需要进行理论回应和实践探索。评价研究是质量提升的关键环节。科学合理的文化育人质量评价是推进高校思想政治工作质量提升的重要手段。对高校文化育人质量评价进行研究，发挥质量评价在引领方向、明确路径、反馈结果等方面的积极作用，既能有效回应国家、社会、大学生对高校文化育人的关切，促进高校文化育人质量的提升，又能作为相互独立、相互联系的高校思想政治工作质量评价的子系统，协同推进高校思想政治工作各环节、各方面的信息反馈和过程调节，确保高校思想政治工作质量评价的准确性、可靠性，有效提升高校思想政治工作质量。

（三）促进社会主义文化强国建设的有力支撑

党的十九届五中全会通过的《中共中央关于制定国民经济和社会发展第十四个五年规划和二〇三五年远景目标的建议》提出了到2035年建成文化强国的远景目标，这是党中央首次提出建设文化强国的时间表。在"两个一百年"奋斗目标的历史交汇之际，发展社会主义先进文化、建设社会主义文化强国，事关国家安全、民族独立和国运兴衰。人是文化的起点和终点，文化强国的核心在于文化强人。社会主义文化强国对人民的文化认知、文化情感、文化自觉和文化自信等提出了更高要求。高校文化育人是提升人的思想素质、文化素养、精神境界、道德情操的重要途径。对高校文化育人质量进行有效评价，确立科学合理的高校文化育人质量评价指标体系，可以在推进大学文化建设、催生优秀文化成果、衡量大学生思想文化素质等方面起到指挥棒和风向标的作用。高校通过对文化育人的内容提出规定，对文化环境提出要求，对育人工作进行规范，能引导大学文化建设，促进社会主义先进文化繁荣发展。高校通过识别、挖掘、积累优秀文化资源，提炼、总结、形成优秀文化成果，并不断加以发展和完善，能催生新的文化成果，实现优秀文化的累积和创新。对大学生的文化观点、文化知识、文化态度、文明程度等进行衡量，判断大学生文化自信的程度，可以为进一步坚定大学生文化自信、促进大学生自由全面发展、培育可靠的社会主义建设者和接班人提供对策依据。

二、研究现状

改革开放以来，高校文化育人主要经历了丰富文化生活、发展第二课堂、创建校园文化、培育大学精神、创新育人形式等主要阶段①。与高校文化育人实践探索同时推进的，还有相关理论研究。从理论研究的数量和质量来看，自 20 世纪 90 年代开始，相关研究经历了 20 世纪 90 年代至 2004 年的起步期、2005 年至 2011 年的平稳发展期、2012 年至 2018 年的爆发式增长期，到 2018 年进入内涵式发展期，出现了专注研究这一领域的学者和更多高水平研究成果，推动着相关研究向纵深发展。本部分将围绕高校文化育人质量评价展开三个方面的文献回顾，即高校文化育人相关研究、高校文化育人质量相关研究、高校文化育人质量评价相关研究。

（一）高校文化育人相关研究

1. 高校文化育人的形成与发展

厘清我国高校文化育人究竟从何时开始，经历了哪些阶段，其大致发展脉络如何，关系到找准高校文化育人的历史定位，是研究高校文化育人的起点。为此，学者们展开了较为详实的研究：有的学者以国家不同历史时期的政策文件为指引，有的学者以大学校园文化育人实践历史进程为主线。学者们从不同视角出发对高校文化育人的发展进行了界定，代表性观点主要有二阶段说、三阶段说、五阶段说。二阶段说以高等教育的文化育人理念发展和演变为主线，将高校文化育人划分为大学文化素质教育和文化育人两个阶段。大学文化素质教育阶段以 1995 年教育部部长周远清作《加强文化素质教育，提高高等教育质量》报告为起点；文化育人阶段以胡锦涛同志 2011 年提出文化育人理念为起点②。二阶段说认为，文化素质教育阶段与文化育人阶段是递进的关系，前者是后者的基础，后者是前者的提升。二阶段说注意到了前后两个阶段的连续性、一贯性，强调了高校文化育人工作进阶的发展趋势。但以国家文化育人理念的转变为阶段划分的标志，认为真正意义上的高校文化育人工作是从 1995 年才开始的，忽视了 1995 年以前我国高校实际开展的有关文化育人的实践探索。同时，将高校文化育人工作简单划分为两个阶段，忽略了一个阶段内部依然存在不同时段的工作目标和重点任务的差异，因此二阶段说的观点不免显得过于粗略。三阶段说以大学文化发展为主线，结合大学文化育人实践，将大学文化育人划分为三个时期。有的学者用初型时期、

---

① 冯刚. 改革开放以来高校思想政治教育发展史［M］. 北京：人民出版社，2018：200.
② 张岂之. 大学的人文教育［M］. 北京：商务印书馆，2014：98.

转型时期、发展时期来概括，认为初型时期以校园文化的兴起为标志，转型时期以注重文化素质教育为标志，发展时期以注重大学文化建设、发挥文化功能为标志①。有学者则直接以校园文化建设、文化素质教育、大学文化建设三个阶段概括我国大学文化建设历程，而文化素质教育阶段又经历了三个历程，分别是 1995 年文化素质教育理念提出时期、积极探索文化素质教育思想内涵时期、以文化育人为主题的深化和丰富文化素质教育思想时期②。这种观点承认了在国家正式提出文化素质教育之前，高校关于文化育人的实践探索，注意到了校园文化兴起对文化育人工作的基础性、铺垫性作用，强调了各阶段的相互关联、层层递进。但是，仅以大学文化发展为线来划分高校文化育人的阶段，犹如管中窥豹，实际上这种做法削减了文化育人的内涵。五阶段说以高校不同时期育人工作重点的转变为主线，结合国家在不同历史时期的指导性文件，将高校文化育人划分为丰富文化生活、辅助专业教育，发展第二课堂、加强素质教育，发展校园文化、提升教育质量，增强文化蕴含、凝聚大学精神，创新育人形式、提高教育实效等主要阶段③。这种划分全面概括了从恢复高考以来国家和高校在文化育人方面所做的尝试，结合政策文件和高校育人实践，描绘了文化育人在不同历史时期的变化发展，强调了不同阶段的历史任务与工作重点，同时注重各阶段的承继性、连贯性、整体性，是较为全面的划分。

学者们依据不同的划分标准得出了关于文化育人发展阶段的不同观点，以国家教育理念的转变为标准得出了二阶段说，以大学文化发展不同特征为标准得出了三阶段说，以高校不同时期育人工作重点转变为标准得出了五阶段说。各种观点既有其合理性，也有其局限性。探讨文化育人的发展阶段，是后续文化育人研究与实践的重要起点。

2. 高校文化育人的内涵

高校文化育人作为一种客观存在，其科学内涵是什么，成为进行文化育人理论研究的首要性任务。学者从广义、狭义不同范围，从教育学、政治学、发生学等不同视角，产生了不同的理解。我们可以将其区分为一元论和二元

① 眭依凡，等. 大学文化思想及文化育人研究 [M]. 杭州：浙江大学出版社，2016：15.
② 朱永坤. 从"文化素质教育"到"文化育人"：高校全面教育理念的发展 [J]. 教育评论，2016 (3)：39-42.
③ 冯刚. 改革开放以来高校思想政治教育发展史 [M]. 北京：人民出版社，2018：200.

论。持一元论者对高校文化育人的内涵有不同的界定。有人从教育的本质出发，提出教书育人、管理育人、服务育人、环境育人等，说到底都是文化育人，将文化育人看成教育的实质，认为教育就是有目的、有计划的文化过程，文化育人体现于一切教育活动中①。这种观点从广义上来理解文化育人，认识到文化是教育的质料，是教育的关键内容，强调了文化的教化、塑造、引导功能，注意到文化的全域性、整体性、渗透性。将文化育人扩大为一切教育活动，冲淡了文化育人的特性，忽略了文化育人与其他教育活动的差异，虽然看似突出了文化育人的地位，但实际上并未重视文化育人与其他教育活动的功能耦合。另一种具有代表性的一元论观点认为，文化育人就是"以文化人"，提出文化育人就是大学要将自身产生和保存的核心信仰、艺术、道德、知识等精神文化和制度文化传递给学生，将体现人文主义和大学精神的自由思想、民主意识、独立人格、平和心态传递给学生，就是要以崇高的理想引导人，以高尚的精神塑造人，以先进的文化熏陶人②。有学者认为，以文化人的实质就是文化育人，其中文是育人的核心内容，化是育人的基本方法，人是育人的根本目的③。认为文化育人就是"以文化人"的观点，强调了文化的引导、熏陶、塑造功能，认识到文化的春风化雨、润物无声的特性，但却过于突出"化"而忽视了"教"，没有强调教育活动中教育主体的在场，忽略了教育主体的主导性。二元论观点也有几种不同的见解。一是认为文化育人具有二维结构，分别蕴含育人为本、文化育人两个阶段，和以文化人、以文育人两个关键要素④。这种观点试图通过不同阶段、关键要素来展现文化育人的立体结构，强调了文化育人内涵的丰富性。二是从文化与人的关系，提出文化育人内在地包含着"以文化人"和"以人化文"的深刻内涵，强调文化的创造过程既是文化的生成过程，也是人的塑造与养成过程⑤。这种观点看到了人的"文化"过程和文的"人化"过程，揭示了文化育人中人与文化之间互为因果的密切关系。三是认为文化育人就是以文化人和以文育人。这种

---

① 袁贵仁. 加强大学文化研究 推进大学文化建设 [J]. 中国大学教学, 2002 (10)：4-5.
② 朱庆葆. 以文化育人促进人的全面发展 [J]. 中国高等教育, 2012 (17)：1.
③ 张立学, 路日亮. 以文化人意蕴解读 [J]. 中国高等教育, 2018 (12)：33-34.
④ 秦在东, 唐佳海. 新时代提升文化育人质量的基本方略 [J]. 思想理论教育, 2019 (6)：101-105.
⑤ 冯刚. 新时代文化育人的理论考察 [J]. 学校党建与思想教育, 2019 (5)：4-7.

观点在习近平总书记提出的要更加注重以文化人、以文育人的基础上，强调了以文化人、以文育人的不同范畴，认为两者在育人过程中发挥着不同作用，不可等同①。有学者专门谈到以文育人，认为以文育人的主要渠道是课堂，通过融入课堂教学体系、探索课堂教学模式、融入教学实践环节等，将以文育人与以文化人相区别②。在文化育人就是以文化人和以文育人这种观点中，"化"注重文化的渗透性、感染性，强调了隐性教育，"育"则重在课堂和教学环节，强调了显性教育。将"化"和"育"相结合，有利于实现隐性教育和显性教育的功能耦合，因此能较为全面地阐释文化育人的内涵。

以上关于高校文化育人内涵的几种不同界定，反映了学者们对文化育人的理解各有侧重。认为文化育人就是一切教育活动的"一元论"观点，重在强调文化的全域性、整体性、渗透性；认为文化育人就是"以文化人"的"一元论"观点，强调了文化的引导、熏陶、塑造功能，侧重于文化的春风化雨、润物无声的特性。在"二元论"观点中，从文化育人的二维结构来理解其内涵者，重在凸显文化育人内涵的层次性、结构性。从"文化"与"人化"的过程来阐释文化育人内涵者，重在揭示人与文化互为因果的密切关系。将文化育人内涵概括为"以文化人"和"以文育人"者，重视"化"和"育"的结合，强调隐性教育和显性教育的功能耦合。以上观点体现了学者们认识和考察文化育人的不同视角和不同侧重，不存在根本的对立和冲突。

3. 高校文化育人的要素构成

高校文化育人是一个具有政治性、价值性、科学性的系统工程，有学者从高校文化育人系统构建角度出发，分析了文化育人的内在结构机理，认为教育主体、指导思想、教育内容、教育环境以及教育管理构成了完整的文化育人结构③。明确文化育人的基本要素、结构机理，是把握文化育人规律的前提条件。学者们从不同角度对文化育人系统中各要素进行了探究。

关于高校文化育人的目标。学者们从目标的层次性、价值性、科学性等展开了论述。有学者提出，文化育人目标的层次性具体体现为首先是成人，

① 朱永坤."以文化人、以文育人"：习近平文化育人思想对高等教育的指导 [J]. 南宁职业技术学院学报，2018，23（6）：30-33.
② 郑秋月，于景洋."以文育人"：中华传统文化与高校思想政治教育的契合与融通 [J]. 山西高等学校社会科学学报，2018，30（8）：88-92.
③ 郝保权. 明晰新时代文化育人的内在逻辑结构 [J]. 中国高等教育，2019（1）：56-58.

其次是成为中国人，再次是成为先进的中国人，强调文化育人要围绕以上三个目标来开展①。

有学者认为，文化育人目标应既符合社会发展需要又满足个体发展需要，既符合角色人格特质又满足大学生人格全面发展需要。因此，高校在进行文化育人目标设定时，应努力做到以人为本、有的放矢、整体协调、持续渐进②。

关于高校文化育人的原则与遵循。学者们从高校文化育人的地位与意义出发，对高校文化育人的基本原则与遵循进行了论述。有学者指出，高校文化育人应坚持以教师为主导，以学生为主体，贴近学生、贴近实际，导向为要，内容为王，追求实效等原则，做好文化育人的顶层设计和系统谋划③。有学者指出，应以遵循文化存在和发展规律为核心参照，以中华优秀传统文化和民族精神为价值基准，以社会主义核心价值观为核心内容支撑，以先进文化创新和发展为长远目标④。

关于高校文化育人的主体与客体。高校文化育人的实践者有教师和学生两大群体，关于文化育人的主体，学者们持不同的观点。持双主体说者认为，高校文化育人的主体既包含教师又包含学生，强调教师与学生的主体性以及主体间关系的平等性，认为文化育人的过程就是教育实践主体自身的"前结构"不断改变、丰富和发展的过程⑤，教师和学生既是高校文化育人的主体又是文化育人的客体⑥。持主客体说者以思想政治教育主客体说为理论基础，认为高校文化育人的主体是高校教师和教育工作者，客体是大学生。有学者从习近平总书记在高校思想政治工作会议上的重要讲话精神出发，提出高校文化育人的核心是要培养学生的主体性和独立人格，目的是培养全面发展的人⑦。有学者指出，青年学生是高校以文化人的对象，高校在以文化人的实践

① 刘献君. 论文化育人 [J]. 高等教育研究，2013，34（2）：1-8.

② 满炫. "以文化人"理念下高校文化育人目标的价值取向及科学设定 [J]. 江苏高教，2018（5）：68-71.

③ 罗莎，熊晓琳. 新时代高校文化育人实现理路探赜 [J]. 思想教育研究，2020（4）：135-139.

④ 张峻峰. 推进新时代高校文化育人的逻辑进路 [J]. 中国高等教育，2021（Z3）：64-66.

⑤ 冯向东. 高等教育如何以文化人 [J]. 高等教育研究，2018，39（5）：1-8.

⑥ 郑尊. 以文化人以文育人 增强师生文化自信 [J]. 思想政治工作研究，2017（10）：27-29.

⑦ 史虹. 文化育人就是引导学生成为最好的自己 [J]. 内蒙古教育，2017（24）：25-26.

中，应理解青年大学生的生存方式，从思想、行为、主观心态等多维度理解青年学生的时代特征①。有学者从立德树人的目的出发，指出高校应有针对性、有目的性、有组织地开展文化育人活动，回应学生关切，解释学生思想疑惑，引导学生成长发展②。以上均是从思想政治教育视角出发，将高校教育者看成文化育人的主体，将学生看成文化育人的对象。

关于高校文化育人的内容。习近平总书记强调，要努力用中华民族创造的一切精神财富以文化人、以文育人。学者们关于"以何来育人"有过深刻论述，也达成了广泛共识。学者们普遍认同文化育人是要用中华优秀传统文化教育人，用革命文化熏陶人，用社会主义先进文化引导人的观点。中华优秀传统文化是中华民族世代传承的文化根脉、文化基因。我们应通过经典阅读、文化感知、拓展载体等手段，大力发挥传统文化的育人功能③；通过深层挖掘和分辨扬弃，发挥中华文化的感召力和吸引力，激发情感共鸣和自我认同，摆脱负面吸引力④。中国革命文化是坚定理想信念、培养高尚道德情操的重要载体，是抵御错误思潮、反击历史虚无主义的有力抓手，是增强思想政治教育实效性、吸引力和感染力的关键举措⑤。高校应提升红色文化资源融入育人实践的可行性、科学性、实效性⑥，充分挖掘红色文化价值，让红色文化精神转化为广大青年建设中国特色社会主义的不竭精神动力和力量源泉⑦。我们应发挥革命文化的价值引领功能、精神塑造功能和品质锤炼功能⑧。社会主义先进文化是民族的、科学的、大众的文化。有学者提出，在当代中国，"化人"之"文"须以马克思主义为指导，来保证"文"的方向；须以社会主义核心价值观为灵魂，来滋养"文"的生命⑨，特别是用中华优秀传统文化来

---

① 王振. 深化新时代高校以文化人实践的路径研究［J］. 国家教育行政学院学报，2018（12）：53-58.
② 骆郁廷. 铸魂育人：新时代文化软实力发展战略［J］. 文化软实力研究，2018，3（6）：33-41.
③ 耿加进. 传统文化：高校文化育人功能及其路径选择［J］. 黑龙江高教研究，2015（5）：118-120.
④ 王振. 习近平"以文化人"思想探析［J］. 思想理论教育导刊，2018（1）：32-37.
⑤ 刘宁. 让红色文化浸润大学生思想［J］. 人民论坛，2018（32）：138-139.
⑥ 易鹏，王永友. 促进红色文化资源融入高校育人实践［J］. 中国高等教育，2018（9）：49-51.
⑦ 张丽，蔡亚峰. 将红色文化融入青年舆论引导工作［J］. 人民论坛，2018（30）：122-123.
⑧ 蔡徐涵，吴昊. 文化育人视域下革命文化融入高校创业教育探析［J］. 创新与创业教育，2018，9（2）：87-90.
⑨ 骆郁廷，陈娜. 论"化人"之"文"［J］. 思想理论教育导刊，2016（11）：120-125.

进行社会主义核心价值观培育①，使全社会形成广泛而深刻的价值认同，以增进社会思想共识，增强团结和谐，强化全民族的向心力和凝聚力②。在社会主义先进文化中，值得一提的是大学文化。大学作为高校文化育人的小环境，对"化人"和"育人"发挥着最直接、最深刻的影响。学者们充分认识到大学文化对文化育人的巨大作用，从不同视角分别论证了大学文化是文化育人的重要内容，提出了发挥高校典礼③、博物馆④、优秀校友在文化育人中的价值导向功能、情感激励功能、教育认知功能和素养提升功能⑤。

关于高校文化育人的方法与途径。随着教育理念的不断发展，科学技术的不断革新，学者们对育人载体和方法给予了越来越多的关注。有学者对高校文化育人工作的载体进行了挖掘，认为应发挥好课堂教学、第二课堂、重大仪式、新媒体和社会实践等载体的作用⑥。有学者从微文化的角度出发，提出通过构建"微机制"，设置"微议题"，融入"微生活"，增强"微力量"，从而占领网上思想文化阵地⑦。有学者指出，应挖掘互联网与社交媒体资源，搭建文化育人的协同平台⑧。有学者关注发挥理论教育法、实践锻炼法、环境浸染法各自不同的特点和作用⑨。也有学者从时代发展的角度出发，提出自媒体时代文化育人范式已经发生转变，需要通过保持批判意识、辨别真伪的科学精神，严守道德律令的人文精神和博学专业以正视听的话语精神等途径，进行文化育人范式重建⑩。还有学者从文化环境建设⑪、校园文化构建⑫、生

① 佘双好. 以文化人与社会主义核心价值观践行培育的方法研究 [J]. 思想教育研究, 2015 (12)：17-19, 23.

② 冯刚. 在中华民族伟大复兴进程中坚定文化自信 [J]. 马克思主义理论学科研究, 2017, 3 (3)：94-103.

③ 代玉启. 论高校典礼文化的精神价值与育人功能 [J]. 高等教育研究, 2018, 39 (7)：72-76.

④ 王琳媛, 陆亚男. 论高校博物馆文化育人的功能及其发挥 [J]. 学校党建与思想教育, 2016 (14)：74-76.

⑤ 袁国, 贾丽彬. 浅谈校友文化对大学生思想政治教育的作用 [J]. 学校党建与思想教育, 2017 (20)：62-64.

⑥ 李峰, 王元彬. 高校文化育人工作的机制与载体研究 [J]. 当代教育与文化, 2014, 6 (3)：73-77.

⑦ 马丽华. 高校微文化育人刍议 [J]. 学校党建与思想教育, 2018 (8)：53-55.

⑧ 张峻峰. 推进新时代高校文化育人的逻辑进路 [J]. 中国高等教育, 2021 (Z3)：64-66.

⑨ 杨光. 高校思想政治教育以文化人研究 [D]. 长春：东北师范大学, 2018.

⑩ 李晓培. "自媒体"时代下高校"文化育人"的范式危机及其重建 [J]. 高教探索, 2015 (3)：21-26.

⑪ 王域霞. 探析以文化人理念在高校思想政治教育工作中的运用 [J]. 中国成人教育, 2015 (14)：90-91.

⑫ 吴月齐. 校园文化构成的双向度：高校文化育人的主要途径 [J]. 黑龙江高教研究, 2017 (9)：131-133.

活园区文化打造①、社团文化传递机制②等不同角度论述了文化育人的途径。

(二) 高校文化育人质量相关研究

随着高等教育步入内涵式发展阶段，高等教育的质量越来越受到学者们的高度关注。对于究竟什么是高等教育质量、如何提升高等教育质量，学者们从不同维度着眼，结合管理学、教育学等学科的知识，进行了深入探究，取得了丰硕的成果。学者们从评价维度、目标维度、价值维度等多个视角对高等教育质量的高低、效果的优劣、目标的实现与否、需要的满足与否等核心要义进行了深入研究。2004 年，中共中央、国务院出台的《关于进一步加强和改进大学生思想政治教育的意见》明确提出了高校思想政治教育质量问题。此后，高校思想政治教育质量相关问题逐渐进入研究者的视野，出现了一些有学术价值的文献。

1. 思想政治教育质量

近年来，思想政治教育质量研究受到学界的关注，出现了一批高质量的学术论文、专著和研究报告，相关成果主要包含以下几方面：一是思想政治教育质量的内涵探讨。其大致可以概括为车间产品质量观、效果程度质量观、满足需要质量观、意识形态质量观、自身综合质量观。车间产品质量观提出要明确思想政治教育的"产品"质量标准和"车间"建设标准③。效果程度质量观强调大学生思想政治教育质量是工作水平的高低和教育效果的优劣程度④。满足需要质量观重视教育者水平和大学生需要被满足两方面的辩证统一⑤。意识形态质量观认为思想政治教育质量是指通过思想政治教育活动提高教育对象思想政治素质、促进社会主流意识形态发展的程度和水平⑥。自身综

① 沈燕明，王牧之，侯士兵. 高校学生生活园区文化育人工作的若干思考 [J]. 思想理论教育导刊，2017 (2)：141-144.
② 陆凯，杨连生. 以文化人视域下高校学生社团文化育人机制研究 [J]. 思想教育研究，2017 (9)：101-104.
③ 冯刚. 坚持立德树人 强化思想引领 全面提升大学生思想政治教育工作质量 [J]. 思想教育研究，2015 (3)：6-11.
④ 张世忠. 论大学生思想政治教育质量的内涵与把握 [J]. 安徽理工大学学报 (社会科学版)，2013，15 (2)：48-52.
⑤ 郑永廷. 大学生思想政治教育质量提升的理论研究 [J]. 思想教育研究，2013 (6)：14-16.
⑥ 杨晓慧，任志锋. 论提升大学生思想政治教育质量的"时、度、效" [J]. 思想理论教育，2015 (7)：8-12.

合质量观重视教育规律、大学生思想特点和成长发展规律等方面的系统综合作用①。二是思想政治教育质量构成要素的探讨。其研究成果大致以"思想政治教育质量的要素"是否等于"思想政治教育各部分要素质量的总和"为主要区别。站在"两者等同"立场的学者，将思想政治教育质量要素等同于思想政治教育要素，提出包括教育质量建设主体、教育质量建设客体、教育质量建设介体和教育质量建设反馈四大要素②，或者将作为思想政治教育主体的大学生看成质量的本体要素，将围绕和培养大学生的教育、管理、服务等主要方式与职能看成质量的载体要素，将包括制度政策、资源环境和组织领导等在内的保障条件看成质量的条件要素③。站在"两者不同"立场的研究者，从思想政治教育质量涵盖不同的价值关系实体角度出发，提出思想政治教育质量的构成要素是思想政治教育包含的一组组价值关系，其中包括"一定的社会政治集团或政治组织机构"与"施教者"之间需要与满足的关系、"民众"与"一定的精神方式和物质载体"之间需要与满足的关系、"施教者"与"民众"之间需求与满足的关系、"民众"与"一定的社会政治集团或政治组织机构"之间需求与满足的关系④。三是关于思想政治教育质量提升的探讨。有学者研究了接受视角转换下的大学生思想政治教育质量提升，要注重接受主体的"前结构"，有效促进大学生思想政治教育质量的双重指标同步上升⑤。更多的学者从如何进行质量提升入手，提出加强理论的彻底性、对象的针对性和教育者的先进性⑥，建立全方位、全员、全程协调育人的长效机制⑦，积极发挥评价对思想政治教育质量的导向、激励、保障作用⑧，更加注重系统规划、整体推进，更加注重动力机制的建设，更加注重立标准、建机制，

① 陈步云，房正.用五大发展理念引领大学生思想政治教育质量提升 [J]. 中国高等教育，2017（1）：47-50.
② 李军.大学生思想政治教育质量建设的思考与探索 [J]. 学校党建与思想教育，2012 (31)：52-54.
③ 田歧瑞.大学生思想政治教育质量基本问题研究 [D]. 重庆：西南大学，2017.
④ 王威峰，秦在东.思想政治教育质量的管理学思考 [J]. 理论月刊，2018 (10)：173-180.
⑤ 温海霞，孙绍勇.接受视角转换下提升大学生思想政治教育质量的思考 [J]. 湖北社会科学，2018 (10)：157-164.
⑥ 王树荫，石亚玲.论提升思想政治教育质量的着力点 [J]. 思想理论教育，2015 (7)：18-22.
⑦ 马书臣.提高大学生思想政治教育质量 [N]. 人民日报，2015-10-30 (07).
⑧ 万美容.论评价对大学生思想政治教育质量提升的作用 [J]. 思想理论教育，2015 (7)：13-17.

更加注重队伍建设①等举措。四是从系统论视角对思想政治教育质量进行理论考察。田歧瑞聚焦大学生思想政治教育质量的内涵特征、构成要素、来源生成、有效管理、提升策略五大基本问题，进行了全面深入的探讨②。王威峰在对思想政治教育质量的内涵、特点、构成要素、生成过程、表现形态进行学理性分析的基础上，对思想政治教育质量的标准内容、评价原则以及全面提升思想政治教育质量的时代境遇和基本策略进行了系统探讨③。

研究者们从不同视角对大学生思想政治教育质量是什么、为何要提升质量、如何提升质量进行了探讨。学者们对思想政治教育质量的普遍重视使得思想政治教育质量研究成为学界关注的热点之一，研究成果也日益丰富。然而研究中的不足依然明显，主要表现在以下几个方面：其一，对思想政治教育质量的一些基本问题远未达成共识，如思想政治教育质量内涵、质量观、质量表征等，众说纷纭，缺乏基本共识。其二，大部分学者在提出如何进行质量提升的过程中，仅仅是针对现象提出解决的举措、途径，并未对这些现象生成的原因进行深层次剖析。学者们倾向于从不同视角和不同方面梳理出可能影响质量提升的因素或促进质量提升的举措，但对这些举措、途径与质量提升有何直接的、必然的联系缺少解释。其三，目前的研究大多回避了直接对"质量"本身进行探讨，缺少对质量内涵、质量结构、质量生成以及作用规律等基础问题进行研究，较多地选择了侧面切入的途径，通过分析思想政治教育系统，将系统某一部分或各部分的质量提升等同于质量整体的必然提升。

2. 高校文化育人质量

将研究问题聚焦高校文化育人质量的文章屈指可数。仅有的文章大多选择了较为特殊的切入视角，如关注高校网络文化育人质量④或高校宿舍文化育人质量⑤，并未对文化育人质量是什么、关键影响因素是什么进行阐释，也未说清楚为何这些举措能必然促进文化育人质量提升，这些质量提升举措与结

① 冯刚. 学习贯彻党的十八大精神努力提升大学生思想政治教育质量 [J]. 思想理论教育导刊，2013（2）：44-49.

② 田歧瑞. 大学生思想政治教育质量基本问题研究 [D]. 重庆：西南大学，2017.

③ 王威峰. 思想政治教育质量论 [D]. 武汉：华中师范大学，2019.

④ 范锋. 加强内容建设 提升高校网络文化育人质量 [J]. 中国高等教育，2018（23）：21-23.

⑤ 韩明英. 高校宿舍文化育人质量提升的建设路径创新研究 [J]. 湖北开放职业学院学报，2019，32（5）：10-11.

果有何必然联系。对本书有参考价值的是秦在东和唐佳海的《新时代提升文化育人质量的基本方略》一文。两位作者从系统论视角出发，将文化育人看成一个复杂的、动态的社会系统，提出应注重文化育人过程的各阶段、各环节以及主体、对象、内容、方法、环境等诸要素之间的密切联系，准确把握关键要素，理性面对影响新时代文化育人质量的突出问题，提高文化育人的质量①。该文运用系统论的方法，阐释了"文化"作为制约文化育人质量最关键的核心要素所产生的重要影响，但回避了对文化育人质量本身的直接探讨，选择了从分析影响因素的角度切入却又未解释因素的相关性与必然性，留下了较大的研究空间。

纵观国内高校文化育人质量相关研究，学者们已有丰富的论述。可以看出的是，学者们对高校文化育人及其质量大致在三种不同论域中进行研究。第一，教育学视域下的文化育人研究，主要围绕大学文化、校园文化进行，从建设大学文化、校园文化出发，探讨文化育人及其质量提升。第二，思想政治教育视域下的文化育人研究，立足于思想政治教育的文化属性，关注思想政治教育文化环境、思想政治教育以文化人等，探讨通过文化的观念、方式、内容促进思想政治教育功能的实现。第三，高校思想政治工作视域下的文化育人研究，将文化育人聚焦于高校思想政治教育工作十大育人体系之一，关注在大思政环境下文化育人与其他育人体系协同促进高校思想政治教育工作的开展。从数量上来看，关于文化育人及其质量的研究绝大部分是放在第一种、第二种论域中进行的，从质量上来看依然如此，第一种、第二种论域中研究成果的研究深度、取得的成绩也更为丰硕。然而值得注意的是，学者们在进行文化育人研究时，似乎忽视了对其研究论域进行厘清，很多研究成果存在论域模糊或论域跳跃的情况，由此得出的关于文化育人及其质量提升的结论也难以达成一致。

（三）高校文化育人质量评价相关研究

2020年，中共中央、国务院印发《深化新时代教育评价改革总体方案》，强调系统推进教育评价改革，要求推进教育评价关键领域改革取得实质性突破。随着国家对教育质量、思想政治教育质量的重视，思想政治教育质量评

---

① 秦在东，唐佳海. 新时代提升文化育人质量的基本方略 [J]. 思想理论教育，2019 (6)：101-105.

价问题吸引了越来越多学者的研究兴趣。在思想政治教育质量评价的成果逐渐丰富、深入的带动下，文化育人质量评价也开始有了初步探索。

1. 思想政治教育质量评价

思想政治教育质量评价是思想政治教育自身发展的客观需要。近年来，以冯刚、邓卓明、严帅、权麟春等学者为代表，形成了包括《高校思想政治教育工作质量评价研究》《新时代高校思想政治教育工作质量评价研究》等著作在内的一大批高质量研究成果。其主要可以分为以下几个方面：

一是关于思想政治教育质量评价的意义。学者们普遍认同思想政治教育质量评价具有重要意义，并且是可评可测的。有学者强调评价的导向性、动态性、对比性、系统性对质量提升具有导向、激励、保障等重要作用①。有学者在分析评价中的困难和问题之后提出，只要把握思想政治教育工作中一定的数量特征、注重定性和定量评价相结合、具备容错性和容错度，思想政治教育质量依然是可以进行评价的②。二是关于思想政治教育质量评价的要点与遵循原则。有学者提出，思想政治教育质量的评价要回答好和处理好高校思想政治教育质量标准与评价体系如何确定、高校思想政治教育质量评价有哪些内容与如何科学开展评价、高校思想政治教育质量评价在提升人才培养质量中应发挥什么作用与如何定位高校思想政治教育质量评价三组关系③。有学者提出，要把握好评价中的定量评价与定性评价、动态评价与静态评价、结果评价与过程评价、即时评价与长效评价等十对关系④。还有学者提出，在评价过程中应坚持政治评价与业务评价相统一、客观评价与主观评价相统一、结果评价与过程评价相统一等原则⑤。三是关于思想政治教育质量评价的具体维度。有学者提出，可以从道德维度、文化维度、情感维度、心理维度、专业维度、实践维度对大学生思想政治教育质量进行评价⑥。有学者提出，方向

① 万美容. 论评价对大学生思想政治教育质量提升的作用 [J]. 思想理论教育，2015（7）：13-17.
② 刘建军. 高校思想政治教育工作质量评价的必要性、可行性及限度 [J]. 学校党建与思想教育，2018（11）：5-7.
③ 冯刚. 改革开放以来高校思想政治教育质量评价的回顾与思考 [J]. 教学与研究，2018（3）：82-89.
④ 白显良，章瀚丹. 推进思想政治教育质量评价改革需把握十对关系 [J]. 思想理论教育，2021（3）：11-17.
⑤ 赵静. 高校思想政治教育工作质量评价的基本原则 [J]. 思想教育研究，2018（2）：69-72.
⑥ 程刚. 大学生思想政治教育质量提升模式研究 [M]. 北京：中国书籍出版社，2015：16.

维度、内容维度、方法维度、过程维度、效果维度、创新维度六个思想政治教育质量提升和评价维度①。四是思想政治教育质量评价的模式与方法。有学者分析了现有思想政治教育质量评价的过程模式、绩效模式、项目模式、诊断模式等，认为这些模式都不能满足思想政治教育质量评价的需求，从而提出要构建兼具系统性、规律性、动态性、长效性的高校思想政治教育工作质量监测评价模式②。还有学者探讨了发展评价③、增值评价④等具体评价路径和方法。五是关于思想政治教育质量评价指标体系。有学者探讨了以科学理念为引导、理论与实践互动、多种方式方法结合下的高校思想政治教育质量评价指标体系构建的方法与路径⑤。有学者通过对高校思想政治教育工作质量评价指标体系设计进行实证研究，发现高校思想政治教育工作质量评价指标体系存在的问题，推动其健全完善⑥。

2. 文化育人质量评价

文化育人质量作为高校思想政治教育工作质量的组成部分，在实际工作中较多统摄于高校思想政治教育工作质量的评价之中，少有学者对其进行专门、细致的探讨。仅有的成果大致有两种研究进路：一是从高校文化育人实效性视角出发，探索文化育人效果评价的方法和路径。有学者从传统文化、革命文化、网络文化、道德素质、校园文化等维度出发，运用模糊数学理论构建了高校文化育人实效综合评价模型，并以某本科院校作为研究对象对模型进行了实证分析⑦。有学者从文化育人体系、文化育人能力、文化育人资源、文化育人功能、文化育人成效和校园文明创建等维度出发，运用德尔菲法

---

① 邓卓明，宋明江. 新时代思想政治教育质量评价的六个维度 [J]. 思想理论教育导刊，2020 (9)：139-144.

② 曹威威. 高校思想政治教育工作质量评价模式建构研究 [J]. 思想教育研究，2018 (9)：96-99.

③ 曹媛媛. 思想政治教育的发展评价 [J]. 中学政治教学参考，2022 (13)：81.

④ 陈华洲，负婷婷. 思想政治教育增值评价的理论内涵与实现路径 [J]. 思想理论教育，2022 (6)：52-58.

⑤ 冯刚，史宏月. 建构高校思想政治教育工作质量评价指标体系的方法与路径 [J]. 东北师大学报（哲学社会科学版），2020 (5)：145-152.

⑥ 冯刚，张智. 新时代高校思想政治教育工作质量评价指标体系设计的实证研究 [J]. 思想理论教育，2021 (4)：55-59.

⑦ 严锐，董晓晶. 基于模糊数学理论的高校文化育人实效综合评价研究 [J]. 未来与发展，2022，46 (2)：72-77.

和层次分析法，构建了高职校园文化育人评价体系①。二是从高校文化育人质量评价的理论层面，探讨评价的实践路径。有学者强调优化评价激励，强化文化育人效果评价的价值导向、过程导向、结果导向，增强效果评价的引领性、针对性、激励性②。笔者在对高校文化育人质量的内涵与时代意蕴分析的基础上，提出了遵循以人为本的价值原则、确立多维多级的评价标准、构建科学合理的评价模型等高校文化育人质量评价思路③。

三、研究述评与展望

（一）已取得的成果

纵观国内外学术研究成果，国内学者从不同角度对文化育人质量及其评价相关问题进行了研究，成果较为丰富，其中不乏高学术价值文献。总体来看，已取得的研究成果及经验大体可以总结为以下几点：

第一，使高校文化育人从教育学、思想政治教育学中分解出来，成为独立研究对象，并不断丰富其时代内涵。自改革开放以来至 21 世纪初期，学界并没有将文化育人作为单独对象来进行研究，也没有明确出现"文化育人"的概念，而是更多地将文化育人融入在学校教育、德育、思想政治教育研究之中，作为背景、环境、条件、方法等附带论及。2004 年，中央明确提出要发挥校园文化的育人功能，学界开始重视校园文化的育人功能、大学文化的育人功能的发挥，一大批研究校园文化育人功能、大学文化育人功能的学术成果开始涌现。党的十八大以后，随着高校思想政治教育文化蕴含和文化力量的彰显，党和国家逐渐把文化育人上升为高校思想政治教育的重要形式，文化育人受到学界的普遍关注，出现了一批关于思想政治教育以文化人、文化育人的高水平研究成果。2016 年，全国高校思想政治工作会议上，习近平总书记强调"更加注重以文化人以文育人"。教育部党组出台的《高校思想政治工作质量提升工程实施纲要》提出建设高校文化育人质量提升体系后，一

---

① 蔡海鹏，张少利，严灿，等. 基于层次分析法和模糊综合评判的高职校园文化育人评价体系构建 [J]. 长沙航空职业技术学院学报，2021，21（4）：38-44.

② 白永生. 新时代高校文化育人研究 [D]. 桂林：广西师范大学，2020.

③ 王永友，董承婷. 高校文化育人质量评价的时代意蕴及实践进路 [J]. 高校辅导员，2021（1）：8-13.

批关注高校思想政治工作体系之一的文化育人体系的研究成果开始出现。

第二，高校思想政治教育质量及其评价的研究得以不断深化。在《深化新时代教育评价改革总体方案》关于系统推进教育评价改革的要求下，高校思想政治教育质量及其评价问题得到越来越多的学者关注，研究成果自 2018 年以来逐渐深入、系统，其中以冯刚编著、人民出版社于 2020 年 12 月出版的《高校思想政治教育工作质量评价研究》，权麟春著、中国社会科学出版社于 2021 年 5 月出版的《新时代高校思想政治教育工作质量评价研究》两本著作为标志。前者围绕高校思想政治教育工作质量评价的发展历程、基本原则、主要内容、科学方法、模型建构、指标体系、过程管理、主客体及其关系、国外经验比较分析等内容进行了系统性研究。后者对新时代高校思想政治教育工作质量评价的功能、评价指标体系的内涵及其意义、评价过程遵循的基本规律、思想政治理论课教育教学质量评价体系等内容进行了深入研究。两本书为科学评价与判断高校思想政治教育质量效果，管理和指导高校思想政治教育工作实践，增强思想政治教育实效性提供了重要的理论和实践参考。

第三，开始关注高校文化育人的实效，提升文化育人质量。在广泛探讨文化育人应如何开展，大力推行文化育人实践的同时，有学者开始关注文化育人实效，从价值层面、制度层面、操作层面思考如何发挥文化育人的功能、作用，如何增强文化育人可持续发展的动力，如何促进文化育人质量的提升等问题。已有研究成果中，辽宁大学博士论文《思想政治教育文化环境研究》（张宏伟，2015）和《高校文化育人研究》（郝桂荣，2017）、东北师范大学博士论文《高校思想政治教育以文化人研究》（杨光，2018）、广西师范大学博士论文《新时代高校文化育人研究》（白永生，2020）等对高校文化育人、以文化人的相关理论问题进行了较为深入的探讨，为后续研究的开展奠定了理论基础。

（二）研究中存在的不足

第一，对文化育人主要论域界定不明晰。学者们在进行文化育人相关研究时，并未对文化育人的主要论域做出严格区分。总结起来，其大致可以归纳为三个层面的论域：第一个层面，将文化育人放在教育学论域中探讨，进行大学文化育人、校园文化育人的相关研究；第二个层面，将文化育人放在思想政治教育学论域中探讨，开展关于思想政治教育的文化环境、思想政治教育以文化人等相关研究；第三个层面，将文化育人放在高校思想政治教育工作体系中探讨，出现了高校文化育人工作体系相关研究。很显然，在不同论域下，文化育人的内涵、外延、主体、内容、功能等是有区别的。然而，在实际研究中，学界并未对文化育人的论域达成一致认定，未对所研究的文化育人的范围进行严格说明，甚至出现论域模糊或论域跳跃的情况，以至于对文化育人的核心概念的理解各有不同，至今未能达成广泛共识。

第二，关于高校文化育人实效性和质量研究的不足。学界从应用层面探讨高校文化育人的内容、实施途径、载体与方法的较多，但从理论层面通过分析文化育人生成及作用规律、影响要素等探讨其实效性提升或质量提升的不多。虽然有学者尝试探讨提升高校文化育人质量，但仅限于从局部的角度进行改良性的试探，未将文化育人质量当成一个研究的元问题，缺乏对文化育人质量究竟是什么、从何而来、如何把握、如何管理、如何评价、如何提升等问题的深入和系统的思考。在已有的关于高校思想政治教育质量的研究中，虽然产生了不少具有代表性的研究成果，但对思想政治教育质量的一些基础性问题，如高校思想政治教育质量的内涵、质量观、质量表征等还远未达成共识，因此文化育人质量研究可资借鉴的成果不多。

第三，尚未发现高校文化育人质量评价的专门研究。现有研究将文化育人质量纳入高校思想政治工作质量评价体系中，被统揽于整个高校思想政治工作质量框架之内，虽然体现了高校文化育人质量作为高校思想政治工作质量重要组成部分之一、与其他子系统之间的关联性，但未能充分体现出文化育人在育人目标、内容、场域构建、质量判定等方面的特殊性，未能凸显文化育人质量对建设社会主义文化强国、教育强国的重要意义，未能体现《深化新时代教育评价改革总体方案》中"加快完善各级各类学校评价标准""科学设计各级各类教育德育目标要求""分类设计、稳步推进，增强改革的系统性、整体性、协同性"的要求。

(三) 研究趋势与方向

总体来看，学界关于文化育人的研究偏少，关于文化育人质量的研究更是屈指可数。这使得在考察文化育人质量时可供借鉴的资料不足，也为进一步的研究预留了较大的空间。综合已有的研究基础，结合文化育人研究整体发展趋势来看，以下问题值得重视：

第一，区分高校文化育人的主要论域。研究应将文化育人从教育学论域中抽离出来，聚焦到思想政治教育论域下，紧紧围绕高校思想政治工作。习近平总书记在全国高校思想政治工作会议上强调，把思想政治工作贯穿教育教学全过程，实现全程育人、全方位育人。中共中央、国务院印发的《关于加强和改进新形势下高校思想政治工作的意见》中明确提出，文化育人是高校思想政治教育七大长效机制之一。文化育人作为思想政治教育的重要路径，深入研究如何充分发挥文化的特性和优势，对提高育人效果、提升新时代高校思想政治教育质量、增强新时代思想政治教育内生动力具有重要意义。

第二，深化文化育人基础理论研究，深入讨论文化育人质量。已有研究偏重从局部、微观的视角对文化育人的基本形式与表达机制进行探讨，而对文化育人核心基础性理论的探讨较少。对文化育人进行进一步的理论探讨，思考在思想政治教育中对文化育人的科学把握，厘清文化育人的内涵、结构要素、基本形式、作用机制、运行规律等，对进一步凝聚文化育人共识、提升育人实效具有重要且紧迫的意义。随着高等教育、思想政治教育逐渐进入高质量发展时代，文化育人质量必然受到越来越多的关注。教育部党组出台《高校思想政治工作质量提升工程实施纲要》，明确提出要构建文化育人质量提升体系。深入探讨文化育人的质量内涵、质量管理、质量评价以及质量提升等问题，对深入贯彻落实习近平总书记关于文化育人重要论述精神，抓好文化育人过程中的战略性、关键性工作，解决当前文化育人工作面临的瓶颈问题，具有重要的理论和实践价值。

第三，探讨高校文化育人实效及质量评价。作为高校思想政治工作的重要组成部分，高校文化育人步入了总结经验、探索规律、提升实效、关注质量的内涵式发展阶段。如何理论联系实际，总结文化育人质量生成的科学规律、持有何种高校文化育人质量观、如何合理构建高校文化育人质量评价指标体系、如何运用科学手段进行高校文化育人质量评价、如何对高校文化育人质量评价结果进行认识和运用，最终提升高校文化育人实效，促进高校文化育人质量得以提升等，是教育界应回答好的问题。

以上问题都是本书要在现有成果基础上进行深化研究的方向。本书通过进一步阐明高校文化育人质量评价的基础理论、方法手段，并尝试构建高校文化育人质量评价指标体系，为高校文化育人质量评价及提升提供有益借鉴。

四、研究思路与方法

本书坚持以马克思主义唯物辩证法为指导，综合运用系统分析法、文献分析法、比较分析法等开展研究。本书结合实际需要，坚持普遍联系的方法论原理，立足于高校文化育人质量提升，充分借鉴相关学科的研究成果，使研究更加严谨科学；坚持事物变化发展的方法论原理，在已有研究成果的基础上，深化对高校文化育人质量评价指标体系研究，丰富高校思想政治工作理论发展。

（一）研究思路

本书以"高校文化育人质量评价指标体系构建"为研究主题，沿着"理论分析→提出假设→实践验证"的路径，对高校文化育人质量评价指标体系进行系统研究，从而回答清楚以下问题：

1. 厘清何为高校文化育人质量评价

明确何为高校文化育人质量，是开展研究的前提。本书从概念缘起入手，在对高校文化育人质量内涵及本质规定进行分析的基础上，将高校文化育人质量看成一个动态的、复杂的系统，运用系统分析法研究高校文化育人质量的生成和评价，并对高校文化育人、高校文化育人质量、高校文化育人质量评价等核心概念进行理论阐释。

2. 探析高校文化育人质量评价指标体系的应然状态

构建一套高校文化育人质量评价指标体系，直接关系到高校文化育人质量评价的顺利开展。本书通过讨论一套科学合理的高校文化育人质量评价指标体系应当具有什么功能、具有哪些属性，其构建应遵从哪些原则和依据，在构建过程中需要处理和解决好哪些现实问题等，廓清研究聚焦的基础问题。

3. 构建高校文化育人质量评价指标体系

本书运用系统分析法对高校文化育人质量评价指标及其影响因素进行分析，探讨高校文化育人质量评价指标体系构建的思路。在对该指标体系构建原则进行讨论的基础上，本书运用德尔菲法进行了指标的选取，再运用层次分析法和主成分分析法，对指标进行赋权。

4. 运用高校文化育人质量评价指标体系

本书在初步构建出一套高校文化育人质量评价指标体系后，本书需要对指标体系的可行性、适用性等进行检验。本书以 G 大学为例，通过对 G 大学的文化育人质量进行测评、结果分析、提出对策，进而对该评价指标体系的运用进行实证检验，以期发现不足，不断完善和改进。

（二）研究方法

本书以辩证唯物主义方法论和历史唯物主义方法论为指导，用系统的、发展的眼光考察高校文化育人质量的评价问题。除宏观的哲学性的根本方法外，本书还采取了以下具体研究方法：

1. 系统分析法

本书运用系统分析方法，将文化育人质量评价看成一个复杂的有机系统，通过对文化育人质量系统进行结构分析，找到影响文化育人质量评价的关键要素，分析关键要素如何在系统中发挥作用，进而尝试在对文化育人质量系统进行识别、判定的基础上找到控制关键要素、提升整体质量的途径。

2. 文献分析法

本书通过对现有研究资料的收集、分析、整理，在占有大量文献资料的基础上，梳理学界对高校文化育人质量评价的研究现状，了解研究前沿，总结当前研究取得的成绩，为本书的研究提供理论借鉴。同时，笔者发现目前研究中存在的不足，为本书的研究提供方向指引。

3. 比较分析法

本书通过对高等教育质量评价、思想政治教育质量评价等与高校文化育人质量评价密切联系的系统进行考察，寻找其相似之处和不同之处，探寻普遍规律及文化育人质量评价的特殊性。同时，本书对相关学科理论加以参考，对各种质量理论进行比较和分析，深刻理解文化育人质量评价的方法及规律。

4. 统计分析方法

（1）德尔菲法。本书通过向专家咨询，在对文化育人质量要素、评价指标等问题征得专家的意见之后，进行整理、归纳、统计，再反馈给各专家，通过多次意见征求与反馈，得出较为一致的关于文化育人评价指标要素及权重等的意见。

（2）层次分析法。本书将高校文化育人质量按总目标、各质量维度子目标、评价准则直至具体的观测点的顺序分解为不同的层次结构，之后通过求解判断矩阵特征向量的办法，求得每一层次的各元素对上一层次某元素的优先权重，最后通过加权和的方法递阶归并各备择方案对总目标的最终权重，以确定高校文化育人质量评价指标体系的指标及权重。

（3）主成分分析法。本书梳理出影响文化育人质量的各个因素，将这些因素列为文化育人质量系统指标，再根据各指标之间的相关性，利用降维的思想，将这些指标转化为少数几个综合指标。在定量分析过程中，本书通过抓住主要矛盾，对少数几个最具有代表性的指标开展信息收集和统计工作，得出较为可信和科学的评价结果。

习近平总书记强调要育新人、兴文化[①]，明确了高校以文化人、以文育人、以文培元的重要使命。围绕培养什么人、怎样培养人、为谁培养人这一根本问题开展文化育人，是高校加强大学生思想政治教育的重要举措、落实立德树人根本任务的重要途径和培养担当民族复兴大任时代新人的根本要求。教育部出台的《高校思想政治工作质量提升工程实施纲要》明确提出要切实构建文化育人质量提升体系，这是提升高校思想政治工作质量的重要任务之一。评价是质量建设的重要环节，也是质量提升的前提和保障。科学开展高校文化育人质量评价，对提升高校文化育人质量，进而提升高校思想政治工作质量具有重要意义。

一、相关概念辨析

概念是反映客观事物根本属性的抽象化表达和符号化呈现，厘清核心概念是开展理论研究的基础。研究高校文化育人质量评价指标体系的构建，需要对高校文化育人、高校文化育人质量等核心概念进行阐释和界定，以便更好地把握其内容边界及本质属性。

（一）高校文化育人

"文化"出自《周易》："刚柔交错，天文也；文明以止，人文也。观乎天文，以察时变，观乎人文，以化成天下。"[②] 可见，在古汉语中，文化是个动词，本身就有以"文"来"化"天下的意思，表示对人性情的陶冶、品德的教养以及对人文社会的教化。随着时代的发展和语境的流变，"文化"一词的内涵、外延得以不断拓展。它既可以作为名词，表示一种社会历史现象，用以指代一定的思维方式、价值观念、生活方式、行为规范、艺术文化、科学技术等精神财富或物质财富的总和；又可以作为形容词，同"文明"，指人、群体或社会的精神和修养等达到一定境界，科学技术、语言文字等达到一定水平。显然，"文化"一词在现代汉语中已成为一个多维概念，是众多学科进行探究、阐发的基点。文化本身所具有的丰富内涵，使文化必然与"化人"

[①] 习近平. 举旗帜聚民心育新人兴文化展形象 更好完成新形势下宣传思想工作使命任务 [J]. 紫光阁，2018（9）：7-8.

[②] 王辉. 周易 [M]. 成都：天地出版社，2019：27.

的功能联系在一起。有学者指出，文化的本质就是"人化"和"化人"，它既有给社会打下人类烙印、向着人类意愿发展的功能，也有利用这些改造世界的成果来培养人、装备人、提高人，使人的发展更全面、更自由的功能。人们对文化"化人"功能的普遍认同，使得文化育人概念的理解不言而喻。

文化育人按照字面意思可以理解为用文化来教育人。而更加精准、深刻的解释，是将其概括为以文化人、以文育人。以文化人是"文化育人具体的、现实的实践路径，是文化育人中最核心、最深刻的机制表达"①，它强调沉浸式、体验式的隐性教育，主张通过文化长期的、持久的、全方位的浸润和渗透，对人的精神境界、思想修养、道德品质产生潜移默化的影响，实现"耳濡目染不学以能""入芝兰室久而自芳"的教育效果。以文育人重在强调教育的主导性和目的性，是教育者为了实现教育目标，运用文化作为内容和手段而进行的有目的、有计划、有组织的教育行为。以文化人和以文育人构成了文化育人的基本内涵。由此可见，文化育人包含了一切可以用来实现育人目标的文化内容、文化环境、文化手段，涵盖了人的整个社会化过程中的全部阶段和所有进程，指向受到文化影响的所有组织、群体和个人的精神世界。这正是广义上的文化育人的概念。文化育人加上不同时间、空间的限定，构成了各具体的文化育人子概念。

高校文化育人是指作为育人主体的高校，通过对文化进行传承、加工、筛选、传播，促进文化发挥整合思想、引导方向、规范行为等正向功能，推动大学生思想观念、精神品质、气质修养等发生转化，从而实现育人目标的实践过程。"大学之道，在明明德，在亲民，在止于至善。"高校有人才培养、文化传承的基本职能，以文化人、以文育人是高等教育的应有之义。在此语境下的高校文化育人的概念，是将文化育人概念加以空间限定，将用以化人、育人的文化加以内容限定的一种教育学视域下的文化育人。教育学视域下的高校文化育人的概念，是将一切高等教育活动都看成文化育人，认为高校文化育人就是高等教育的实质，认为"教育就是有目的、有计划的文化过程"②。将高校文化育人的概念放在教育学视域下进行探讨，强调文化是教育的质料，突出了文化的化人、育人功能，但冲淡了高校文化育人的特性，忽

① 王振. 思想政治教育视域下以文化人的定位与特性 [J]. 思想教育研究，2018（10）：58-62.
② 袁贵仁. 加强大学文化研究 推进大学文化建设 [J]. 中国大学教学，2002（10）：4-5.

30

略了文化育人与其他教育活动的功能耦合。

将高校文化育人置于思想政治教育视域下进行探讨，是新时代高校思想政治教育研究的重要命题。习近平总书记在全国高校思想政治工作会议上指出："要更加注重以文化人以文育人。"重视思想政治教育的文化力量，注重发挥文化的潜移默化、润物无声、滋养心灵的功能，促进思想政治教育内化于心、外化于行，使高校文化育人的概念有了新的界定。思想政治教育视域下的高校文化育人，一是以立德树人为育人目标。思想政治教育是做人的工作，是以关心人、培养人、发展人为目的的。人是文化的存在，文化属性是人的社会属性的重要标志。人类"文化上的每一个进步，都是迈向自由的一步"①，这里的人，"不是处在某种虚幻的离群索居和固定不变状态中的人，而是处在现实的，可以通过经验观察到的，在一定条件下进行的发展过程中的人"②。这就要求新时代的社会主义高校，要在中华民族伟大复兴的历史进程中培养能担当民族复兴大任的人，培养德智体美劳全面发展的人，培养"文化"的人而不是"物化"的人。二是以"化"人、"育"人为基本形式。思想政治教育旨在提升人的思想道德修养和政治素质，文化对人精神追求、价值取向、道德情操具有引导和塑造作用。"化"是要发挥文化的隐性教育功能，使其感染、渗透于大学生的内心，产生情感共鸣；"育"是要发挥文化的显性教育功能，用先进理论掌握大学生的思想，使其形成理性思考。"化"和"育"结合，促进思想政治教育内容在大学生头脑中形成理智与情感的交融，是思想政治教育内化于心、外化于行的关键机制。三是以先进文化而非落后文化为育人内容。作为一种巨大的精神力量，文化有先进和落后之分。先进文化有利于解放人、发展人，落后文化则会束缚人、阻碍人的发展。思想政治教育以立德树人为根本任务，以促进人的自由全面发展为目标，必然要以先进文化为教育内容。思想政治教育视域下的文化育人，以中华民族在生存和发展中创造出的中华优秀传统文化、革命文化、社会主义先进文化为内容，以中华民族最深层次的价值追求、理念智慧，努力培养大学生文化自觉与文化自信，实现中华文化、中华民族的传续和发展。

---

① 马克思，恩格斯. 马克思恩格斯文集：第9卷［M］. 北京：人民出版社，2009：120.
② 马克思，恩格斯. 马克思恩格斯选集：第1卷［M］. 北京：人民出版社，1995：73.

（二）高校文化育人质量

2017年，教育部党组印发《高校思想政治工作质量提升工程实施纲要》，提出要构建包括文化育人质量提升体系在内的高校思想政治工作十大育人体系，"高校文化育人质量"这一概念首次出现。在此之前，强调文化素质教育、文化育人、高等教育质量的思想由来已久。

1. 高校文化育人质量的内涵

自《关于加强和改进新形势下高校思想政治工作的意见》和《高校思想政治工作质量提升工程实施纲要》等文件将文化育人作为高校思想政治工作的重要组成部分，强调要注重以文化人、以文育人、构建"文化育人质量提升体系"，发挥文化"滋养师生心灵、涵育师生品行、引领社会风尚"的作用后，高校文化育人便作为思想政治教育视域下的重要研究领域，与从前教育学视域下广义的高校文化育人有了本质区别。"高校文化育人质量"这一概念正是在此语境下得以界定，并有了新的内涵。

高校文化育人质量是指高校为落实立德树人根本任务，通过构建科学、系统的文化育人体系，促进大学生文化素质提升，满足大学生成长成才的文化需要和国家发展、社会进步需要的程度。"高校文化育人质量"是由"高校文化育人"与"质量"两个子概念结合而成的，应既符合文化育人的本质属性，又体现质量的基本要件。基于对质量要件及高校文化育人本质属性的规定，我们可以从三个方面来理解高校文化育人的概念。

第一，国家、社会和大学生是高校文化育人质量主体。文化育人质量主体不同于文化育人主体，质量主体扮演着"使用者"和"消费者"的角色，满足质量主体的需要，是"产品或服务"存在的前提和目的，也是评判其是否具有价值的根本标准。高校文化育人以立德树人为根本任务，通过文化资源的渗透与融入，发挥文化感染人、引导人、教育人的功能。在高校文化育人体系中，受教育者，即大学生无疑是"使用者"和"消费者"。满足大学生自由全面发展的需要，是教育的根本目的，也是高校思想政治工作的基本遵循。因此，大学生是高校文化育人质量主体。国家和社会在高校文化育人中既扮演着"使用者"和"消费者"，又扮演着"生产者"和"制造商"的角色。一方面，国家根据实现经济发展、促进社会进步的需要，组织、计划、实施文化育人；另一方面，国家作为文化育人的利益攸关者，承担着文化育人结果带来的作用和影响。文化育人的效益和效率，直接关系着国家发展和社会进步。因此，国家、社会也是高校文化育人质量主体。

第二，文化育人体系是高校文化育人质量客体。质量客体就是用以满足质量主体需要的"产品"或"服务"。文化育人是以文化人、以文育人，"文"作为直接作用于"人"的内容，自然是文化育人质量客体。除丰富的文化资源外，高校在开展文化育人工作中直接作用于质量主体的，还有确保育人运行的体制和机制、实施育人实践的手段和方法以及开展育人活动的条件和环境等。这些要素与文化资源合为整体，发挥作用于主体并满足主体需要的功能。值得注意的是，文化资源、育人手段方法、育人条件环境等并不是天然处于有序和稳定状态，无序的、不稳定的文化育人体系只会让各要素相互消耗与对峙，制约文化育人功能的发挥。合理的体制机制能够保障整个体系顺畅运行，并不断对其进行调节、控制和监督，确保各要素目标、功能有效协同，从而形成一个科学、系统的文化育人体系，以符合文化育人质量客体的内在规定性，成为合格的质量客体。

第三，大学生文化素质的提升是高校文化育人质量的实现形态。高校文化育人质量主体的需要体现为国家发展、社会进步和大学生的自由全面发展，根本还是大学生的自由全面发展。文化育人是通过文化的力量引导人、教育人，起到启智润心、培根铸魂的作用，使大学生文化素质比受教育前有明显的进步。这种文化认知、文化形象相对于"前结构和水平"的进步，就是大学生文化素质的提升。这里的大学生文化素质，并非广义上的自然科学和人文社会科学知识水平的指代，而是指作为肩负中华民族伟大复兴使命的时代新人的大学生们，应具备的文化观及文化自信、文化自觉的素质基础。大学生对文化本质、文化价值有更加准确的认识，对中国精神有更加深刻的理解，对东西方文化有更加清晰的辨识，表现出符合国家发展、社会进步的精神风貌和文明行为，既有利于大学生适应社会、提升综合素质、促进自由全面发展，又为中华文明的赓续与创新提供动力，为社会主义事业兴旺发达培养了建设者和接班人。大学生文化素质提升程度越高，与受教育前的差距越大，说明文化育人质量客体对人的影响越大，其功能实现程度越高，文化育人质量越好；大学生文化素质提升程度越低，甚至不升反降，说明文化育人质量客体的功能实现程度越低，或者呈现负功能，文化育人质量越差。可见，大学生文化素质的提升不仅是高校文化育人质量主体需要的实现形态，也成为判断高校文化育人质量的重要标尺。

2. 高校文化育人质量与高等教育质量、思想政治工作质量的关系

质量是高等教育的生命线。《国家中长期教育改革和发展规划纲要（2010—2020 年）》把全面提高高等教育质量作为我国高等教育发展的核心任务。教育部 2021 年工作要点明确提出要"推进高等教育提质创新发展"，并将高等教育高质量发展作为目标任务。高等教育质量是关乎培养社会主义事业建设者和接班人的重要因素，也是检验高等教育事业兴衰成败的标尺。随着高等教育的发展，如何落实立德树人根本任务，满足党和国家发展需要以及大学生成长发展需求，发挥高校思想政治工作的重要作用，提升高校思想政治工作质量，是高等教育守正创新的内在要求。《关于加强和改进新形势下高校思想政治工作的意见》和《高校思想政治工作质量提升工程实施纲要》分别将高校思想政治工作分为相互独立、协同协作的七大育人体系和十大育人体系，为高校提升思想政治工作质量明确了路径。高校文化育人作为高校思想政治工作育人体系之一，其质量直接关乎高校思想政治工作质量。将高校文化育人质量置于更广阔的视野下，讨论高校文化育人质量与高等教育质量、高校思想政治工作质量之间的关系，有利于理解高校文化育人质量的归属和边界。

（1）高校文化育人质量与高等教育质量。高等教育发展水平是一个国家发展水平和发展潜力的重要标志。何谓高等教育质量？高等教育质量如何体现？不同维度的研究有着不同的解说。有学者提出高等教育质量是人们对教育目标达成的价值判断[1]。有学者从目标维度来看，认为高等教育质量是教育本质规定性的纯真程度，最终体现在"培养德才兼备的人"上[2]。有学者从价值维度来看，认为高等教育质量主要是指教育能满足个人和社会的需要，教育充分发展个人才能以适应社会的需要，对社会能充分发挥作用，对学生能力有明显提高[3]。也有学者认为教育质量就是教育对象在教育过程中形成的特性，能够满足对象个人、教育系统和社会现在及未来需要的程度[4]。对此，

---

① 王国明. 从"培养目标"到"质量目标"："教育质量"观发展演变的一种趋势 [J]. 当代教育科学，2012（19）：38-40.

② 郝文武. 提高教育质量的永恒追求与时代特征 [J]. 陕西师范大学学报（哲学社会科学版），2015，44（2）：157-166.

③ 潘懋元. 高等教育大众化的教育质量观 [J]. 中国高教研究，2000（1）：7-9.

④ 谢延龙. 教育质量标准：一个动态的复杂系统 [J]. 中国教育政策评论，2010（2）：34-44.

黄蓉生教授有过较为精辟的总结，她将几种有代表性的高等教育质量观点归纳为传统硬件论、现代多元论、层次类别论、水平级差论、结果论、目标论等①。其中，传统硬件论倾向于将图书藏量、教职工博士比例、入学分数、生均预算、毕业生考上研究生数等硬件指标作为衡量高等教育质量的标准；现代多元论包容了各种零散的关于高等教育质量的不同理解；层次类别论将高等教育质量归为两个或三个层次，如内适质量、外适质量、人文质量等；水平级差论倾向于用类似于"卓越""完成""适于目的"等级别和类型来描述高等教育质量的标准差与水平差；结果论主要依据学生成就、大学声望等来判定高等教育质量；目标论以教育目标的达成作为高等教育质量的判断标尺。

可以看出，不论是从评价维度、目标维度，还是价值维度来看，探讨高等教育质量，都离不开水平高低、效果优劣、目标实现与否、需要是否满足等关键词。我们究竟应该如何理解高等教育质量？笔者认为，至少有以下三点值得注意：第一，高等教育质量有其内在规定性。高等教育是人类有目的的实践活动，因此高等教育质量评价归根结底是一种价值判断，但这并不排斥其内在规定性，这个内在规定性紧紧围绕着教育的目标，体现着教育的价值。第二，高等教育质量与高等教育功能是密切相关的。人才培养、科学研究、社会服务、文化传承与创新、国际交流与合作既是高等教育的基本功能，是高等教育与基础教育和其他教育的区别所在，也是高等教育这个庞大复杂的系统存在的根本理由。基本功能的实现，应是高等教育质量的基点。第三，高等教育质量本身与高等教育质量保障因素两者既相互区别又相辅相成，不能简单地将外部环境、师资力量、设施条件、制度机制等质量保障因素等同于质量本身，但也不可忽视两者互为依托、相辅相成的特性。

高校文化育人质量与高等教育质量之间既相互区别又密切联系。一方面，高校文化育人质量与高等教育质量在目标方向、生成规律、质量特性等方面有一致性。高校立身之本在于立德树人，培养德智体美劳全面发展的社会主义建设者和接班人是社会主义高校的根本使命。高等教育和高校文化育人都以立德树人为根本任务，以满足大学生成长成才的需要和国家发展、社会进步的需要为人才培养总目标，并服务于高校办学特色和办学目标。从质量生成来看，高等教育和高校文化育人的质量生成过程都具有非连续性。高等教

---

① 黄蓉生. 关于高等教育质量基本问题的思考 [J]. 中国高教研究，2012（4）：5-9.

育质量和高校文化育人质量生成过程包含了人员、知识、教育方法、环境等。与普通的质量生成相比,由于大学知识学科的相对独立、课程及实践环节设置的相对离散、教学管理部门职能的相对区别,质量生成无法像生产线上的工艺品一样,哪一阶段完成后就必然生成相应阶段的质量,也很难像组装产品一样确保提供质量生成的关键模块,这就使得质量生成过程不具有连续性。从质量特性方面来看,由于人是高等教育质量和高校文化育人质量生成的落脚点,人的社会背景、能力与性格的差异化,知识加工的个性化,成长成才的非模式化,使得质量规格具有多样性,很难套用统一尺度进行质量规格检验。另一方面,高等教育质量是高校文化育人质量的上位概念,两者在外延表征、构成要素、评价维度等方面有显著区别。高等教育具有人才培养、科学研究、社会服务、文化传承与创新、国际交流与合作五大基本职能,高等教育质量的实现以五大基本职能的达成为前提和保障。高校文化育人是指以文育人、以文化人,文化育人能促进大学生文化素质提升,满足大学生文化生活需要,满足国家、社会发展进步需要。文化育人的功能主要在于人才培养,人才是检验高校文化育人质量实现的根本落脚点和重要标尺。因此,与高校文化育人质量相比,高等教育质量属于更复杂的系统,其外延表征涵盖范围更广,构成要素更丰富多样,评价维度更多元。

(2)高校文化育人质量与高校思想政治工作质量。虽然与"思想政治教育"的概念具有通用性,"思想政治工作"的概念的外延要远大于前者,它不仅包含了思想政治教育,相关的管理、服务等内容也是其应有之义。思想政治工作的实践属性使得关注质量成为高校思想政治工作的永恒主题。从全国高校思想政治工作会议、《关于加强和改进新形势下高校思想政治工作的意见》,到党的十九大报告,再到教育部党组印发的《高校思想政治工作质量提升工程实施纲要》,都相继对高校思想政治工作予以强烈关注,并作出重大决策部署。质量关乎高校思想政治工作的目的达成和价值彰显,高校思想政治工作已进入质量时代,学界关于高校思想政治工作质量评价的理论研究不断涌现,质量评价具体的实施也深入推进。关于何谓思想政治工作质量,大致可以分为强调"产品"质量标准和"车间"建设标准的车间产品质量观[①],

---

① 冯刚. 坚持立德树人 强化思想引领 全面提升大学生思想政治教育工作质量 [J]. 思想教育研究,2015 (3):6-11.

强调高校思想政治教育工作自身的能力或性能对党和国家事业发展需要以及师生成长发展需要的满足状况或水平的满足需要质量观①。不论何种思想政治工作质量观，思想政治工作要求和标准、受教育者素质的提升、主体需要的满足都被认为是关乎质量的重要因素。

高校文化育人质量作为思想政治工作质量的子系统，是构成高校思想政治工作质量的重要组成部分。教育部党组印发的《高校思想政治工作质量提升工程实施纲要》明确提出，构建包含"文化育人质量提升体系"在内的十大育人体系，以充分发挥高校思想政治工作在课程、科研、实践、文化、网络、心理、管理、服务、资助、组织等方面工作的育人功能。既然是子系统，高校文化育人质量必然被统领于高校思想政治工作质量的发展方向和总体目标下，两者都服从和服务于高校立德树人根本任务，在质量基点、质量形态方面有一致性。促进人的成长成才是高校思想政治工作的质量基点。思想政治工作说到底是做人的工作②，必须坚持以人为本。人的成长成才是高校思想政治工作产生和存在的前提，也规约了思想政治工作的方向，设定了思想政治工作的主要内容。高校文化育人是通过文化的感染、浸润，提升人的思想文化素质，促进人的全面发展，彰显着以人为本的价值意蕴。从质量形态来看，正如有的学者提出，思想政治教育质量形态是先进思想掌握群众③，高校思想政治工作质量和高校文化育人质量也都是以教育内容被大学生内化于心、外化于行作为实现形态的。高校思想政治工作从根本上说是做人的工作，通过课程、科研、实践、文化、网络、心理、管理、服务、资助、组织等方面的工作，影响人的思想、观念、意识、行为等领域，使大学生将教育内容内化于心、外化于行，从而提高思想政治素质，促进成长成才。高校文化育人是以文化人、以文育人，将中华优秀传统文化、革命文化和社会主义先进文化作为培养人的基本内容，通过文化的感染、浸润、渗透，达到潜移默化提升大学生文化素质的过程。大学生能够对教育内容接受、认同、践行、弘扬，是基于对教育内容"先进思想"的真理性、教育方式"掌握群众"的科学性的认可。

---

① 吴林龙;. 高校思想政治教育工作质量评价的概念厘定 [J]. 思想教育研究, 2018 (2): 65-68.
② 习近平在全国高校思想政治工作会议上强调 把思想政治工作贯穿教育教学全过程 开创我国高等教育事业发展新局面 [N]. 人民日报, 2016-12-09 (01).
③ 田歧瑞. 大学生思想政治教育质量基本问题研究 [D]. 重庆: 西南大学, 2017.

高校思想政治工作质量与高校文化育人质量在要素结构、育人功能方面又有着明显差异。前者关注的是整个高校思想政治工作的有效性以及十大育人体系之间的功能耦合，其质量涵盖了课程育人质量、科研育人质量、实践育人质量、文化育人质量、网络育人质量、心理育人质量、管理育人质量、服务育人质量、资助育人质量、组织育人质量等子系统，各子系统之间构成相对独立、协同协作、同向同行、互联互通的并列结构。高校文化育人质量作为其下属子系统，重点关注的是如何实现以文化人、以文育人，其质量可以从文化育人过程质量、结果质量、效益质量三个方面来建构，三个方面形成层层递进、相辅相成的闭环结构。不同的系统要素和结构又形成了高校思想政治工作质量与高校文化育人质量在育人功能方面的区别。高校思想政治工作质量通过课程知识体系推进思想政治教育入脑入心，通过科研育人引导大学生树立正确的政治方向、价值取向、学术导向，通过实践育人引导大学生在亲身参与中增强实践能力、培植家国情怀，通过文化育人滋养师生心灵、涵育师生品行、引领社会风尚，通过网络育人强化网络意识，提升网络文明素养，通过心理育人强健大学生心灵，通过管理育人和服务育人解决大学生实际问题、营造良好环境，通过资助育人培养受助学生自立自强、诚实守信、知恩感恩、勇于担当的良好品质，通过组织育人选拔和培养人才队伍。在十大育人体系的全方位培养下，大学生德智体美劳全面发展。高校文化育人质量关注文化育人领域，着重于通过文化的影响，培养大学生的文化认知、文化精神、文明行为，全面提升大学生文化素质。

（三）高校文化育人质量评价

评价是哲学价值论中的重要概念。一般而言，评价是"评定价值或成就的高低"①，是主体对客体效用和价值的判断，本质上是一项主观性与客观性相结合的认识活动。评价的主观性体现在评价基于主体的立场和认知水平。主观立场和认知水平是认识活动的"前结构"，因个体差异而千差万别。评价的客观性主要体现在评价需要基于特定的价值关系、依据一定的原则和标准、遵循客观的方法。只要主客体有价值关系存在，无论价值高低，价值事实一定存在，而评价表达的就是客观的价值事实。评价原则和标准反映了主体的

---

① 路丽梅，王群会，江培英. 新编汉语辞海［Z］. 北京：光明日报出版社，2012：1023.

现实需求，通过主客体利益关系表现出来，其形式是主观的，但内容是客观的。评价虽然是一项认识活动，但评价运行中不可缺少的信息收集、分析、反馈、决策等属于客观的实践环节。因此，评价就是依据一定的原则和标准，在进行客观分析的基础上，对主体需要与客体效用满足关系进行价值判断的过程，即主观与客观相结合的明确价值的过程。

高校文化育人质量评价就是根据立德树人根本任务，依据一定的原则和标准，在客观分析高校文化育人质量的基础上，对高校文化育人促进大学生文化素质提升，满足大学生成长成才的精神文化需要和国家发展、社会进步的需要的程度做出价值判断的过程。首先，立德树人是高校文化育人质量评价的根本目的。立德树人是教育的根本任务，高校"要把立德树人的成效作为检验学校一切工作的根本标准，真正做到以文化人、以德育人""要把立德树人内化到大学建设和管理各领域、各方面、各环节，做到以树人为核心，以立德为根本"[1]。高校文化育人质量评价，是为了对高校文化育人质量进行识别与判断、发现文化育人实践存在的问题并为下一步决策提供参考，以提高文化育人实效性，促进大学生文化认知、文化形象的改善，实现文化素质提升，最终推动立德树人根本任务的达成。其次，马克思主义立场和观点、文化的本质和特性、思想政治教育规律、人的成长成才规律是高校文化育人质量评价的基本遵循。"我国有独特的历史、独特的文化、独特的国情，决定了我国必须走自己的高等教育发展道路，扎实办好中国特色社会主义高校。我国高等教育发展方向要同我国发展的现实目标和未来方向紧密联系在一起。"[2]作为社会主义高校思想政治教育的重要组成部分，高校文化育人质量评价在确定原则和标准时，既要坚守马克思主义指导下的社会主义核心价值观，又要遵循时代新人的人才培养目标，还要体现教育的规律和人的成长成才规律。最后，满足大学生成长成才的精神文化需要、国家发展和社会进步的需要是高校文化育人质量评价的核心内容。评价是对需要与满足关系的价值判断。高校文化育人工作达到基本规格、遵循基本规律，是文化育人符合规定的体现；大学生文化素质得以提升，是文化育人功能实现的表征；满足文化育人

---

① 习近平. 在北京大学师生座谈会上的讲话 [N]. 人民日报，2018-05-03（01）.
② 习近平在全国高校思想政治工作会议上强调：把思想政治工作贯穿教育教学全过程 开创我国高等教育事业发展新局面 [N]. 人民日报，2016-12-09（01）.

主体需要，则是文化育人价值的彰显。因此，大学生成长成才的精神文化需要、国家发展和社会进步的需要，是高校文化育人质量评价的最根本也是最核心的内容。

■■■■ 二、高校文化育人质量的生成路径 ■■■■

探讨"质量何以产生"，是理解高校文化育人质量的重要途径。高校文化育人质量不是无本之木、无源之水，是在高校文化育人实践中生成的，其生成是一个不断循环往复、动态发展、从无到有、从有到优的过程。文化育人质量的"输出"，主要通过文化的渗透、感染和教育，促使大学生文化素质提升，实现文化育人功能，最终达到服务主体的目的。质量的内在规定性，要求首先是符合标准的，能保证具备特殊属性；其次是功能得以实现的，能发挥出应有的功效与作用，进而实现其价值，满足主体需要。

（一）高校文化育人质量在符合规定中生成

就一般的产品或服务而言，其外观、规格、特性、功能等符合生产标准或固定参数指标，则被认为质量合格。如果将高校文化育人结果看成产品或服务，其"生产过程"也是有规约性的。虽然高校的类别、层次、特色不同，"质量标准"和"固定参数"不可能一成不变，但时代发展大势、社会主义高校的性质、教育的规律和人思想形成发展的规律、知识的逻辑等决定了各高校文化育人必然有应坚守的底线和基本的遵循，这就是高校文化育人质量的规约性。

时代发展大势要求高校文化育人具有时代性。"一切形态的教育都产生于特定的社会生产关系之中，一切形态的教育都无法脱离特定的社会关系。"[①]中国特色社会主义进入新时代，站在我国发展新的历史方位，培养担当民族复兴大任的时代新人是教育的中心任务。高校既是人才培养之地，也是文化的传承与创新之地，肩负着培育文化自觉、坚定文化自信、引领社会风尚的责任。这就要求高校把握时代脉搏、紧跟时代步伐、聆听时代声音，把握国家发展所需和时代大势所趋，坚持培根铸魂和守正创新，不懈传播马克思主

---

① 李建国. 将文化育人引向深入的几点思考 [J]. 中国德育, 2019 (1): 22-26.

义理论，始终高举社会主义核心价值观的旗帜，为文化的创造性转化与创新性发展提供新思路和新资源，在建设具有中国特色、中国精神、中国风格、中国气派的中国特色社会主义文化发展道路的基础上，指向当下，面向未来，加强习近平新时代中国特色社会主义思想在校园的广泛学习，用新思想主导校园文化建设，强化新时代中国话语、中国声音的传递，让好声音、新风尚遍及校园，以先进文化滋养大学生心灵、涵育大学生品行。

社会主义高校的性质要求文化育人具有政治性。习近平总书记强调，我国高等教育肩负着培养德智体美全面发展的社会主义事业建设者和接班人的重大任务，必须坚持正确政治方向①。我国是中国共产党领导的社会主义国家，这就决定了我们的教育必须把培养社会主义建设者和接班人作为根本任务，培养一代又一代拥护中国共产党领导和我国社会主义制度、立志为中国特色社会主义奋斗终身的有用人才。我们的教育绝不能培养社会主义破坏者和掘墓人，绝不能培养出一些"长着中国脸，不是中国心，没有中国情，缺少中国味"的人！文化是国家和民族的根与魂，文化自信是一个民族最深沉、最持久的力量。文化自信关乎国运兴衰、民族精神独立。在中华民族伟大复兴的进程中，西方意识形态渗透、多元文化冲突影响着大学生的价值取向、文化认同、理性思维等，引导大学生正确认识中华民族的智慧蕴含和价值理念，正确看待中国共产党的革命奋斗初心与伟大成就，正确理解中国特色社会主义发展历程中形成的精神财富与先进思想，是高校文化育人的使命。这就要求高校文化育人用中华优秀传统文化教育人，科学传承和弘扬传统文化的思想精华，用中国共产党带领中国人民创造的红船精神、井冈山精神、长征精神、延安精神、西柏坡精神等来感染人，用社会主义先进文化引导人，培育社会主义核心价值观，凝聚价值共识，强大民族精神力量。

教育的规律和人才成长规律要求文化育人具有科学性。教育家叶圣陶先生曾说："教育是农业，而不是工业。"② 教育是一个需要深精细作、循序渐进、静待花开的长期而缓慢的过程，而非像工业一样只需通过固定流水线对原材料进行统一加工，即可迅速得出全然一样的制成品的过程。教育的规律

---

① 习近平在全国高校思想政治工作会议上强调 把思想政治工作贯穿教育教学全过程 开创我国高等教育事业发展新局面 [N]. 人民日报，2016-12-09 (01).

② 任苏民. 教育与人生：叶圣陶教育论著选读 [M]. 上海：上海教育出版社，2004：90-92.

决定了高校文化育人不能一概而论、一蹴而就、一拥而上、一哄而散，把工夫花在应景上、排面上、过场上，文化育人应坚持久久为功、潜移默化、润物无声，发挥文化"蓬生麻中，不扶而直""耳濡目染，不学以能"的浸润作用。个体的性格特征、能力水平、兴趣爱好、成长经历等不同，决定了人的成长成才路径和方式也不同，尊重人才成长规律意味着教育要因材施教、因人而异，既要满足学生的递进式发展，又要尊重学生的个性化诉求。这就要求高校要注重育人目标与大学生成长发展需求的内在一致性，以促进人的自由全面发展、尊重人的个性才华、追求人的尊严幸福为文化育人终极价值目标，以大学生易于理解、乐于接受的方式，提供经典文化产品和精准文化服务，满足不同学生在不同阶段的不同文化需求，使大学生在文化的蕴育中逐步建构和完善知识体系、思想观念、价值体系，在社会化的过程中不断进行文化学习与实践，逐步形成既符合社会发展需要又符合自身成长需要的思想价值体系。

知识和思想的逻辑要求文化育人具有系统性。每个人的知识结构和思想体系都是共时态和历时态的统一，它来自既有知识结构和思想体系，又在当下所接触到的各种知识和思想系统的交互影响中不断重构，既贯通了不同阶段所受教育，又包含了不同范畴、不同体系、不同层次的教育影响。要想形成更加稳定、牢固、持久的知识和思想，必然要在育人过程中注重全方位、全过程的协同，形成科学有效的育人系统。这就要求高校文化育人要做好顶层设计，对育人工作有科学认识和整体把握，将文化育人置于大思政论域，置于高等教育论域，立足于整体，考察文化育人系统与高等教育系统之间、文化育人系统与高校思想政治工作系统之间、文化育人系统与其余育人系统之间、文化育人系统与各要素之间、要素与要素之间复杂的相互作用和联系，合理调整组织形式与机制结构，重视各系统、各要素的协同，最大限度地实现各要素、各系统之间的功能耦合。此外，高校文化育人既要着眼长远目标建设做出总体规划，从宏观上把握育人目标、育人理念和发展方向，又要立足当前实际确定具体任务，从微观上确定具体目标，保证文化育人的延续性和可持续性。

高校文化育人符合规定主要体现在高校文化育人工作上。高校文化育人工作理念、工作目标、工作内容、工作方法是否顺应时代发展大势、合乎社会主义高校的性质、遵循教育的规律和人思想形成发展的规律、尊重知识的逻辑，是判断高校文化育人工作符合规定和达到标准的主要依据。高校文化育人工作达标，质量便有了基础和保障，这是高校文化育人质量生成的第一步。高校文化育人质量主要取决于质量生成的第二步：高校文化育人功能实现。

（二）高校文化育人质量在实现功能中生成

人才培养是高校的重要使命，人才培养水平历来被视为高等教育质量评价的核心指标。在文化育人语境下，人才培养质量表征为大学生文化素质的高低。合格的大学生文化素质，是高校文化育人的出发点和落脚点，也是衡量高校文化育人功能实现的核心标尺。大学生文化素质包含大学生稳定的关于文化的认识和看法、文化自信与自觉的态度、科学道德与人文精神、文化知识结构和水平等，是大学生文化观点、文化知识、文化思维、文化能力、文化行为的彰显，集中体现为大学生文化认知和文化形象。不同于知识的习得或技能的掌握，素质是在人的先天生理基础上，经过后天教育和社会环境的影响，由知识内化而形成的相对稳定的心理品质，是"内化为人的稳定性的一种品格"[1]。这种稳定的品格是大学生在高校文化春风化雨的浸润下养成的，是高校文化育人持续、有效开展的结果。高校通过持续深入的文化育人，使大学生文化素质与高校文化育人目标相符合，使大学生在面临问题和困难时能有效运用自身思想道德与文化素养予以应对和解决，这就实现了高校文化育人的功能，提升了高校文化育人质量。

质量生成于大学生文化素质与高校文化育人目标相契合。高校文化育人目标不是凭空设定的，而是依据社会发展要求和大学生文化素质基础，结合高校特色而定的。高校在人才培养的核心职能基础上，还具有文化传承与创新的职能，这就要求高校既要坚持以人为本，深入研究大学生成长成才的规律，通过文化的熏陶、感化和教化，使学生在良好的文化氛围和情境中培根铸魂、提升素质，努力成为德才兼备、全面发展的人，又要考虑大学作为文化创新机构的本职要求，大力发展各具特色的大学文化，凝聚大学精神，培养校园价值观，主动承担文化大发展大繁荣赋予高校的责任与使命。因此，高校要统筹好社会发展需要和个体发展需要，统筹好大学文化发展和人才培养发展需要，统筹好阶段性发展特征与长期性发展需要，设定符合实际的文

---

[1]　周远清. 大学素质教育：源头·基础·根本 [J]. 中国大学教学, 2014 (5)：12-14.

化育人目标。判定高校文化育人目标是否实现，必然指向大学生文化素质。高校通过文化育人实践，使大学生文化素质在高校文化育人目标的框架下和范围内得以提升，形成符合国家、社会和高校期许的时代新人的文化认知和文化形象，形成促进文化传承与创新的文化影响力和创造力，形成满足国家进步和社会发展所需的文明行为。这就是高校文化育人功能的实现。

　　质量生成于大学生灵活运用文化素质解决自身实际困难和问题。大学时期是人认知形成和成熟的关键阶段。在这一时期，大学生思想活跃、求知欲强，将会经历各种困难和矛盾，产生各种困扰和冲突，形成这样或那样的问题。这些问题或者源于文化观不正确，或者源于文化认知不足，或者源于文化境界不高，或者源于文化行为不规范，但归根结底都是由于文化素质待提升而引起的。这就要求高校要通过各种方式促进大学生文化素质提升，以解决自身的实际困难和问题。一方面，高校要使大学生拥有正确的文化观，足以促使自身抵御诱惑、防范风险、化解危机、守正创新；辨识不同文化思想和潮流，在纷繁复杂的社会思潮中坚守正道。高校不是象牙塔，也不是桃花源。在文化多元化视域下，一些西方社会思潮涌入我国，与我国文化、教育、政策发展形成一定的冲突。在此背景下，大学生只有凭借较高的文化素质，熬过国学大师王国维所谓的"昨夜西风凋碧树，独上高楼，望尽天涯路"这一境界，在各种社会思潮和文化洪流中明辨方向，才能达到"衣带渐宽终不悔，为伊消得人憔悴"的境界，才能做到文化自觉与文化自信，维护主流意识形态话语权。另一方面，高校要使大学生文化知识及能力足以满足新时代对时代新人综合素质的要求。文化知识是大学生通过后天习得的关于人类文明的哲学与人文科学、社会科学、自然科学相关理论与经验等理性认识，文化知识量与文化知识结构是大学生文化素质的基础。人的社会化过程说到底是知识的积淀过程，大学生拥有基本文化知识，有一定水平的文化能力和对文化的基本把握，能灵活运用知识技能、语言表达满足日常生活所需，能正确认识世界和中国发展大势，正确认识中国特色和国际比较，正确认识时代责任和历史使命，正确认识远大抱负和脚踏实地[1]，能运用所学所得格物致知、正心诚意，才能满足中华民族伟大复兴对时代新人综合素质的要求，从

---

[1] 习近平在全国高校思想政治工作会议上强调 把思想政治工作贯穿教育教学全过程 开创我国高等教育事业发展新局面 [N]. 人民日报，2016-12-09（01）.

而实现修身、齐家、治国、平天下。

值得注意的是，大学生文化素质属于个人综合素质的重要组成部分，与大学生的人生观、世界观、价值观、思想素质、政治素质、道德品质等密切相关。大学生在面临问题和选择时，往往不会只凭借文化素质或政治素质等单方面依据做出决定，而是各方面综合作用的结果。这就使得对高校文化育人质量功能实现的观测需要牢牢把握大学生文化素质的表征，即大学生文化认知和文化形象。大学生文化素质一方面作为高校文化育人工作基础的直接结果，整体反映了工作基础及过程质量，对工作基础起到反馈和评价作用，有利于工作过程质量的改进和提升；另一方面作为大学生综合素质的基础，左右着大学生思想道德素质、业务素质、心理素质的发展，影响着高校人才培养质量。因此，大学生文化素质符合预期，既与高校人才培养目标相符，又能在实践中解决实际困难和面临的问题，体现着高校文化育人功能的实现，从而使高校文化育人质量得以提升。

（三）高校文化育人质量在满足需要中生成

满足需要是高校文化育人的根本指向，也是高校文化育人质量生成的最终形态。马克思主义认为，社会存在决定社会意识，社会意识反作用于社会存在。用以育人的文化是一定历史条件下社会存在的反映，是意识形态的呈现方式，也是社会意识的存在形式。"任何社会意识都不会凭空出现，只能是适应一定社会物质生活发展的要求产生的，因而它必然具有满足这些需求的功能和价值，在一定条件下会转化为物质力量并作用于社会存在。"① 文化育人就是统治阶级通过塑造和不断强化主流意识形态，影响人们的个体意识，形成符合期望的集体意识，从而产生强大的吸引力与感召力，最终反作用于社会存在。因此，文化育人对社会存在的反作用，即文化育人满足社会物质生活发展要求的程度与水平，是文化育人的根本指向，是文化育人质量生成的终极形态。高校文化育人满足一定社会物质生活发展的需求，实现社会效益质量，具体体现在满足大学生成长发展需要、满足社会进步需要和满足国家发展需要三个方面。

高校文化育人满足大学生成长发展需要。大学生除有适应社会的需求，

---

① 本书编写组. 马克思主义基本原理概论 [M]. 北京：高等教育出版社，2015：108.

还有自我陶冶、自我提升、自我进步的追求，有自由全面发展的追求。全面发展不等于平均的全面发展，而是和谐的全面发展，是结合自身特长、根据自身所需的个性化发展。高校文化育人满足大学生成长发展需求，就是指高校文化育人同时具有"普及"和"深化"的任务，一方面，普及基本文化常识，满足大学生精神文明基本所需，使大学生拥有适应社会、解决问题的素质和能力；另一方面，也是更重要的，培根铸魂、启智润心，对人进行精神塑造，"实现从'本能人'到具有文明心态、文明举止、文明生活观、文明价值观的'现代人'的飞跃"①。高校文化育人对人进行精神塑造，在于以无时无刻无所不在的文化浸润、情境感染、榜样示范等方式，使大学生与中华优秀传统文化、革命文化、社会主义先进文化产生精神链接，培养大学生的文化自信、文化自觉，形成更高层次的精神境界，养成对美好才情、优雅品位、高尚志趣、道德情操、理想人格的终生追求，不断修身立德、超越自我。因为只有当"每个人都有充分的闲暇时间去获得历史上遗留下来的文化——科学、艺术、社交方式等等——中一切真正有价值的东西"② 时，每个人才有可能实现自由而全面的发展。

高校文化育人满足社会进步需要。社会进步是指人类社会由低级向高级合乎规律的前进运动。社会进步包括了物质文明和精神文明两方面的进步和发展，社会文明是社会进步的重要表现。高校文化育人通过培养优秀人才、进行文化传承与创新，赓续中华文明，繁荣文化生命力，促进社会文明进步。文化有继承性和发展性的特质，任何时代的文化都是随着社会物质生产条件变化而发生改变的，文化由低级到高级、由简单到复杂的发展过程，也恰恰是人类文明进步的演化历程。高校文化育人满足社会进步需要，在于以中华优秀传统文化、革命文化和社会主义先进文化涵养人、培育人，使大学生了解并掌握前人积累的文化成果，扬弃旧义，对中华优秀传统文化进行创造性转化和创新性发展，并传播到社会、延续至后代；在于弘扬和践行社会主义核心价值观，将社会主义核心价值观融入校园环境、校园制度和文化，营造见贤思齐、崇德向善的浓厚氛围，提升大学生彰显道德力量、引领社会风尚的能力，发挥向上、向善的力量；在于通过倡导和遵循科学道德与学术规范，

---

① 张岂之. 关于大学素质教育的再认识 [J]. 中国大学教学，2011（12）：5-6.
② 马克思，恩格斯. 马克思恩格斯选集：第3卷 [M]. 北京：人民出版社，2012：199.

不断培育崇尚科学、追求真理的思想观念，坚守学术诚信和底线，推动社会主义先进文化建设；在于积极开展对外交流，主动了解和借鉴国外文化科技发展趋势与最新成果，引导师生传播中国故事，发出中国声音，增强我国文化软实力和中华文化国际影响力，努力为推动人类文明进步做出积极贡献。

高校文化育人满足国家发展需要。文化兴国运兴，文化强民族强，"文化是一个国家、一个民族的灵魂""没有高度的文化自信，没有文化的繁荣兴盛，就没有中华民族伟大复兴"[①]。《中共中央关于制定国民经济和社会发展第十四个五年规划和二〇三五年远景目标的建议》明确提出，2035年，我国将建成文化强国，国民素质和社会文明程度达到新高度，国家文化软实力显著增强。建设社会主义文化强国是实现中华民族伟大复兴的基础支撑，是全面建设社会主义现代化国家的战略任务，因此也是新时代文化建设的总目标和高校文化育人的总航向。高校文化育人围绕举旗帜、聚民心、育新人、兴文化、展形象的使命任务，通过开展各种形式的文化教育、文化活动等育人实践，既把坚持马克思主义在意识形态领域指导地位的根本制度贯彻到高校文化建设全过程全领域，牢牢把握方向导向，坚持守正创新；又弘扬中华优秀传统文化、革命文化、社会主义先进文化，使社会主义核心价值观深入人心，增强大学生文化自觉与文化自信，坚守中华文化立场，推动民族的科学的大众的社会主义文化繁荣发展；还切实提高大学生文化素养及综合素质，形成适应新时代要求的思想观念、精神面貌、文明风尚和行为规范。

三、高校文化育人质量评价的经验借鉴和实践进路

高校文化育人质量评价是探索性研究，也是应用性研究。吸收其他学科理论支持、实践经验，并将其转化为高校文化育人质量评价的有效借鉴；探索符合实际、切实可行的高校文化育人质量评价实践进路，是顺利开展高校文化育人质量评价的前提和保障。

（一）高校文化育人质量评价的经验借鉴

为真实有效地进行高校文化育人质量评价，高校文化育人质量评价可以

---

① 中共中央党史和文献研究院. 十九大以来重要文献选编［M］. 北京：中央文献出版社，2019：29.

向管理学、教育学等相关成熟学科及国内外高等教育机构有关质量评价的理念和方法进行知识借鉴。高校文化育人质量评价可以从日益发展起来的思想政治教育工作质量评价中汲取有效养分，以便从中探索更加科学合理的评价思路和方法。

1. 高校思想政治教育工作质量评价的经验借鉴

目前，国内思想政治教育工作质量的评价视角主要以"产品"的质量标准和"车间"的建设标准两大方面为主。"产品"的质量标准关注大学生思想政治素质，以大学生思想、行为表现为评价的主要对象，考察人才培养目标的达成情况和大学生全面发展的实现程度；"车间"的质量标准关注思想政治教育工作情况，对大学生思想政治教育过程中的指导思想、顶层设计、机制体制、队伍建设、条件设施、运行保障、教育内容、方法渠道等进行考察，关注思想政治教育坚持立德树人根本任务、坚持三全育人、坚持"以生为本"的遵循情况。高校思想政治教育工作质量的评价，通常采用材料审核、调查研究、实地走访等方法，在评价指标体系的设计上既关照定性的内容，又考虑量化的数据指标；既注重质性分析，又注重数据运用，在结果呈现上一般以"优""良""中""差"等级式综合模糊评判出现。高校思想政治教育工作质量评价的综合模糊性评价结果，是由思想政治教育的性质所决定的。高校思想政治教育是做人的工作，人的思想和行为很难完全依靠数据来体现，教育影响的深度和广度也很难完全通过数据来精准表达。因此，量化测评和质性分析的结合，是目前高校思想政治教育工作质量评价的主要方法，也是最为合理、有效的评价方法。随着高校思想政治教育的发展，高校思想政治教育工作质量的评价也在日趋优化和完善，但从长远来看，高校思想政治教育工作质量评价依然处于发展阶段，虽然各类评价体系的构建在探索中前进，《全国大学生思想政治教育工作测评体系（试行）》《高等学校思想政治理论课建设标准（暂行）》《教育部高校辅导员培训和研修基地建设与管理办法（试行）》等在实践中也取得了显著效果，但各指标体系"未形成统一化的体例格式、指标体系的统一设计极其困难、内容不完整"[1] 等问题依然存在。

---

① 冯刚，张智. 新时代高校思想政治教育工作质量评价指标体系设计的实证研究 [J]. 思想理论教育，2021（4）：55-59.

2. 高等教育质量评价的经验借鉴

高等教育质量评价已开展多年，其倡导的教育评价理念、评价原则和方法都值得参考和借鉴。从评价目的来看，高等教育质量评价可以分为诊断性评价、总结性评价、形成性评价、发展性评价等，每种评价的方法、内容、对象各异。例如，形成性评价旨在评估学生学习的状况，主要采用课堂观摩、课堂提问、学生自我测评和相互测评等方式进行；总结性评价重在反馈与判断，主要采取考试、考核等方式进行。这为高校文化育人质量评价的整体设计提供了思路。高校文化育人质量评价究竟是以掌握高校文化育人实效，进而改进文化育人工作为目的，还是以促进大学生思想文化素质持续提升为目的，是高校文化育人质量评价需要首先思考的问题。从评价类型来看，高等教育评价形成了包括高等教育质量评估、本科教学工作合格评估、本科教学工作审核评估、学科评估、"双一流"高校评估、国家重点实验室评估等在内的一系列较为成熟的评价指标体系和测评模式，其中部分评价指标、评价标准、评价方法有共通之处。利用好这些评价，并借用其行之有效的评价方法，是形成具有鲜明特色且与之协调融通的文化育人质量评价指标体系的关键。从评价主体来看，高等教育质量评价已充分引入第三方机构参与，如高校就业质量评价、中国高校排名等。在中国高等教育学会联合全国各主要评估评价机构举办的"高等教育第三方评价与高校自我评估"报告会上，围绕自我评估、院校评估、专业认证、国际评估，建立"第三方评估机构和高校自我评估内外配合共同发力"的质量保障体系也成为共识①。这些都为高校文化育人质量评价提供了有益经验。

3. 社会学、心理学等其他学科的经验借鉴

人文社会科学的研究方法可以运用于高校文化育人质量评价的具体过程中，如观察法、个案法、抽样调查法、问卷法、深度访谈法等实证研究方法。相关统计分析软件等的应用有助于高校文化育人质量评价的数据收集、分析和处理。心理学中包含智力测验、能力倾向性测验、成就测验、人格测验、个别测验和团体测验、文字测验和非文字测验等在内的各种心理量表和测验

---

① 中国高等教育学会"高等教育第三方评价与高校自我评估"学术报告会在同济大学召开 [J]. 中国高教研究，2017（3）：2.

的应用有助于高校文化育人质量评价通过观察人贯穿始终的代表性行为和典型反映，做出基本推论和数量化分析的结果。此外，管理学中的学习型组织问卷维度工具、学习评价图、学习型组织菱形工具等量表形式，对学习型组织的个体层级、群体层级、组织层级、领导层、学习环境等方面作出相应的评价和反映等，均可以作为高校文化育人质量评价量表设计的借鉴和参考。

（二）高校文化育人质量评价的实践进路

高校文化育人质量评价，需要重点解决为何评价、评价什么、如何评价等问题，这也是相关研究的核心问题。科学回答高校文化育人质量评价的核心问题，需要在继承相关思想政治教育质量评价、校园文化评价等基本经验的基础上，结合育人目标、工作要求，从实际出发，对评价的遵循、评价标准、评价方法和手段等进行重点研判，使评价更加科学合理。

1. 遵循以人为本的价值准则

习近平总书记强调，高校"要把立德树人的成效作为检验学校一切工作的根本标准，真正做到以文化人、以德育人"[1]。立德树人，关键在以人为本。以人为本，就是"要注重以人为本、因材施教"[2]，就是要尊重人、理解人、关心人、爱护人、发展人，就是一切以促进学生的发展为出发点和落脚点。以人为本，实现每个人自由而全面的发展，是马克思主义的核心理念，也是社会主义教育的本质要求。高校文化育人质量是高校为落实立德树人根本任务，通过构建科学、系统的文化育人体系，促进大学生思想文化素质提升，满足大学生成长成才的文化需要和国家发展与社会进步需要的程度。满足大学生成长成才的文化需要，是高校文化育人质量合格的关键。高校文化育人质量评价的直接目的在于，发现高校文化育人实践中的进步与优势，鉴别存在的差距和问题，并总结相应的改进意见和建议。高校文化育人质量评价的终极目的在于，通过立足现在、回顾过去、面向未来，满足人的成长成才的文化需要，促进人的自由全面发展，落实立德树人根本任务。

高校文化育人质量评价遵循以人为本的价值旨归，一是要关心高校文化育人组织领导是否坚持立德树人的育人目标和三全育人的理念思路。高校要

---

① 习近平. 在北京大学师生座谈会上的讲话 [N]. 人民日报，2018-05-03（01）.

② 习近平：全面贯彻落实党的教育方针 努力把我国基础教育越办越好 [J]. 紫光阁，2016（10）：7.

"把立德树人内化到大学建设和管理各领域、各方面、各环节，做到以树人为核心，以立德为根本"①，依据人的思想形成和发展的规律，建立协调的领导体制和合理的工作机制，形成方向一致、目标一致、行动一致的文化育人格局。二是要关注高校对育人对象的认识和把握。随着新时代的客观变化，青年的思维习惯、学习方式、生活方式有着明显的时代特征。随着青年年龄增长、思想成熟，其文化心理需求也随之变化。充分认识新时代变化发展着的大学生文化需求，理解大学生的思想和行为方式，是进行文化育人及质量评价的基本前提。高校文化育人质量评价应考察高校是否从变化发展着的实际出发，针对不同对象、不同阶段制定不同的育人策略，以增强文化育人的精准性和实效性。三是要关照高校文化育人对大学生成长成才的文化需要的满足程度。高校文化育人满足大学生成长成才的文化需要，体现在大学生对高校文化育人的主观认同度和客观接受度。高校文化育人质量评价应掌握高校文化育人对大学生利益需求和价值关切的满足程度，衡量大学生对高校文化育人工作整体认可程度。高校文化育人质量评价应考察高校文化价值观是否得到大学生真正的认同，文化知识是否被大学生真正掌握，文化精神和目标追求是否得到大学生的理解和认可，文化欣赏和理解能力是否得到真正的传承和发展，衡量大学生对高校文化育人的接受度。

2. 确立多级多样的评价标准

高校文化育人质量评价标准的构建，必须建立在对文化的评价标准和育人质量的评价标准的准确理解之上。文化是人类实践的产物，文化的发展进步也是人类社会发展变化的图谱，反映着人类社会进步的过程。不同时空的人，其社会认知、价值观念、思维方式、交往方式等都不一样，形成了文化的多元性和多样性。同时，文化有价值取向之别，也有先进落后之分。因此，文化评价应在坚持有利于生产力发展和社会进步的根本标准基础上，充分认识到文化的丰富性，坚持多样化的评价标准。教育是一个循序渐进的过程，育人需要遵循教育的规律、人的思想形成和发展的规律。由于人的思想认知结构相异，呈现出的育人效果不同，因此育人质量的评价标准也应有不同阶段、不同层次、不同类型的区分。高校文化育人的直接目标是提升大学生思

---

① 习近平. 在北京大学师生座谈会上的讲话［N］. 人民日报，2018-05-03（01）.

想文化素质，根本目标是立德树人，满足大学生成长成才的文化需要、满足国家进步和社会发展的需要。价值判断需要依据一定标准，这个标准既是社会价值观的反映，也是育人目标的体现。构建高校文化育人质量评价标准，应在立德树人根本标准的统领下，有针对性地建立多元、多级的评价标准。

评价标准需要结合评价内容而定，大致可以从三个维度进行考量。一是从符合规定维度考察高校文化育人过程质量，关注高校文化育人理念是否先进、组织是否健全、条件是否齐备、队伍是否强健、机制是否顺畅、内容是否合格、环境是否稳定等，从而判断文化育人工作对文化育人目标的坚守情况，对文化特性和教育规律的认识情况，对内在动力的发掘和对运行路径的把控情况。二是从功能实现维度考察高校文化育人结果质量，关注大学生文化认知和文化观点、文化知识和思维水平、文化理解和欣赏能力、文明程度和文化修养的整体达标程度和个体发展程度，判断高校文化育人通过优秀的文化感染、熏陶和教育大学生，使大学生思想文化素质提升的实现情况。三是从需要满足维度考察高校文化育人效益质量，关注大学生主观认可度和客观接受度、高校优秀人才输送程度和文化产品服务力度、高校文化生产力和文化影响力，判断高校文化育人对大学生成长需要的适应度、对社会进步需要的贡献度以及对建设社会主义文化强国的满足度。在文化育人实践中，由于不同区域、不同类型、不同层次的高校实际情况和专长特色各有所异，高校文化育人质量评价标准必然不能"一刀切"。具体评价标准的设定应处理好事实与价值的关系，共性与个性的关系，注重发挥评价的导向作用；同时，坚持定性评价与定量评价相结合，精准评价与模糊评价相结合，过程评价与结果评价相结合，合格评价与典型培育相结合，整体评价与局部评价相结合，政治评价与业务评价相结合，阶段性评价与发展性评价相结合等原则。

3. 构建科学合理的评价模型

评价模型是将评价主体、评价内容及指标、评价方式、评价机制等评价的关键要素以结构化的方式呈现出来的组合形态。它能图示化地、清晰地展现出各评价要素之间的脉络与关系。科学合理的评价模型是有效开展评价的基础，关系到高校文化育人质量评价的长效运行，能促进评价功能的发挥。构建可操作、可推广、可重复、可检验的高校文化育人质量评价模型，是提升高校文化育人质量的重要抓手。高校文化育人质量评价模型应既合乎工具性，充分考虑高校文化育人质量各评价要素，把握各评价要素之间的关系，真实反映高校文化育人质量现状，具有自我调节和持续发展的能力；又合乎目的性，以促进高校文化育人目标实现为基本原则，落实立德树人根本任务。构建高校文化育人质量评价模式，需要厘清影响高校文化育人质量评价的要素，通过科学的组合，建立合理顺畅的运行关系。

首先，构建科学合理的评价模型要协调统筹高校文化育人质量评价主体。国家、高校、大学生、社会都是高校文化育人质量的主体。国家根据实现经济发展、促进社会进步的需要，高校根据大学使命和自身发展的需要，在组织、计划、实施文化育人的同时，也作为高校文化育人的利益攸关者，承担着高校文化育人结果带来的作用和影响。大学生是高校文化育人的对象，在吸收和获取文化养分、满足自身文化需要的同时，能动地影响着高校文化育人。因此，国家、高校和大学生也自然成为高校文化育人质量评价的主体。三者在对高校文化育人质量进行评价时，其地位和功能各不相同。国家对高校文化育人质量进行达标性评价，注重发挥指导作用。高校对自身文化育人质量进行诊断性评价，注重发挥鉴别和判断作用。大学生对高校文化育人质量进行形成性评价，注重发挥反馈作用。此外，作为高校文化育人质量的重要影响对象，社会对高校文化育人质量评价的作用也不容忽视。高校文化育人质量评价模式应协调各评价主体，促进其评价作用的发挥。其次，构建科学合理的评价模型要制定开放合理的评价指标体系。一套开放合理的、可持续发展的评价指标体系，能保证高校文化育人质量评价的准确性，促进评价工作对高校文化育人质量的指导性。制定开放合理的高校文化育人质量评价指标体系，需要在高校思想政治工作质量中定位高校文化育人质量，厘清文化育人质量与高校思想政治工作整体质量及其他高校思想政治工作育人体系质量直接的关系，在立德树人的根本任务下，深刻把握、合理体现文化育人质量的特殊性，在评价指标中既要设计能体现文化特性的特殊指标，又要考虑与其他育人体系质量评价及高校思想政治工作质量评价的融通。同时，评价指标还应涵盖高校文化育人质量评价内容的各个维度、各个方面，充分考虑时代发展、政策法规、对象变化带给实际工作中的新挑战和新问题，将高校文化育人质量关键要素分解和细化为具体指标。再次，构建科学合理的评价模型要选择先进有效的评价方式。评价方式关系到评价的可靠性、准确性与持续性。高校文化育人质量评价方式的选择可以参考高校思想政治工作质量评价方式，一般运用材料总结、审核、实地考察等方法，通过常规检查、专项督查、重点抽查，掌握和了解高校文化育人质量情况。最后，构建科学合理的评价模型应充分利用新时代的新技术，借助信息化和网络化手段，掌握高校文化育人大数据，合理开展数据搜集、数据分析、信息追踪和精准投放，推进高校文化育人质量评价的现代化。

第二章
高校文化育人质量评价指标体系的内在规定

中共中央、国务院《关于加强和改进新形势下高校思想政治工作的意见》提出，要健全高校思想政治工作评价体系，研究制定内容全面、指标合理、方法科学的评价体系。《高校思想政治工作质量提升工程实施纲要》进一步强调，要构建高校思想政治工作十大育人质量提升体系，健全高校思想政治工作质量评价机制，研究制定高校思想政治工作评价指标体系。2020 年，教育部等八部门出台《关于加快构建高校思想政治工作体系的意见》，再次强调要建立多元多层、科学有效的高校思政工作测评指标体系。2021 年 4 月，中共中央、国务院印发的《关于新时代加强和改进思想政治工作的意见》再次强调，要建立内容全面、指标合理、方法科学的思想政治工作测评体系，把"软指标"变成"硬约束"①。文化育人是高校思想政治工作重要组成部分，研究构建科学合理的高校文化育人质量评价指标体系，对形成育人合力，提升高校文化育人质量，进而提升高校思想政治工作质量具有重要意义。构建高校文化育人质量评价指标体系，需要对高校文化育人质量评价指标体系的内涵、功能、特性以及需要处理好的问题等进行准确把握。

一、评价指标体系的内涵及其一般形态和高校文化育人质量评价指标体系的内涵

评价指标体系是一套具有层次性和逻辑性的有机系统，系统内部各指标并非简单堆砌，而是根据不同表达层次和逻辑关系，呈现出不同的形态和功能。把握好一套指标体系的内涵，明确各指标从宏观到微观、从总体到细节的设计理路，是构建一套科学有效的评价指标体系的基础。

（一）评价指标体系的内涵及其一般形态

评价指标在现代汉语中有两层含义，一是指"计划中规定达到的目标"②，用具体的、可观测、可量化的要求来规定需要完成的内容；二是指说明总体数量特征的概念③，用明确的数值来体现研究对象的某一特征。一方面，将指标引入评价领域，有利于将具有原则性、概括性和抽象性特征的目

---

① 中共中央国务院印发《关于新时代加强和改进思想政治工作的意见》［N］.人民日报，2021-07-13（01）.

② 路丽梅，王群会，江培英.新编汉语辞海［M］.北京：光明日报出版社，2012：1722.

③ 陈建宏.统计学基础［M］.北京：北京理工大学出版社，2013：10.

标层层分解，细化为一系列具有内在逻辑的具体化、可操作的子目标，通过评定这些子目标来反映具体的评价内容；另一方面，将若干有联系的指标结合在一起进行观测和分析，有利于从多维度、多方面加深对复杂现象及其特征的认识和对规律的把握。体系是"若干有关事物或思想意识联系而成的一个整体"①，这种整体不是杂乱无序，而是根据特定标准、依据特定规律形成的有规范要素和内在结构的聚集体。体系既具有客观性，普遍存在于客观事物中，可以通过不同标准和规律对不同体系加以识别和区分；又具有主观性，人们可以根据实际需要构建新的体系。当人们根据评价需要，将表征评价对象各方面特性及其相互联系的多个指标，按照一定标准构建为一个具有内在结构的有机整体时，评价指标体系得以产生。

评价指标体系是用以对某一项具体评价对象进行一种有计划、有指向的测量，是通过对评价对象自上而下、从宏观到微观层层分解，构建起的由若干个子系统有机组合而成的具有层次性和内在逻辑结构的系统。一般而言，评价指标体系应包含评价指标、评价标准和指标权重三个重要组成部分。评价指标是评价对象本质属性与特征的具体反映，可以通过对评价对象进行维度分析，进而逐层分解，形成一个诸如包含目标层、要素层、指标层或一级指标、二级指标、三级指标等多个层级的有机整体。合理的指标选取是评价指标体系的根本。一个科学的指标体系既应注重指标之间的相互独立，各指标具有典型代表性，尽可能从不同侧面反映子系统的特征和状态；又应注重指标之间的相互联系，确保在一致的评价导向、评价目标、评价原则下进行，形成不可分割的有机整体，生成对整个评价对象的完整画像；还应注重评价指标体系的动态发展，充分考虑评价对象在一定时间和空间跨度的变化状态，通过具有时空尺度的指标反映出来。评价标准是评价活动中应用于判断对象的价值尺度和界限，反映评价看重什么、在意什么，是关于评价对象质和量的规定性，是评价指标体系的核心。评价标准既应是客观的，通过客观事实反映评价对象的实际情况，通过客观过程考察评价对象的真实活动，通过既定的规范内容把握不同评价对象之间的差异。同时，评价标准又应是主观的，不但体现评价主体的价值导向和目标需求，还根据不同类别、层次评价对象的实际需要设定因地制宜、因人而异的具有针对性的评价标准，在坚持共性

---

① 路丽梅，王群会，江培英. 新编汉语辞海［M］. 北京：光明日报出版社，2012：1298.

的基础上避免绝对统一。指标权重是指评价指标在整体中价值的高低和相对的重要程度的高低以及所占比例的大小的量化值，是各指标在整个评价指标体系中价值大小及相互关联的数值化表达。一般而言，在评价中，各指标不是同等重要的，在统计学综合评价中，人们将评价对象各指标权重之和视为 1（100%），而其中每个指标的权重用小数表示，重要程度越高的权重数越大，重要程度越低的权重数越小，形成指标权重系数。在权重确定中，人们通常采用包含德尔菲法、层次分析法等在内的主观赋值法，包含主成分分析法、熵值法等在内的客观赋值法，结合以上两种的组合集成赋权法。指标赋权的科学性关系到整个评价指标体系的科学性和合理性，是评价指标体系的关键。

（二）高校文化育人质量评价指标体系的内涵

高校文化育人质量评价指标体系是高校和主管部门围绕立德树人根本任务，通过将高校文化育人目标和任务逐层分解，形成相互联系、权重合理的一系列具体指标，用以对高校文化育人过程质量、结果质量和效益质量实施科学测评的有机体系。高校文化育人质量评价指标体系的主体是高校或教育主管部门。高校为落实立德树人根本任务，通过构建科学、系统的文化育人体系，开展文化育人工作，促进大学生文化素质提升，进而满足大学生成长成才的文化需要和国家发展、社会进步的需要。教育主管部门、高校作为高校文化育人的主体，大学生作为高校文化育人的对象，家长、社群、社会成员等作为高校文化育人场域的共同构建者，都对高校文化育人质量的高低有着自己的感受和判断。从这一层面来说，教育主管部门、高校、大学生、家长、社会都可以是高校文化育人质量评价的主体。值得注意的是，高校文化育人质量评价指标体系的主体不同于高校文化育人质量评价的主体，前者是高校文化育人的计划者、组织者、实施者，有明确的文化育人价值遵循、培养目标和具体任务，需要对文化育人质的规定性进行适时检验，并在此基础上不断改进和完善工作方法，促使高校文化育人质量得以保障和进一步提升，因此高校文化育人质量评价指标体系的主体必然指向教育主管部门和高校。包括大学生、家长、社会等在内的高校文化育人质量评价的主体，则可以拥有更加主观、动态、多样的评价标准。

明确高校文化育人质量评价指标体系的目标和主体后，我们就可以进行指标结构的设计了。我们可以将高校文化育人质量评价指标体系视作以总目标为核心的多层级金字塔形。高校文化育人总目标作为目标层位于评价指标体系的最顶端，代表要实现的最高目标。围绕高校文化育人总目标而进行逐层分析的不同维度是指标体系中的一级指标，进而再层层剖析分别构建二级指标和三级指标（见图 2-1）。

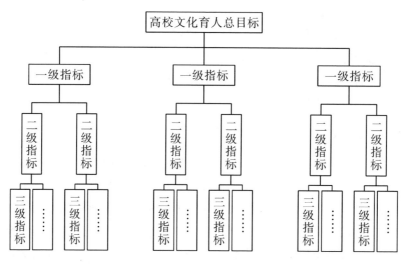

图 2-1　高校文化育人质量评价指标体系的总体框架

　　高校文化育人质量评价指标体系的范围可以涵盖高校文化育人工作情况、人才培养情况和文化育人满足主体需要情况等部分。高校文化育人目标达成是高校文化育人质量实现的核心表征。高校围绕文化育人目标，通过加强文化建设、开展文化教育和文化活动，发挥中华优秀传统文化、革命文化和社会主义先进文化的感染、浸润、渗透作用，促进大学生文化素质提升和全面自由发展，在满足大学生成长成才需要的同时，为社会文明进步培养新生力量，为国家发展、民族复兴赓续力量，满足社会进步和国家发展的需要。高校遵循何种理念和思路组织实施文化育人、如何开展文化育人工作、文化育人工作是否符合质的规定性、文化育人工作结果如何、大学生文化素质有无改变及有何改变、文化育人对大学生需要的满足程度如何、文化育人培养的人才是否有利于社会进步和国家发展、文化育人培养目标是否实现……都是高校文化育人质量的表征，从不同方面体现了高校文化育人质量的高低，构成高校文化育人质量评价指标体系的内容。

　　预设高校文化育人质量评价指标体系应具备哪些基本功能，关系到准确把握高校文化育人质量评价体系能做什么、不能做什么的问题，是科学构建高校文化育人质量评价指标体系的基础。一般而言，评价指标体系都具有导向、识别、判断、选择、反馈、咨询等功能，这也是评价指标体系作为决策咨询重要工具的原因。高校文化育人质量评价作为兼具价值理性和工具理性的实践过程，其指标体系的构建应体现思想政治教育学科的性质，彰显高校文化育人的特质，着力发挥以下主要功能：

　　（一）引导与规范功能

　　高校文化育人质量评价指标体系具有引导与规范功能，为高校文化育人指引方向任务，规范工作路径。高校文化育人质量评价指标体系一旦构建，就像"风向标"和"指挥棒"一样，对育人实践的前进方向和开展方式发挥着引导作用。高校的根本任务是立德树人，培养担当民族复兴大任的时代新人。习近平总书记指出，加强高校思想政治工作要更加注重以文化人以文育人。中共中央、国务院《关于加强和改进新形势下高校思想政治工作的意见》提出，要把思想价值引领贯穿教育教学全过程和各环节，形成教书育人、科研育人、实践育人、管理育人、服务育人、文化育人、组织育人长效机制。《高校思想政治工作质量提升工程实施纲要》进一步强调，要提升文化育人质量，注重以文化人以文育人，深入开展中华优秀传统文化、革命文化、社会主义先进文化教育，推动中国特色社会主义文化繁荣兴盛，牢牢掌握高校意识形态工作领导权，践行和弘扬社会主义核心价值观，优化校风学风，繁荣校园文化，培育大学精神，建设优美环境，滋养师生心灵，涵育师生品行，引领社会风尚。党和国家就高校文化育人提出了目标和方向，贯彻落实党和国家的大政方针是社会主义高校的必然遵循，各地各高校应结合实际，将其实施纳入整体发展规划和年度工作计划，明确路线图、时间表、责任人。高校文化育人质量评价指标体系通过将高校文化育人比较宏观的目标方向转化为可操作的具体标准，科学量化和细化高校文化育人的基本任务，变虚为实、变抽象为具体，为各高校明晰文化育人的实践进路，对"该做什么、不该做什么""重点是什么""做到何种程度"等问题有更深刻的把握，指引高校文化育人工作有效开展。同时，评价指标体系发挥着"红绿灯"的功能，为高校文化育人实践设置了活动区和禁止区，明确了规定动作、自选动作和违禁动作，规范了高校文化育人工作的核心和边界，确保了高校文化育人在坚持马克思主义指导地位和维护社会主义主流意识形态的前提下向着正确的目标推进。

（二）评估与预测功能

高校文化育人质量评价指标体系具有评估与预测功能，判断文化育人内在规定性的符合程度及育人目标的达成程度，预测育人成效的基本态势及走向。党和国家各项文件反复强调，要健全高校思想政治工作评价体系，加强工作统筹、决策咨询和评估督导；研究制定高校思想政治工作评价指标体系，创新评价方式，探索引进第三方评价机构；强化高校思想政治工作督导考核，把加强和改进高校思想政治工作纳入高校巡视、"双一流"建设、教学科研评估范围，作为各级党组织和党员干部工作考核的重要内容；建立多元多层、科学有效的高校思政工作测评指标体系；推动把高校党建和思想政治工作作为"双一流"建设成效评估、学科专业质量评价、人才项目评审、教学科研成果评比的重要指标，并纳入政治巡视、地方和高校领导班子考核、领导干部述职评议的重要内容。评价指标体系存在的主要意义在于能对评价对象进行有效评估，即通过构建一个较为客观、能被人们认可和接受的高校文化育人质量评价指标体系，评价高校文化育人的基本情况，判断高校使命任务是否落实到位，育人目标设置是否合理，育人工作措施是否得当，育人成效是否显著等，在横向对比和纵向对比中更真实客观地了解高校文化育人水平与发展状况，以便进一步提升和改进。同时，科学、合理的评价指标体系具有预测功能，能通过综合评价结果和各项指标的变化趋势，做出因果相关性判断，大致预测高校文化育人的基本态势和走向，从而对可能发生的问题进行预判，及时发现风险与危机，为下一步督导和决策提供重要参考。

（三）反馈与激励功能

高校文化育人质量评价指标体系具有反馈与激励功能，呈现高校文化育人真实情况，为高校文化育人质量提升提供动力。高校文化育人质量评价指标体系能兼顾系统评价与局部评价、长期性评价与阶段性评价，既能对高校文化育人整体状况做出全面评价，又能根据实际情况和现实需要针对育人实践中的具体措施引起的阶段性变化予以适时反馈。党和国家在《关于加强和改进新形势下高校思想政治工作的意见》《高校思想政治工作质量提升工程实施纲要》《关于充分运用革命文物资源加强新时代高校思想政治工作的意见》等文件中强调要推动高校思想政治工作创新发展，把握新内涵、构建新模式、落实新要求，推进理念思路、内容形式、方法手段创新，增强工作时代感和实效性。高校的历史发展、层次类别等校情不同，形成了各具特色的学科方向、办学风格和育人模式，各高校结合实际情况将办学特色与思想政治工作紧密结合，依托具有地域特色、学科特色的各种教育资源进行文化建设，开展丰富多样的文化教育活动，发展出了特色鲜明的文化育人新思路、新方法、新模式、新手段，创造了许多成功做法，取得了丰硕理论与实践成果。这些新做法、新模式、新手段的适切性和有效性均需要经过客观评估和检验。高校文化育人质量评价指标体系可以对高校文化育人全过程、各维度的关键指标进行观测和分析，科学判断文化育人工作的效果，鉴别工作中各种有效或无效的方法、有利条件和不利因素，以便筛选、凝练出工作中的突出优势，提升工作效率，总结值得强化和推广的先进经验。此外，全面审视高校文化育人质量评价指标体系所呈现出的结果，自觉或不自觉地与其他高校进行对比，有利于激发高校动力，发现育人工作中存在的问题与症结，梳理育人工作中的优势和特点，分析育人目标与现实的差距变量，不断优化流程、改进方法。

三、高校文化育人质量评价指标体系的属性

高校文化育人作为高校思想政治工作十大育人体系之一，对高等教育质量具有重要影响。与高等教育质量评价指标体系、高校思想政治工作质量评价指标体系、高校思想政治理论课教学评价指标体系或高校实践育人质量评价指标体系、高校科研育人质量评价指标体系等相比，高校文化育人质量评价指标体系应有其特有属性。

（一）价值导向具有鲜明的政治性

"我们的高校是党领导下的高校，是中国特色社会主义高校"①，坚持正

---

① 习近平在全国高校思想政治工作会议上强调把思想政治工作贯穿教育教学全过程开创我国高等教育事业发展新局面［N］. 人民日报，2016-12-09（01）.

确的政治方向是社会主义高校的第一要义。习近平总书记指出："我国高等教育发展方向要同我国发展的现实目标和未来方向紧密联系在一起，为人民服务，为中国共产党治国理政服务，为巩固和发展中国特色社会主义制度服务，为改革开放和社会主义现代化建设服务。"① 坚持正确的政治方向，事关高校培养什么人、怎样培养人、为谁培养人的根本问题。习近平总书记在全国高校思想政治工作会议上指出："我国高等教育肩负着培养德智体美全面发展的社会主义事业建设者和接班人的重大任务，必须坚持正确政治方向。"② 坚持正确政治方向，是确保高校社会主义办学方向，充分发挥中国特色社会主义高校育人优势，彰显高校人才培养政治底色的根本前提。高校思想政治工作是党的领导下高校提高学生思想水平、政治觉悟、道德品质、文化素养，引导帮助学生成为德才兼备、全面发展人才，成为社会主义建设者和接班人的重要途径。政治性是高校思想政治工作的本质属性。作为高校思想政治工作的十大育人体系之一，坚持正确的政治方向是高校文化育人的应有之义，其质量评价指标体系的构建必然应具有鲜明的政治导向。高校文化育人质量评价指标通过构建明确的评价目标、科学的评价指标和合理的评价标准，满足党和国家、社会、大学生对高校文化育人的价值判断，提升高校文化育人工作实效，进而为高校思想政治工作服务，为高校人才培养目标服务，为大学生成长成才服务，为党和国家事业发展服务。

高校文化育人质量评价指标体系具有鲜明的政治导向，体现在正确的政治方向贯穿于评价指标体系建构、实施、反馈的全过程，和评价目标、评价指标、评价标准设定的全方位中。正确的政治方向贯穿高校文化育人质量评价指标体系建构、实施、反馈的全过程，意味着高校文化育人质量评价指标体系不仅是高校文化育人的工作指引，是工作态度、工作能力的考核，也是一种政治站位的检验。高校能否准确把握党和国家关于文化育人的精神，能否认真贯彻落实各项文件方针政策中的任务和要求，能否以培养国家所需、时代所需的人才为己任。正确的政治方向贯穿高校文化育人质量评价指标体

---

① 习近平在全国高校思想政治工作会议上强调把思想政治工作贯穿教育教学全过程开创我国高等教育事业发展新局面 [N]. 人民日报, 2016-12-09 (01).

② 习近平在全国高校思想政治工作会议上强调把思想政治工作贯穿教育教学全过程开创我国高等教育事业发展新局面 [N]. 人民日报, 2016-12-09 (01).

系评价目标、评价指标、评价标准设定的全方位，意味着高校文化育人质量评价指标体系突出强调高校是否坚持马克思主义和社会主义主流意识形态指导地位，是否坚守中华优秀传统文化、革命文化、社会主义先进文化的主导地位，是否在政治立场、政治方向、政治原则、政治道路上同党中央保持高度一致，是否将政治合格作为评价高校文化育人质量的基本标准。

（二）体系构建具有显著的时代性

中国特色社会主义进入新时代，在"两个一百年"奋斗目标的历史交汇期，"我们对高等教育的需要比以往任何时候都更加迫切，对科学知识和卓越人才的渴求比以往任何时候都更加强烈"①。面对新时代对高校思想政治工作提出的新要求，高校文化育人只有适应时代需要，在特定的时代背景下进行研究和实践，才能有准确的含义，产生实际的效果。从时代背景看，高校教育环境更加开放，校园早已不是相对封闭、"两耳不闻窗外事"的象牙塔；教育资源更加多元，大学生获取信息不再单纯依靠官方权威发布，而依赖于更加多元的信息资源渠道；教育方法更加丰富，理论灌输、政治说教早已不再是大学生的首选。从面临的挑战看，意识形态领域的斗争形势依然严峻，社会转型发展中各种矛盾问题和各种错误思潮交织在一起，对大学生的思想观念形成较大冲击。从现实需求看，我们建设社会主义文化强国，实现中华民族伟大复兴的征程迈上了新台阶，对能肩负历史使命、堪当民族复兴大任的时代新人的渴望更加强烈。基于此，高校文化育人质量评价指标体系作为提升高校文化育人质量、提升高校思想政治工作质量的重要环节，具有回应新时代高校文化育人需要的重要使命。

高校文化育人质量评价指标体系要素具有显著的时代性，主要体现在评价目标、评价内容、评价标准三个方面。一是评价目标充分体现建设社会主义文化强国的时代需要。建设社会主义文化强国是实现中华民族伟大复兴征程上一项重大而紧迫的任务，关系到国家安全、民族发展、文化赓续、人民幸福。育新人、兴文化是全面建设社会主义现代化国家的重要途径，因此坚持立德树人、以文化人以文育人，培育和践行社会主义核心价值观，推动中

---

① 习近平在全国高校思想政治工作会议上强调把思想政治工作贯穿教育教学全过程开创我国高等教育事业发展新局面 [N]. 人民日报, 2016-12-09 (01).

华优秀传统文化创造性转化和创新性发展、继承革命文化、发展社会主义先进文化等必然成为高校文化育人质量评价指标体系所考察的目标。这是高校文化育人的本质要求，也是时代赋予高校的历史使命。二是评价内容凸显社会主义先进文化的重要地位，尤其是习近平新时代中国特色社会主义思想的指导地位。社会主义先进文化以马克思主义为指导，汲取了中华优秀传统文化和世界优秀文明成果的养分，反映了社会主义先进生产力发展需要、社会主义经济基础和政治制度本质要求、社会生活本质和时代发展特征，是新时代统一思想、凝心聚力的重要宝藏。高校文化育人强调以社会主义先进文化育人，要求坚持以习近平新时代中国特色社会主义思想为指导，以弘扬社会主义核心价值观为主题，教育引导学生树立正确的世界观、人生观、价值观，增强"四个意识"、坚定"四个自信"、做到"两个维护"，不断提高学生的思想道德素质和文化素养。三是评价标准以新时代党和国家的路线、方针、政策为遵循。从全国高校思想政治工作会议到全国教育大会和高校思想政治理论课教师座谈会，从中共中央、国务院出台《关于加强和改进新形势下高校思想政治工作的意见》到教育部党组出台《高校思想政治工作质量提升工程实施纲要》，再到教育部等八部门发布《关于加快构建高校思想政治工作体系的意见》和中共中央、国务院出台《关于新时代加强和改进思想政治工作的意见》，党和国家根据新形势下的实际情况对高校思想政治工作的总体要求和具体任务作出部署，关于高校应当以何文化育人、如何育人、育什么样的人作出明确指示，这些都理应作为高校文化育人质量评价标准的重要依据。

(三) 评价指向具有突出的实践性

评价指标体系是高校文化育人实践的重要环节，实践性是其基本属性之一。当前，高校文化育人存在部分突出问题和薄弱环节，面临发展不平衡不充分的问题，如不同区域、不同类型高校、不同学段、不同学科、不同专业之间的不平衡问题，大学文化建设、文化育人格局还未完全形成等不充分问题，迫切需要以评价指标体系为抓手，从评价目标、评价维度、评价指标、评价标准等方面进行系统设计，树立导向，明确任务，抓制度、抓标准、抓环节，通过绘制"项目书"和"工程图"等方式，倒逼高校狠抓文化育人质量，开创高校文化育人新局面。党和国家关于高校文化育人既有思想指导又有路径设计，既有顶层整体谋划又有具体任务安排，构建高校文化育人质量评价指标体系，就在于将党和国家关于高校文化育人的新要求化整为零、分解细化，拆分为可行的具体目标加以贯彻落实，以回答高校文化育人中的新问题，应对新变化、聚焦新矛盾、解决新问题。

高校文化育人质量评价指标体系指向具有突出的实践性，体现在差异化的评价标准和具有区分度的评价结果上。《关于深化教育体制机制改革的意见》提出，要促进高等学校科学定位、差异化发展。为适应高校文化育人现实条件的千差万别，实事求是地反映高校文化育人的工作水平和业绩，高校文化育人质量评价指标体系除共性标准外，还有差异化评价标准，即不以"一刀切"的评价标准衡量所有高校。根据不同的学校的实际情况制定差异化的质量评价标准是推进高校文化育人内涵式发展的关键环节。高校文化育人质量评价标准的设定应充分考虑高校资源条件不同、社会地位相异、大学文化独特等因素造成的文化育人对象差异化、层次差异化、能力差异化，设置能突出亮点、彰显特色、分层分类的评价标准，鼓励高校在坚持立德树人根本任务、坚守文化育人内在规定性的同时，开展"各美其美""美美与共"的文化育人实践。高校文化育人质量评价指标体系具有区分度的评价结果，意味着高校文化育人质量评价指标体系自构建开始，就以强烈的问题意识直面高校文化育人现实，敢于发现问题、善于发现问题，通过对评价结果拉开差距，使高校在有意和无意的横向、纵向比较中，能较为准确地判断出自身文化育人的整体水平，清晰地勾勒出文化育人的现状问题，能查找、发现对结果产生影响的重要因素和关键环节，着力推动解决高校文化育人面临的突出矛盾和问题。

四、高校文化育人质量评价指标体系构建需要处理好的问题

在构建高校文化育人质量评价指标体系时，高校需要正确处理高校文化育人质量评价的定位问题、评价结果的准确度问题以及评价标准设定问题等。解决这些问题是提升高校文化育人质量评价指标体系科学化水平的前提和保障。

（一）如何定位高校文化育人质量评价指标体系的问题

党的十九届五中全会明确提出，到 2035 年要建成文化强国、教育强国，要使国民素质和社会文明程度达到新高度，国家文化软实力显著增强。在高等教育、思想政治教育工作全面进入质量时代的背景下，伴随着高质量发展的要求，以评促建、发挥评价的导向、鉴定、诊断、调控和改进作用，已成为促进高等教育质量、思想政治教育工作质量提升的重要途径。值得一提的是，在高校内部，同时存在着多种评价体系。宏观的如本科教学评估、高校学科评估，此前的"985 工程""211 工程"评估及以后的"双一流"评估；中观的如马克思主义学院建设评估、国家重点实验室评估；微观的如针对教师、学生、课程建设、校园文化等各方面的评价或评优等。外部还有第三方的大学排名、就业竞争力排名、毕业生薪酬排名，教育学领域的学生学业效果评估，经济学和管理学领域的高校绩效评估、内部控制评估等①。各种评价体系之间有何关系？各评价指标体系关联度有多高？如何确保各评价体系之间既协调一致又各有所长？如何落实《深化新时代教育评价改革总体方案》中关于"减少多头评价、重复评价，切实减轻基层和学校负担"② 的要求？都是构建高校文化育人质量评价指标体系需要认真思考的问题。

高校文化育人是高校思想政治工作十大育人体系之一，高校文化育人质量评价指标体系必须置于高校思想政治工作质量提升的大格局下找准自身定位。首先，高校文化育人质量评价指标体系是高校思想政治工作质量评价体系中的重要组成部分。高校文化育人质量在根本任务、总体目标、发展方向上与高校思想政治工作质量具有一致性，意味着高校文化育人质量评价指标设计应注重与高校思想政治工作质量评价指标的统一性，应注重在核心指标上与高校思想政治工作质量评价指标体系的标准一致，注重对以人为本的质量基点、对教育内容被大学生内化于心外化于行的质量形态的考察。其次，高校文化育人质量评价指标体系与高校思想政治工作体系中其他子系统的质量评价指标体系是同向同行的关系。高校思想政治工作质量评价指标体系应涵盖对包含课程育人、科研育人、实践育人等十大育人体系在内的各子系统

---

① 冯刚，等. 高校思想政治教育工作质量评价研究［M］. 北京：人民出版社，2020：42.
② 中共中央国务院印发深化新时代教育评价改革总体方案［N］. 人民日报，2020-10-14（01）.

的质量评价。目前，学界关于各子系统质量评价的研究也正在深化，已有的课程育人质量评价指标体系、实践育人质量评价指标体系、心理育人质量评价指标体系等与高校文化育人质量评价指标体系之间应是相对独立、协同协作、同向同行、互联互通的并列关系。最后，高校文化育人质量评价指标体系有其独特之处，与其他评价指标体系在指标结构、评价方法等方面有明显差异。高校文化育人质量评价指标体系关注的是高校如何实现文化育人、育人的效果如何、是否满足育人主体的需要。文化育人的潜隐性和人的文化素质发展变化的长期性，使高校文化育人质量评价需要从多维度进行判定，需要探索形成性评价、增值性评价等其他评价方法，作为高校思想政治工作质量评价的重要补充。

（二）如何看待高校文化育人质量评价结果的准确度问题

对高校文化育人质量评价，意味着既要对"产品"进行评价，即对大学生的文化素质展开评价，也要对"车间"进行评价，即对高校文化育人工作展开评价，还要对"顾客"满意度进行评价，即对包含国家、社会、大学生自身在内的高校文化育人的利益攸关者的满意度进行评价。相对而言，高校文化育人工作主要是对"事"的评价和对"物"的评价。这类评价通常是显性的，易于通过数据的形式来呈现的，其评价标准、评价内容、评价方法的设定和选择有可借鉴的、较为成熟的经验。然而，与对"事"的评价和对"物"的评价不一样的是，对"人"的评价，尤其是对人的思想和行为、人的主观意愿进行评价，是较为复杂的问题。由于对"人"的评价通常带有较强的价值判断，因此对"人"的评价更难以纯粹指标性和数理性的方式来进行测量。正如有学者指出："对活生生的人进行指标性评价是冒险的，对人的思想感情及其变化进行数量评价是困难的。"[1] 此外，人内心世界的潜隐性、思想认识的变化发展性、思想情感动因的复杂性，都让测评变得困难，更不用说精准测量了。那么，是不是说高校文化育人质量无法评价呢？如何看待高校文化育人质量评价的准确度呢？

在高校文化育人过程中，当文化育人工作符合规定、大学生文化素质得

---

[1] 刘建军. 高校思想政治教育工作质量评价的必要性、可行性及其限度 [J]. 学校党建与思想教育，2018（11）：5-7.

以提升、高校文化育人主体需要得到满足时，高校文化育人质量得以生成。其中，工作的规格、文化素质的标准、需要的满足程度等很多方面是可以具象化为某些特定指标，并通过数量来衡量的。这就意味着，高校文化育人质量评价与思想政治教育工作质量的评价一样，具有一定的量化特征，有数量化的可能性和合理性，是可以进行一定程度和范围的量化评价的。然而，量化统计只能确保在大概率统计中整体的相对准确性，仅有量化评价显然不能对高校文化育人质量评价这种以"人"为核心的评价做出全面的、科学的判断。要对"人"进行考察，首先要认识到人的人性化和感性化的思想、情感、行为是可以在一定范围、一定程度、通过一定形式得以体现的。这种体现不仅仅是外在化的测量，更多的是性质上的描述和把握。例如，人的文化观、文化志趣、文化境界等，虽然无法通过具体数据进行衡量，但通过经验描述和价值定性，是可以对其进行考察的。这就要求在高校文化育人质量评价指标体系构建中，既要考虑可以通过数据呈现的指标，又要考虑带有价值判断的定性指标。开展高校文化育人质量评价要把定量研究与定性研究结合起来，既要有效运用量化评价，确保评价的整体客观性和科学性，又要合理运用包括质性研究方法在内的整体性、经验性的定性研究，对高校文化育人质量性质进行分析、综合乃至鉴别和确认，对效果和价值进行整体判断。

在结合定性研究和定量研究得出的对高校文化育人质量整体评价结果后，如何认识和对待这个结果的精准性，是评价主体需要面对的问题。高校文化育人质量说到底是具有价值属性的，满足主体需要是质量生成的根本标准。任何质量评价的准确性都是相对的，究竟追求多大程度的准确性，取决于评价的目的和用途。高校文化育人质量评价的目的并不在于摸清所有细节，满足科学研究的特定需求，不必追求也无法追求每一环节的绝对精准。其目的只是着眼于对现实中高校文化育人工作的总体把握、方向引导、趋势指导，重点在于面向总体的、对总特征和总趋势的观察与把握。因此，对高校文化育人质量的评价并不需要追求绝对精准，个别细节或个体只要对总体性质、水平和趋势判断不构成较大影响，是允许误差存在的。高校文化育人质量评价的结果，只需要满足上级管理部门及高校从总体上掌握情况的需要，并且发挥反馈、激励高校文化育人工作的作用即可。

（三）如何科学设定评价标准的问题

质量评价说到底是一种价值判断，而价值判断必须依据一定标准。标准是一套评价指标体系的尺度，评价标准科学合理，是整个评价有效、可行的前提。关于高校文化育人，党和国家在各项文件和政策中提出了一系列要求，国家领导人在多个场合发表过重要指示，上级主管部门也给出了需要贯彻落实的具体任务，但总体而言，这些要求和任务大多仍是方向性、指南性的，相对宏观和笼统。落实到高校文化育人具体工作和评价中，高校需要将其转化为明确的目标、要素、指标等内容。在实际工作中，由于高校在层次类别、目标愿景、条件资源、办学特色上的差异，高校文化育人质量标准难以做到完全统一。如何真实地反映不同高校文化育人质量是设定高校文化育人质量评价标准需要思考的首要问题。此外，国家、社会、大学生作为高校文化育人质量评价的利益攸关者，也是高校文化育人质量评价主体，三者之间对高校文化育人质量评价标准是否存在价值分歧？如何妥善应对这些分歧？这些也是高校文化育人质量评价标准设定需要回应的问题。

高校文化育人质量的评价标准，需要依据高校文化育人目标而定。高校文化育人的目标是，以满足国家发展、社会进步以及大学生成长成才为核心的有层次的目标集，有根本目标、核心目标、具体目标、长远目标、短期目标之分。既然如此，高校文化育人质量的评价标准也应根据目标集的层次性进行对应的设定。具体而言，一方面，高校应充分考虑评价的普遍性标准和特色性标准。党和国家、教育主管部门关于高校文化育人明确的文件、政策、指示等，需要通过统一的要求来落实。例如，在坚持立德树人根本任务，在师德师风和意识形态方面把方向、守原则，以中华优秀传统文化、革命文化、社会主义先进文化育人等方面，既要力求发展创新，也要坚持基本的红线和底线，这是高校文化育人质的规定性的体现，是高校文化育人质量评价的普遍性标准。此外，不同层次、类别的高校有不同的校情，根据培养目标的具体差异，在分类培养、特色培养的过程中，高校应鼓励守正创新，突出以特色文化育人，如考虑对高职院校设定鼓励学科专业特色与就业结合的质量评价标准，对地方院校设定鼓励服务地域文化、产业发展的产学研合作的质量评价标准等，合理设定高校文化育人质量的特色性标准。另一方面，高校应权衡好长远利益标准和短期利益标准。高校文化育人有长远目标和短期目标之分，其长远目标指向高校文化育人主体的根本利益，即成为建设社会主义文化强国、为实现中华民族伟大复兴、为构建和谐文明的社会、为培养自由全面发展的人。短期目标则在于服务于高校文化育人主体的当前利益，如贡献出有价值的文化成果、建设出美丽的校园景观、营造出浓厚的文化氛围、培养出文明守纪适应社会的大学生等。长远利益与短期利益在根本方向上是一致的，而在实际中可能出现矛盾的地方。例如，为了显而易见的校园景观建设，将有限的资源从隐性的却对长远发展有重要影响的师资建设、专业建设等抽离。这就要求在设定高校文化育人质量评价标准时，高校应兼顾长远利益标准和短期利益标准，以长远的根本利益为核心。

第三章
高校文化育人质量评价指标
体系构建的基本遵循

作为高校思想政治工作的重要组成部分，高校文化育人关系到培养什么人、怎样培养人、为谁培养人的根本问题。这意味着，高校文化育人质量评价指标体系与其他单纯的管理评价体系、人才考核体系必然有所不同，在构建过程中既要把握育人工作的规范性、精准性、适切性，又要考虑人才培养的导向性、使命性、持久性。因此，在理论、现实、政策上因循相关依据，坚持特定原则，符合预设路径，是构建高校文化育人质量评价指标体系的根本遵循。

一、高校文化育人质量评价指标体系的构建依据

高校文化育人质量评价指标体系是高校落实立德树人根本任务、创新思想政治教育理论、提升思想政治工作质量的实践形态，应充分反映党和国家对高校的根本要求，体现马克思主义理论本性，尊重教育的规律和人的思想形成与发展的内在规律。指标体系构建应遵循相关理论依据、政策依据和现实依据。

（一）理论依据

任何一种有目的的实践活动都离不开理论的指导。明确高校文化育人质量评价指标体系的理论依据，是深入研究高校文化育人理论与实践的逻辑起点。作为高校思想政治工作十大育人体系之一，高校文化育人及其质量评价应当以马克思主义的人的全面发展理论、中国共产党的思想政治教育理论、中国特色社会主义文化理论、高等教育评价理论等为依据，建立科学的评价指标体系。

1. 马克思主义的人的全面发展理论

马克思主义的人的全面发展理论是社会主义高等教育的理论基点，是人类社会发展的价值旨归，必然成为高校文化育人质量评价指标体系的依据和遵循。马克思主义认为，人的发展是"人以一种全面的方式，也就是说，作为一个完整的人，占有自己的全面的本质"[①]。人生存在这个世界上，除要获取生存所需的物质资料外，还有成长、发展的需要，人不可能或不甘于将人

---

① 马克思，恩格斯. 马克思恩格斯文集：第1卷［M］. 北京：人民出版社，2009：189.

生意义仅局限在狭隘的"生存"上。不断促进自身发展进步、成为一个全面
发展的人，是每个人的终极追求，也是人类社会历史发展的需要。在这里，
"人的全面发展"是个体一种理想的状态，强调的不是片面的、畸形的、不自
由不充分的发展，而是全面的、和谐的、自由且充分的发展，包括了个人需
要的全面发展、能力素质的全面发展和社会关系的全面发展。

（1）个人需要的全面发展。人的全面发展源于个人需要。马克思认为，
"任何人如果不同时为了自己的某种需要和为了这种需要的器官而做事，他就
什么也不能做"①。个人需要源自人的本能，也是人生存和发展的基本动因。
人同时具有自然属性和社会属性的双重属性，决定了人的需要有自然性需要
和发展性需要。自然性需要基于人对自身生理、安全等基本生存条件的渴望，
如同任何其他动物具有自主生存本能，人在自然界中受到基因延续的本能驱
使，产生出积极应对周围环境的需要及随之支配的行为。和动物形成根本区
别之处在于，人不仅有自然属性，还有其社会属性。人的本质是一切社会关
系的总和。生活在社会中的个人，有交往的需要、爱的需要、被尊重的需要、
自我实现的需要等精神上的需要。正所谓"仓廪足而知礼节"，在个人基本生
存需要得以满足后，人随之产生出更为高级的需要，即发展性需要。恩格斯
将人生存所需的资料划分为"生活资料""享受资料""发展和表现一切体力
和智力所需的资料"②。发展性需要的满足让人能在更佳的生活环境中追求自
己的兴趣、发展自己的特长、实现个人能力素质的全面发展。每个人的自由
全面发展，也客观推动了人类社会的历史进程。

人的全面发展的过程本质上就是人的需要不断得以满足的过程。马克思
主义认为，在资本主义社会，少数人为实现自身的利益而剥夺了大多数人的
需要，反而将自己的需要美化为大多数人的需要，使得大多数人的需要被迫
畸形化，从而实现了少数人对多数人的支配。遭受剥削和压迫的大多数人，
由于个人需要被异化，生存和发展受制于他人，在压迫中逐渐丧失了任何发
展的可能性，导致逐渐演变为"单向度的人"和"工具人"。然而，随着生
产力的不断发展以及人的交往范围的延伸和扩大，在全球经济一体化的今天，
人们的需要不断发展，满足需要的手段也不断丰富，个人需要不断得以重构、

① 马克思，恩格斯. 马克思恩格斯全集：第3卷 [M]. 北京：人民出版社，1972：330.
② 马克思，恩格斯. 马克思恩格斯全集：第22卷 [M]. 北京：人民出版社，1995：243.

满足、再生，使得人有从"单向度的人"逐渐向"全面的人"过渡的可能性。值得注意的是，"由于客体不同和主体的价值评价不同，人产生的需要以及需要的满足程度也不尽相同，因此，人的全面发展并不意味着人的需要的同质化和均衡化，恰恰相反，人的全面发展是以个体化和差异化为基础的"①。

（2）能力素质的全面发展。马克思指出，"任何人的职责、使命、任务就是全面地发展自己的一切能力"②。人的能力素质发展建立在人的思想认知、信息渠道、科学技术水平等发展进步的基础上，是实现人的全面发展的重要内容。人的能力素质的发展与社会发展、文明进步相辅相成。个人能力素质的发展可以推动生产力发展，为社会创造更多物质财富和精神财富，为社会发展、文明进步提供动力源泉。越是文明、进步的社会，所具有的先进的科学技术手段、先进的思想文化理念、丰富的个人机会选择、多样的价值实现途径等，越是能为人的全面发展提供坚实的物质基础和精神支撑，将人从"异化的人"中解放出来，不断追求和实现其能力与素质的全面发展。

人的能力素质发展主要表征为人的"体力、智力、自然力和社会力等最大限度的发挥"③。马克思从不单独将人的体力或人的智力作为全面发展的唯一要素，而是强调体力和智力的充分、统一、协调的发展。他指出："我们把劳动力或劳动能力，理解为一个人的身体即活的人体中存在的、每当他生产某种使用价值时就运用的体力和智力的总和。"④智力是人区别于动物的重要能力，是人认识世界并运用所学知识改造世界，并推动人类社会能发展至今的不可或缺的能力。体力是人生存和发展实践中所需要付出的物理能力，是人的肉体作为自然界的生物存在所蕴含的自然能力。人的智力和体力是人在客观世界进行实践活动的基础，而个人的智力和体力发展是不均衡的，人与人之间相比其智力和体力发展也是有差异的。正是这种既有先天因素也有后天因素造成的人的智力和体力发展的不均衡与差异，导致了人的片面发展。此外，作为"社会的人"，人还具有社会力。与以欲望形式作用于人的自然力相

---

① 艾丛潞. 马克思人的全面发展理论视域下素质教育的本质回归 [J]. 教育与教学研究，2022，36（5）：13-24.

② 马克思，恩格斯. 马克思恩格斯全集：第3卷 [M]. 北京：人民出版社，1972：330.

③ 马克思，恩格斯. 马克思恩格斯全集：第3卷 [M]. 北京：人民出版社，1972：330.

④ 马克思，恩格斯. 马克思恩格斯全集：第23卷 [M]. 北京：人民出版社，1995：190.

比，人在社会关系中所具有的政治力量、思想力量、知识力量、道德力量、理想和信念力量等，属于人的社会力。人的社会力同样具有差异性，发展不均衡的人的政治素质、文化素质、道德水平等，既是人的政治地位、经济地位和其他社会地位不平等的原因，也是社会关系不平等的表现。马克思主义的人的能力和素质的全面发展，就是追求在改造世界的劳动实践中，实现人的智力和体力、自然力和社会力的全面发展。

（3）社会关系的全面发展。马克思主义认为，"人的全面发展"不应仅仅是某个单独的个体的发展或者一部分人的发展，而是社会中一切人的自由而全面的发展。这里的一切人，是"任何人""每个人"，也就是"社会全体成员"，是"现实的个人""联合起来的个人""具有广泛需要被满足的人"和"高度文明进化的人"。因此，我们可以将"人的全面发展"理解为社会中的个人在自由支配各种社会关系的基础上，充分享有社会中的文明成果，并依照自身意愿和兴趣，占有自己全面的本质，实现自由而充分的发展。当然，只有在生产力高度发展并且剥削和压迫的生产关系得以消除的情况下，这种"每个人自由而全面的发展"才能得以实现。正如马克思描绘的："在共产主义的社会组织中，完全由分工造成的艺术家屈从于地方局限性和民族局限性的现象无论如何会消失掉，个人局限于某一艺术领域，仅仅当一个画家、雕刻家等等，因而只用他的活动的一种称呼就足以表明他的职业发展的局限性和他对分工的依赖这一现象，也会消失掉。在共产主义社会里，没有单纯的画家，只有把绘画作为自己多种活动中的一项活动的人们。"①

正如马克思所言："每个人的自由发展是一切人的自由发展的前提条件。"② 个人的自由全面发展，有赖于社会的进步和发展，在牺牲多数人的利益而保障少数人的特权的社会中，不可能实现广泛的自由全面发展，只有在一个生产力高度发达的社会，在一个能代表最广泛群体的利益的政党的领导下，建立一个能维护绝大多数人的根本利益、保障绝大多数人的基本权利的社会中，才有可能实现每个人的自由全面发展，从而使每个人充分地占有自己的本质。

---

① 马克思，恩格斯. 马克思恩格斯全集：第3卷 [M]. 北京：人民出版社，1960：460.
② 马克思，恩格斯. 马克思恩格斯选集：第1卷 [M]. 北京：人民出版社，2009：294.

2. 中国共产党的思想政治教育理论

中国共产党在坚持马克思主义的人的全面发展理论的基础上，结合中国具体实际情况，探索了具有中国特色的思想政治教育理论，形成了包括毛泽东教育思想和中国特色社会主义教育理论体系。回答了教育培养什么人、怎样培养人、为谁培养人的问题。

（1）中国共产党领导人思想政治教育思想。毛泽东认为，教育必须为无产阶级政治服务，要把坚定的政治方向放在第一位。"又红又专"是他对一个合格的社会主义事业接班人的理想要求。"红"是指思想品德和政治素养，"专"是指过硬的文化知识和业务技能。在人的各项素质中，他强调应德育、智育、体育并举。毛泽东在 1957 年就指出，教育方针应该是使受教育者在德育、智育、体育几方面都得到发展，成为有社会主义觉悟的、有文化的劳动者。关于社会主义教育的实施途径，他提出将教育与生产劳动相结合，认为"如果学校办工厂，工厂办学校，学校有农场，人民公社办学校，勤工俭学，或者半工半读，学习和劳动就结合起来了。这是一大改革。"① 学生通过教育与社会实践相结合的方式，使间接经验与直接经验相结合，使脑力劳动与体力劳动相结合，使认知、情感、意志相结合，这是毛泽东教育思想的突出贡献。

邓小平在继承了马克思主义、毛泽东思想的基础上，结合中国国情和时代发展的特点，提出教育要为社会主义建设服务，要培育适应中国特色社会主义现代化事业发展需要的有理想、有道德、有文化、有纪律的"四有"新人。1983 年，邓小平从当代世界发展和中华民族历史命运的高度，提出要把教育摆在优先发展的战略地位和"教育要面向现代化，面向世界，面向未来"② 的战略方针。"三个面向"既把教育改革和发展与党的总任务联系起来，又明确指出了我国教育改革和发展的方向，要求我国的教育必须反映现代科技、文化的新成就，促使教育体制、教育机制、教育结构、学制、课程设置、教学方法、教学形式、教学管理等方面的改革，从而培养出高素质的"四有"新人。

---

① 中央文献研究室. 建国以来毛泽东文稿：第七册［M］. 北京：中央文献出版社，1992：396.
② 邓小平. 邓小平文选：第 3 卷［M］. 北京：人民出版社，1993：35.

江泽民在20世纪90年代中国和世界格局发生重大变化的大背景下，从中国实际出发，提出要加快教育的改革和发展，提出实施科教兴国战略。江泽民特别强调素质教育的重要性，他指出："我们必须全面贯彻党的教育方针，坚持教育为社会主义服务，坚持教育与社会实践相结合，以提高国民素质为根本，以培养学生的创新精神和实践能力为重点，努力造就有理想、有道德、有文化、有纪律的德育、智育、体育、美育等全面发展的社会主义事业建设者和接班人。"① 他在庆祝清华大学建校90周年大会上对培养造就德、智、体、美全面发展的社会主义事业建设者和接班人进行了具体阐释，提出了"五个成为"的要求和希望，即希望成为理想远大、热爱祖国的人；成为追求真理、勇于创新的人；成为德才兼备、全面发展的人；成为视野开阔、胸怀宽广的人；成为知行统一、脚踏实地的人。

胡锦涛提出要以科学发展观为指导，坚持以人为本，将全面协调可持续的发展和人的全面发展紧密结合起来。他认为，高校的人才培养目标应是"培养造就千千万万具有高尚思想品质和良好道德修养、掌握现代化建设所需要的丰富知识和扎实本领的优秀人才，使大学生们能够与时代同步伐、与祖国共命运、与人民齐奋斗"②。他特别强调用社会主义核心价值体系引领人的全面发展，强调学校教育要以育人为本，德育为先，要坚持以理想信念为核心，以爱国主义教育为重点，以基本道德规范为基础，以大学生全面发展为目标，深入进行素质教育，促进大学生思想道德素质、科学文化素质和健康素质协调发展③。

习近平总书记站在新的时代高度继承马克思主义理论，创造性地提出了新的教育理念与思想。他指出，高等教育发展水平是一个国家发展水平和发展潜力的重要标志，对实现中华民族伟大复兴具有重要影响。在"两个一百年"奋斗目标交汇之际，培养"担当民族复兴大任的时代新人"是社会主义

---

① 江泽民同志在第三次全国教育工作会议上的讲话（摘录）[J]. 思想教育研究，1999（4）：2.

② 胡锦涛在全国加强和改进大学生思想政治教育工作会议上发表重要讲话强调 进一步加强和改进大学生思想政治教育工作 大力培养造就社会主义事业建设者和接班人：温家宝 曾庆红 吴官正 罗干等出席 李长春主持并讲话 [J]. 思想教育研究，2005（2）：2.

③ 胡锦涛在全国加强和改进大学生思想政治教育工作会议上发表重要讲话强调 进一步加强和改进大学生思想政治教育工作 大力培养造就社会主义事业建设者和接班人：温家宝 曾庆红 吴官正 罗干等出席 李长春主持并讲话 [J]. 思想教育研究，2005（2）：2.

高校教育的目标。这里的"时代新人",既是"走在时代前面的奋进者、开拓者、奉献者"①,又是"有理想、有本领、有担当"②的青年一代,还是"坚定理想信念,志存高远,脚踏实地,勇做时代的弄潮儿"③,是"德智体美劳全面发展的社会主义建设者和接班人"④。他强调,高校应围绕"培养什么样的人"的根本问题,"把立德树人作为中心环节,把思想政治工作贯穿教育教学全过程,实现全程育人、全方位育人""教育引导学生正确认识世界和中国发展大势""正确认识中国特色和国际比较""正确认识时代责任和历史使命""正确认识远大抱负和脚踏实地""在坚定理想信念、厚植爱国主义情怀、加强品德修养、增长知识见识、培养奋斗精神、增强综合素质上下功夫"⑤。

(2)思想政治教育学理论。关于思想政治教育的目标。思想政治教育的目标是一个有机系统,可以根据层次不同分为根本目标和具体目标,根据对象不同分为群体目标和个体目标,根据内容不同分为认知目标、情感目标、意志目标,根据阶段不同分为长期目标、中期目标、近期目标,等等。思想政治教育的根本目标在于促进人的全面发展,这是由思想政治教育的根本性质和任务决定的。人在社会化过程中有自身综合素质提升的需要,思想政治教育就在于根据社会和教育主体需要,以正确的思想、政治、道德等理论指导,促进受教育者综合素质的提升。在教育过程中,其具体目标就表现为关注受教育者多方面的素质,促进政治素质、思想素质、文化素质、心理素质等协调发展。思想政治教育是做人的工作,针对不同的教育对象及相异的教育背景,应做到因人而异,既在充分考虑不同群体所处环境、身份背景、价值追求、社会作用差异上,形成关于某一群体中社会成员的思想和行为应达到的预期规划,又关照个体多样性、差异性、层次性的特征,形成个体思想道德素质提升的目标。此外,由于不同目标所需努力的持续时间及奋斗过程

---

① 中共中央文献研究室. 习近平关于青少年和共青团工作论述摘编 [M]. 北京:中央文献出版社, 2017:45.

② 习近平. 决胜全面建成小康社会夺取新时代中国特色社会主义伟大胜利:在中国共产党第十九次全国代表大会上的报告 [N]. 人民日报, 2017-10-28 (01).

③ 习近平. 决胜全面建成小康社会夺取新时代中国特色社会主义伟大胜利:在中国共产党第十九次全国代表大会上的报告 [N]. 人民日报, 2017-10-28 (01).

④ 习近平. 在北京大学师生座谈会上的讲话 [N]. 人民日报, 2018-05-03 (01).

⑤ 习近平. 坚持中国特色社会主义教育发展道路 培养德智体美劳全面发展的社会主义建设者和接班人 [N]. 人民日报, 2018-09-11 (01).

不同，思想政治教育目标有贯穿于思想政治教育全过程、反映社会发展客观趋势和长远需要的长期目标，对人的思想行为发挥着重要且长远的引导作用；有需要较长时间努力才能实现的、反映社会某一发展阶段特点和需要的中期目标，在过渡性阶段发挥着激励作用；有在短时间内能够实现、反映社会发展和人的现实需要的近期目标，对现实发展具有推动作用。思想政治教育目标体系的结构性和系统性，对思想政治工作有重要的指引作用，对高校文化育人目标体系的构建进而对高校文化育人分解目标体系构建质量评价指标体系发挥着重要影响。

关于思想政治教育的管理。思想政治教育作为一项社会实践活动，包括了教育主体、教育目标、教育内容、教育环境等要素，在思想政治教育运行过程中，需要对这些要素进行有效管理和评估，以优化思想政治教育运行系统和提高思想政治教育有效性。思想政治教育管理是"管理者在遵循思想政治教育规律的过程中，通过一定的规范与措施，协调思想政治教育活动中的各种要素并进行有效配置，以实现思想政治教育目标的过程"①。管理者通过对思想政治教育主体进行素质管理、评价管理，激发主体的主动性，实现人与其他要素的有效配置和协调；通过对思想政治教育活动进行调整和规范，对活动目标、载体、流程、效果进行把控，对教育活动、社会活动、实践教育、文化活动等具体效果进行反馈和评估，提高思想政治教育活动的有效性；通过对思想政治教育的认识过程、实施过程、反馈过程以及参与运行各要素进行协调和指导，对思想政治教育全过程进行有效调控；通过对思想政治教育运行进行评价，及时了解思想政治教育运行情况，以便发现问题、及时解决。思想政治教育管理理论对高校文化育人管理实践具有重要指导意义，是高校文化育人分析系统运行、解析结构要素、进行过程监控的理论指导。

3. 中国特色社会主义文化理论

自中华人民共和国成立以来，在党的几代领导人的推动下，形成了中国特色社会主义文化理论。中国特色社会主义文化理论是中国特色社会主义理论体系的重要组成部分，是对如何看待文化在中国特色社会主义事业中的地位与作用、如何建设和发展中国特色社会主义文化、如何建设社会主义文化强国等问题的回答，其酝酿于新民主主义文化理论，在社会主义精神文明建

---

① 本书编写组. 思想政治教育学原理 [M]. 北京：高等教育出版社，2016：343.

设阶段被正式提出，于党的十六大后得到丰富和系统整合，在党的十八大后得以发展完善。

中国特色社会主义文化理论具有丰富的内涵。第一，中国特色社会主义文化理论强调文化建设的重要地位。习近平总书记指出，"没有社会主义文化繁荣发展，就没有社会主义现代化""统筹推进'五位一体'总体布局、协调推进'四个全面'战略布局，文化是重要内容；推动高质量发展，文化是重要支点；满足人民日益增长的美好生活需要，文化是重要因素；战胜前进道路上各种风险挑战，文化是重要力量源泉"①。习近平总书记强调将文化建设摆在更加突出位置。第二，中国特色社会主义文化理论坚持马克思主义及其中国化理论成果为指导。中国共产党主要领导同志在不同历史条件下，对文化发展的思考和实践历程，都体现出中国共产党对中国特色社会主义文化理论的坚持和创新。进入新时代，以习近平同志为核心的党中央对中国特色社会主义文化建设和发展这一重大问题做了新的更加深刻的论述，不仅阐述了中国特色社会主义文化的基本性质，揭示了建设中国特色社会主义文化的重大意义，还指明了中国特色社会主义文化建设的重要内容，提出了一系列新观点、新措施和新方法。第三，中国特色社会主义文化的主要内容是中华优秀传统文化、革命文化、社会主义先进文化。党的十九大报告指出："中国特色社会主义文化，源自于中华民族五千多年文明历史所孕育的中华优秀传统文化，熔铸于党领导人民在革命、建设、改革中创造的革命文化和社会主义先进文化，植根于中国特色社会主义伟大实践。"② 中华优秀传统文化、革命文化和社会主义先进文化统一于中国特色社会主义事业的伟大历史进程，共同支撑起中国特色社会主义文化的繁荣局面。第四，中国特色社会主义文化理论以建设社会主义文化强国为任务。习近平总书记多次强调要坚定文化自信，推动中华优秀传统文化创造性转化、创新性发展，继承革命文化，发展社会主义先进文化，不断铸就中华文化新辉煌，建设社会主义文化强国。

中国特色社会主义文化理论为高校宣传工作、高校思想政治工作指引着方向。对于高校文化育人而言，坚持中国特色社会主义文化理论的指导，意

---

① 习近平. 在教育文化卫生体育领域专家代表座谈会上的讲话 [N]. 人民日报, 2020-09-23 (02).

② 习近平. 决胜全面建成小康社会夺取新时代中国特色社会主义伟大胜利：在中国共产党第十九次全国代表大会上的报告 [N]. 人民日报, 2017-10-28 (01).

味着要紧紧围绕"育新人"和"兴文化"的任务，加强和改进高校意识形态工作，大力推动高校文化教育和文化建设，以社会主义核心价值观为引领，弘扬民族精神和时代精神，加强爱国主义、集体主义、社会主义教育，引导大学生树立正确的历史观、民族观、国家观、文化观。

4. 高等教育评价理论

高等教育评价是指："以高等教育为对象，依据教育目标，利用一切可行的评价技术与手段，系统地收集信息，并对其教育效果给予价值上的判断，为做出决策、优化教育提供根据的过程。"[1] 评价是高等教育的重要环节，对高等教育运行系统发挥着导向、鉴定、激励、反馈、选拔等作用，直接影响着系统的运行和调整。

一般而言，根据评价的不同功能可以将高等教育评价分为诊断性评价、形成性评价和总结性评价。诊断性评价是指为了摸清状况、分析原因，进而对症下药改进方法，对评价对象的现状及存在的问题、产生的原因所进行分析而产生的价值判断；形成性评价是指为了及时发现问题、反馈调控和改进完善，而对正在进行的教育活动过程进行的价值判断；总结性评价是指为了鉴定、甄别、遴选，而对评价对象在一定时期之内的状况进行整体的、全面的价值判断。在高等教育评价实践中，评价主体往往根据不同的需要，采取不同的方法进行教育评价，但不管哪种评价方法，"价值判断"是高等教育评价的本质特征。高等教育评价之所以和高等教育测量、高等教育测评等概念有所区别，关键在于其"价值判断"属性。高等教育测量、高等教育测评重在通过对客观事实进行数量上的测定，通常采用定量研究方法；而高等教育评价则是对考察对象进行价值上的判断，通常结合数量的测定和定性描述手段，重视对事实的解释、原因的分析、价值大小的判定。可以说，高等教育评价往往是在教育测量和测评的基础上进行，是教育测量和测评的深化。

高等教育评价遵循科学的实施原则、实施环节和实施方法。首先，实施原则是高等教育评价的基本遵循，体现了教育评价的普遍意义和高等教育的规律性。高等教育评价除了应坚持实事求是原则、系统性原则、科学性原则、可行性原则等一般原则外，还应根据评价对象的特殊属性坚持其他特殊原则。其次，高等教育评价实施环节是指高等教育评价活动展开的具体步骤，一般

---

① 陈谟开. 高等教育评价概论 [M]. 长春：吉林教育出版社，1988：3.

包括高等教育评价指标体系的建立、评价过程的组织、评价数据的汇总、评价结果的分析处理等。其中，科学合理的评价指标体系是评价实施的基础，也是衡量教育评价是否成熟的重要标志。指标体系是表征评价对象整体特征的一种形式，是依据评价目标和评价标准转化而来的。指标体系构建要尤其重视评价目标的设定和分解、评价标准的设计、指标的选取和赋权。有了一套科学合理的评价指标体系后，我们应注意评价主体的组成、评价管理机构的组建、评价规则的制定、评价数据的整理与搜集、评价结论信效度的审核、评价报告的生成等，以确保评价过程顺利进行，评价结果科学有效。最后，高等教育评价应根据评价目标、评价类型的不同选择适合的实施方法，如比较评估法和达标评估法、群体评价法和个体评价法、自我评价法和他人评价法、定性评价法和定量评价法等。各评价方法功能、效果各异，结合多种评价方法有利于从不同维度、不同程度得出评价结果，进而形成更为全面的评价结论。

实践催生和检验理论，理论又指导和推动实践。高等教育评价理论既是在我国高等教育评价实践中形成和丰富的，又对我国高等教育评价实践的不断发展完善发挥着指导作用。高校文化育人质量评价指标体系的构建应遵循高等教育评价理论，在理论和实践的双向互动中回应新要求、解决新问题，不断深化发展。

（二）政策依据

1. 党和国家关于高等教育评价的相关政策

早在 1985 年党中央就开始认识到评价对高等教育的推动作用，《中共中央关于教育体制改革的决定》提出了关于加强教育管理部门对高校教学质量和办学水平的监督、评价、指导的要求。1993 年，《中国教育改革和发展纲要》进一步提出，要建立各级各类教育的质量标准和评估指标体系，通过多种形式进行质量评估和检查。1998 年，《中华人民共和国高等教育法》将高等学校的办学水平和教育质量纳入教育行政部门的监督和评价范围。1999 年，《中共中央国务院关于深化教育改革 全面推进素质教育的决定》在全面推进素质教育的背景下，指出要建立符合素质教育要求的评价机制。在同一时期，国家基础教育相关文件首次提出了"形成性评价"与"总结性评价"相结合的要求，为探索科学的评价办法、促进学生全面发展和终身发展奠定了基础。

2007 年，《国家教育事业发展"十一五"规划纲要》强调，要建立健全对地方各级政府履行教育职责的督导评价体系，强化以政府为主体全面依法实施高等教育评价。2010 年，在深入实施科教兴国和人才强国战略背景下，《国家中长期教育改革和发展规划纲要（2010—2020 年)》首次提出要建立第三方评价机构，推行专业评价，并围绕考试招生制度、教育质量评价、人才评价、科研评价等方面对教育评价改革作出了全面规划。2012 年，教育部《国家教育事业发展第十二个五年规划》提出，要进一步完善教育评价制度，建立基本公共服务体系的评价机制和激励机制，进一步推动评价制度的创新发展。在 2018 年全国教育大会上，习近平总书记提出要破"五唯"，从根本上解决教育评价指挥棒问题。2020 年，中共中央、国务院印发了《深化新时代教育评价改革总体方案》，再次强调了坚持立德树人根本任务，以破"五唯"为导向，突出党委和政府、学校、教师、学生、社会主体地位，分类分层明确了教育评价改革思路，提出改革措施及明确实施路径。2021 年，教育部、财政部、国家发展改革委印发了《"双一流"建设成效评价办法（试行)》，提出把人才培养质量放在首位，把师德师风作为第一标准，突出培养一流人才、产出一流成果、主动服务国家需求，落实了新时代对高等教育评价的改革要求，凸显立德树人根本任务评价关键，切实回答了培养什么人、怎样培养人、为谁培养人这一根本性问题。

2. 党和国家关于高校思想政治工作评价的相关政策

党和国家历来重视高校思想政治教育及其评价工作。1994 年的《中共中央关于进一步加强和改进学校德育工作的若干意见》、1995 年的《中国普通高等学校德育大纲》和 2000 年的《教育部关于加强和改进研究生德育工作的若干意见》三份文件，对德育评估工作提出意见。2004 年，中共中央、国务院《关于进一步加强和改进大学生思想政治教育的意见》强调了高校思想政治工作的重要地位，提出要把大学生思想政治教育工作作为对高等学校办学质量和水平评估考核的重要指标，纳入高等学校党的建设和教育教学评估体系。2012 年，中宣部、教育部印发《全国大学生思想政治教育工作测评体系（试行)》，正式提出了高校思想政治教育工作评价指标体系，针对省市教育主管部门和高校两个主体，设置了 4~6 个一级指标，12~20 个二级指标，主要采用材料审核、问卷调查、实地考察等方式，对思想政治教育工作结果进行 A、B、C、D 等级状态描述。这一版本的高校思想政治教育工作评价指标体系成为省市教育主管部门、高校的思想政治工作测评的依据，标志着质量评价体系已基本形成。随着思想政治工作质量评价的不断完善和发展，2016 年，《关于加强和改进新形势下高校思想政治工作的意见》从质量评价制度、评价体系和评价方式等方面提出了新的要求。2017 年，《高校思想政治工作质量提升工程实施纲要》提出了第三方参与的评价方式，使评价更为客观、公正。2020 年，教育部等八部门发布《关于加快构建高校思想政治工作体系的意见》，强调质量评价体系要科学有效并且多元化，要建立过程与结果相结合的评价机制。《关于加快构建高校思想政治工作体系的意见》明确提出要建立包括科学测评体系、推进落实机制、督导问责机制在内的高校思想政治工作评估督导体系，强调要建立多元多层、科学有效的高校思政工作测评指标体系，完善过程评价和结果评价相结合的实施机制。2021 年，中共中央、国务院《关于新时代加强和改进思想政治工作的意见》再次强调评价考核体系的重要性，提出要将测评结果纳入落实全面从严治党主体责任情况监督检查和巡视巡察内容，纳入党政领导班子、领导干部综合考核评价内容，要把"软指标"变为"硬约束"。

3. 党和国家关于大学校园文化建设的相关政策

为贯彻落实中共中央、国务院出台的《关于进一步加强和改进大学生思想政治教育的意见》，2004 年 12 月 13 日，教育部印发《教育部 共青团中央关于加强和改进高等学校校园文化建设的意见》，进一步明确了高校校园文化建设的总体要求，提出了校园文化建设的主要任务是以理想信念教育为核心、以爱国主义教育为重点、以大学生全面发展为目标，重视校风教风学风，积极开展校园文化活动，加强校园人文环境和自然环境建设。该文件提出了推进高校校园文化建设的具体任务和实施途径，强调要切实建立和完善校园文化建设的保障机制，把校园文化建设作为社会主义先进文化建设的重要内容纳入议事日程，是高等学校开展校园文化建设的指导性文件。2010 年，为培养大学生良好的审美情趣和艺术素养，《教育部 文化部 财政部关于开展高雅艺术进校园活动的指导意见》提出，通过政府购买文艺院团服务、给大学生提供免费欣赏高雅艺术的形式，在大学校园开展高雅艺术活动，引领青年学生提高审美修养，提升精神境界，满足精神文化生活的需求。2013 年，中共中央办公厅印发的《关于培育和践行社会主义核心价值观的意见》要求在全社会大力开展社会主义核心价值观宣传教育，指出要"注重发挥校园文化的熏陶作用，加强学校报刊、广播电视、网络建设，完善校园文化活动设施，重视校园人文环境培育和周边环境整治，建设体现社会主义特点、时代特征、学校特色的校园文化"①。2014 年，为全面推进素质教育，提高学生审美和人文素养，教育部印发《教育部关于推进学校艺术教育发展的若干意见》，明确了学校艺术教育的总体思路及实施途径，要求学校艺术教育"培养学生感受美、表现美、鉴赏美、创造美的能力，引领学生树立正确的审美观念，陶冶高尚的道德情操，培养深厚的民族情感，激发想象力和创新意识，促进学生的全面发展和健康成长"②。2017 年年初，中共中央办公厅、国务院办公厅印发的《关于实施中华优秀传统文化传承发展工程的意见》对中华优秀传统文化传承发展作出了具体指导，明确提出要把中华优秀传统文化全方位融入思想道德教育、文化知识教育、艺术体育教育、社会实践教育各环节并贯穿于学校教育各阶段，将"丰富拓展校园文化，推进戏曲、书法、高雅艺术、传统体育等进校园，实施中华经典诵读工程，开设中华文化公开课"等要求作为高校校园文化建设的重要途径。为落实中共中央办公厅、国务院办公厅印发的《关于实施中华优秀传统文化传承发展工程的意见》，各部门研究制定了相应配套文件。2017 年年底，为明确文明校园创建任务，检验创建工作进展成效，教育部办公厅、中央文明办秘书局印发了《全国高校文明校园测评细则》，制定了包括"基本指标""特色指标""负面清单"等在内的 6 项一级测评指标、36 项二级测评指标、160 项测评标准，采用材料审核、实地考察、问卷调查等对调查结果进行 A、B、C、D 等级描述，为评选文明校园提供了基本依据。2018 年，教育部、国家语委研究制定了《中华经典诵读工程实施方案》，要求"以立德树人、培育社会主义核心价值观为根本任务，以传承弘扬中华优秀传统文化、革命文化和社会主义先进文化为核心内容，以诵读、书写、讲解等文化实践活动为主要形式，以课程教材、资源平台及人才培养建设为基础支撑"③，强化文化育人，增强大学生文化自信。

---

① 编写组. 加强和改进大学生思想政治教育重要文献选编 1978—2014 [M]. 北京：知识产权出版社，2015：644.

② 编写组. 加强和改进大学生思想政治教育重要文献选编 1978—2014 [M]. 北京：知识产权出版社，2015：648.

③ 编写组. 加强和改进大学生思想政治教育重要文献选编 1978—2014 [M]. 北京：知识产权出版社，2015：383.

（三）现实依据

1. 中华民族伟大复兴的时代背景

中国特色社会主义进入新时代，站在新的历史起点上，文化的作用更加广泛而深刻，建设社会主义文化强国的任务更加迫切。一方面，文化实力作为一种软实力是国家核心竞争力的重要内容，是民族凝聚力、向心力、创造力的重要源泉，在当今世界经历百年未有之大变局之际肩负着传播中国声音、讲好中国故事，提升中华文化影响力，维护世界文明多样性的重要使命；另一方面，文化作为民族的血脉和人民的精神家园，是引领风尚、教育人民、服务社会、推动发展的动力，是丰富人民精神生活，满足人民对美好生活的向往，促进人民综合素质提升和社会文明程度提高的重要途径。建设社会主义文化强国是实现中华民族伟大复兴的基础支撑，是社会主义高校的战略任务，是高校思想政治工作必须担负的重要使命。这就要求高校文化育人要因时而动，适时而变，准确把握时代发展潮流和文化育人责任，厘清新问题、新特点、新任务。这也要求高校文化育人质量评价必须找准时代要求的风向标，通过检验高校培养时代新人的文化传承与创新是否符合国家文化软实力发展战略，是否以先进文化、优秀文化育人，是否增强了大学生文化自觉、坚定文化自信等进行考量。

2. 高校思想政治工作的格局性变化

党的十九届六中全会指出，党的十八大以来，我国意识形态领域形势发生全局性、根本性转变，全党全国各族人民文化自信明显增强，全社会凝聚力和向心力极大提升。这既是高校思想政治工作持续努力的共同结果，也为高校思想政治工作迈上新台阶打下坚实基础。2016 年 12 月，全国高校思想政治工作会议召开，习近平总书记发表重要讲话，科学回答了高校思想政治工作一系列方向性、根本性问题，为高校思想政治工作指明了方向。以习近平总书记关于高校思想政治工作重要讲话精神为指引，各级教育主管部门及各高校围绕立德树人根本任务，推动高校思想政治工作不断创新发展，在推动习近平新时代中国特色社会主义思想进教材进课堂进师生头脑、强化党对高校的全面领导、持续巩固爱党爱国爱社会主义的思想基础、全面推进育人体系建设、推动思想政治工作改革创新、加强队伍建设、提升工作合力等方面取得长足发展。"推动高校思想政治工作发生了格局性变化、取得了历史性成就。"①

---

① 高众，欧媚. 格局性变化 历史性成就 [N]. 中国教育报，2021-12-08（01）.

高校思想政治工作质量工程的推进促进了高校课程、科研、实践、文化等十大育人体系的构建，并在理论和实践中不断发展。加快构建高校思想政治工作体系的要求将理论武装体系、学科教学体系、日常教育体系、管理服务体系、安全稳定体系、队伍建设体系和评估督导体系七大子体系的构建与完善提到了新的高度。思想政治工作质量评价宏观政策的制定、评价指标体系的构建、落实和督导问责机制的完善等理论研究与具体实践取得了丰富的成果，为高校文化育人质量评价提供了依据和借鉴。

3. 各高校职能职责与人才培养愿景

2014 年 5 月 4 日，习近平总书记在与北京大学师生的座谈会上指出："办好中国的世界一流大学，必须有中国特色。"中国特色就是坚持社会主义办学方向，培养社会主义建设者和接班人，办好人民满意的教育。办好人民满意的教育，就是要在建设世界一流大学和一流学科的背景下，推动高等教育实现内涵式发展、特色发展、差异化发展。高校在长期办学、服务社会的过程中，办学思想、目标定位、学科专业、人才培养、科学研究、社会服务、校园文化等方面各有不同，形成和发展了相对稳定的办学特色和独特优势。只有把服务国家、区域、行业需求以及学生全面成长需要作为办学出发点，将高校发展愿景与办学特色、大学精神文化相结合，传承优良办学传统，找准人才培养定位，才能更好地服务于多样化的人才需求，形成各美其美、美美与共的各类人才和谐发展的局面。因此，清晰的育人理念、明确的培养目标、独具特色的办学传统是建设高水平人才培养体系的支撑，是实现高校思想政治工作质量的前提，也是高校文化育人质量的基础和保障。

二、高校文化育人质量评价指标体系的构建原则

评价原则是高校文化育人质量评价指标体系构建的基本遵循。它既是高校文化育人价值导向的重要表征，又直接影响着评价的有效性，关系到质量评价能否全面、客观、公正地进行。高校文化育人质量评价指标体系的构建除要注重科学性、完备性、通用性、可行性等一般原则外，还应着重遵循以下原则：

（一）坚持综合性与简约性的辩证统一

高校文化育人质量系统是一个复杂系统，要进行全面客观的质量评价，

要求评价指标体系具有综合性，能完整反映质量系统全貌，使高校文化育人工作情况、人才培养情况、服务社会情况等各方面都得以体现。指标选取应综合平衡各维度，统筹考虑各要素，把握指标体系的整体性与结构性，注重多因素的综合性分析，通过多维度、多指标、多标准的分析衡量，获取综合性结果。同时，为使高校文化育人质量评价指标体系具有较强的可操作性，指标选取还应遵循简约性原则。各高校在办学层次、类别、条件、学科特色等方面存在差异，文化育人工作的开展也不平衡、不充分。在高校文化育人质量评价实践中，一套大而全的评价指标体系不但难以适应千差万别的现实情况，还可能使测评过程变得极为复杂且产生较大偏差，影响评价结果。因此，评价指标体系的构建应尽可能简化、压缩指标，选取最具代表性、最简单直接的指标。坚持综合性和简约性的辩证统一，既要从评价维度上全面考虑高校文化育人的过程质量、结果质量、效益质量，相对完备地选取每一维度下的二级指标和三级指标，又要尽可能对同一层级指标进行必要的合并、精简、剔除，凝练出关键、核心、共性指标，从而使评价指标体系更具可操作性，更易于普及和推广。

（二）坚持指导性与诊断性的融合统一

高校文化育人质量评价要正确引导文化育人工作方向，有效指导文化育人实践，要求评价指标体系既要有严谨的层次结构，有利于指导高校形成文化育人举措与育人效果间的清晰因果关系；又要有明晰的指标要素，有利于指导高校厘清影响文化育人质量的关键因素和重要环节；还要有正确的质量标准，有利于高校准确把握文化育人的重点任务和内容要义。高校文化育人质量评价既要求对高校文化育人质量的好与坏、优与劣、成与败进行整体判断，有助于高校对自身工作效果、育人质量的所处阶段和发展现状进行全面评估；又要能反映出具体哪些方面、哪个环节出了问题，以便发现不足推动下一步工作的改进；还要能通过横向、纵向两个维度的比较，总结优势、寻找差距、补齐短板。坚持指导性与诊断性的融合统一，既要通过评价有效反映文化育人现状，形成较为准确的、具有启发作用的反馈信息和评价结果，又要通过评价发挥指挥棒功能，成为引导高校文化育人工作的风向标，指引高校文化育人工作的努力方向和改进路径。

（三）坚持精准性与模糊性的对立统一

高校文化育人质量评价指标体系要能真实、准确、有效反映文化育人实际情况。精准性是开展质量评价的内在要求，也是构建科学有效的评价指标体系的重要前提。开展高校文化育人质量评价，既要准确领会上级文件精神，指标设计要充分体现社会主义高校的性质，价值指向清晰明确；又要对关键要素进行准确凝练，确保选取的指标能够对高校文化育人工作的思路、内容、形式、方法、成果等核心要素有较为全面充分的反映；还要制定科学、正确、清晰的评价标准，所有标准要外延清晰、内涵明确，不能出现评价标准可上可下、可松可紧、模棱两可、含糊不清，要能够精准反映文化育人的实际情况，各项指标独立、客观、可测，能够科学揭示高校文化育人质量形成和发展的因果关系，能够对文化育人质量现状、发展趋势做出准确判断和科学预测。然而，人的思想形成和发展具有复杂性、动态性、内隐性，这就使得文化育人质量评价难以对人的思想和行为做出毫厘不差的精准判断，无法做到绝对的精准，只能努力实现相对精准，在结果的呈现上倾向于"用区间的数字来标识思想、情感、态度等模糊变量的等级，测评标准的具体评价一般采用'划分等级'或依据'主观模糊印象评定'来进行，等级划分具有相对性，一般分为'优良中差'或'A、B、C、D'等级"①，而非用精准的分数来进行结果描述。

（四）坚持开放性与包容性的协调统一

高校文化育人质量评价不是一个封闭、孤立的系统，而是一个开放的动态系统，开放性体现在评价指标的时空延展性和评价主体的多元性上。高校文化育人质量评价既要能动态描绘某一特定阶段的文化育人工作业绩和真实水平，又要能反映人才培养的长久效果和持续影响，评价指标的选取不能只着眼于当下，而是要综合考虑发展变化，兼顾阶段性指标和长期性指标。同时，高校文化育人质量评价要满足多元主体的需要。质量评价不能闭门造车，要广泛吸纳高校内外多元评价主体，内部评价突出质量目标的达成度，外部评价关注质量结果的影响度，形成由主管部门、高校、社会、师生共同参与、内外互动的评价机制。高校文化育人质量评价的包容性体现在文化育人系统内要坚持共性、尊重个性，在文化育人系统外做到与其他评价同向同行。各高校的文化育人实践既有共同遵循，又有个性特征，质量评价既要坚持共性标准，又要允许和尊重高校特色，超越固定化和模式化指标，设立个性化评

---

① 冯刚. 高校思想政治教育工作质量评价研究 [M]. 北京：人民出版社，2020：66.

价指标，避免"一刀切"，还要与高等教育质量评价、思想政治教育质量评价、思想政治工作质量评价等做到同向同行。文化育人质量评价与思想政治教育质量评价等是同心圆关系，在评价导向、原则遵循上应保持统一，在维度框架、指标选取与评价标准上做到协调统一。

质量评价是评价主体根据明确的质量基准、可量化的评价指标、可视化的观测点，运用合适的方法开展测评的过程。高校文化育人质量评价指标体系的构建必须做到科学、全面、规范，树立明确的价值导向，遵循正确的评价依据，准确把握文化育人的特殊属性，充分反映高校文化育人工作实际和育人工作成效。

（一）坚持以生为本的评价导向以彰显育人本质

文化育人就是"以文化人""以文育人"，人既是工作的出发点，也是质量实现的落脚点。习近平总书记指出："思想政治工作从根本上说是做人的工作，必须围绕学生、关照学生、服务学生。"① 这就要求高校文化育人质量评价要充分发挥指挥棒的作用，坚持以人为本，充分尊重学生、关心学生、服务学生、为了学生的成长。具体而言，一是文化育人质量评价以促进大学生的发展为价值旨归。马克思主义强调人应充分占有自己的本质，实现自由而全面的发展。教育的意义就在于，通过不断提升学生的身体素质、思想素质、心理素质、科学文化素质，使每个学生都可以最大限度地按自己的天赋、特长、爱好，自由选择活动领域、生活空间、发展方向。作为教育的重要环节，评价也必然要指向学生，指向学生的成长发展。因此，文化育人质量评价不仅应是"对学生的评价"，更重要的是"为了学生健康成长的评价"，既要发挥评价的识别、鉴定、反馈等工具性价值，更要彰显其提升大学生文化素质、促进大学生成长成才的目的性价值。文化育人质量评价更应注重过程性评价、发展性评价，关照大学生全面的发展、和谐的发展、自由的发展、充分的发展。二是文化育人质量评价以大学生文化素质提升为检验标尺。评价是通过判断今天是否比昨天有进步，从而促进教育不断增值的过程。高校文化育人

---

① 吴晶，胡浩. 习近平在全国高校思想政治工作会议上强调 把思想政治工作贯穿教育教学全过程 开创我国高等教育事业发展新局面 [J]. 中国高等教育，2016（24）：5-7.

的直接目的是，促进大学生文化素质提升，大学生经过文化培育、浸润、感染、熏陶，其文化素质实现从低到高的提升，从达标到优秀的进步，就是高校文化育人工作有效性的最好证明。因此，高校文化育人质量评价应坚持以大学生文化素质提升为核心标尺，围绕大学生文化精神、文化认知、文化态度、文化行为等方面，在关照大学生整体素质的基础上，注重个体纵向的成长发展。三是文化育人质量评价以尊重人的感知和体验为评判基础。习近平总书记指出："人，本质上就是文化的人，而不是'物化'的人；是能动的、全面的人，而不是僵化的、'单向度'的人。"① 文化育人是现实的人的实践活动，必然渗入人的意图意志，真情实感等各种丰富的感受性要素，这些感受性要素经过教育对象大脑的传导、加工，促成其思想、认知、价值的形成。感受和体验的好坏既是思想认知形成的诱因，又是思想认知的表征，反映个体内心所悟所思所想。因此，在判断高校文化育人质量时，我们应充分尊重教育对象的体验感和获得感，将其纳入评价观测的范围。在评价指标体系的构建中，我们也要考虑这一定性指标。

（二）遵循"二为"培养的评价准绳以把握树人要求

评价准绳指向价值判断的根源，反映人们依靠什么、相信什么、重视什么。厘清高校文化育人质量评价准绳关系为谁培养人的问题。高校立身之本在于立德树人，高校不仅具有传播知识、创造知识的功能，还承担着为党育人、为国育才的重任。培养德智体美劳全面发展的社会主义建设者和接班人，是高校立德树人的根本要求，也是社会主义高校的根本任务。基于此，在高校文化育人质量指标体系构建中，我们应将服务国家和社会需要作为评价育人过程质量的基本准绳。一是以方针政策为准绳，体现国家发展需求和社会进步意愿。"社会主义"是对教育为谁培养人的本质规定，作为思想政治教育的重要组成部分，文化育人说到底是我们党对大学生进行的有目的、有计划的中国特色社会主义文化教育。文化育人的阶级属性决定其必然以党的路线方针政策为指引。这就要求在进行高校文化育人质量评价时，必然要以党的方针政策为准绳，检验高校文化育人是否符合党和国家的教育理念、教育方针，是否贯彻落实党和国家领导人重要讲话、指示精神，是否遵照思想政治教育相关文件规定，是否立足国家发展需求和社会进步意愿。二是以职能职责为准绳，关照高校人才培养愿景。人才培养是高校的根本职能，不管人们

---

① 习近平. 之江新语 [M]. 杭州：浙江人民出版社，2007：150.

对大学职能的理解如何变化，为社会培养和输送人才始终是高校作为教育机构的首要任务。社会对人才需求的多样性呼唤高校人才培养的多样性，高校的历史发展、层次类别等校情不同，形成了各具特色的学科方向和办学风格。只有将高校的学科优势和办学特色与人才培养愿景相结合，找准人才培养的目标定位，才能更好地为多样化的人才需求服务，形成各美其美、美美与共的各类人才和谐发展的局面。因此，考察高校文化育人工作是否符合高校目标定位，是否结合自身优势特色，形成与人才培养愿景相适应的文化成果和文化环境，是评价高校文化育人质量的重要内容。三是以时代使命为准绳，定位文化育人的责任担当。文化育人质量应体现对时代使命的担当，不同时代的文化育人彰显不同时代的质量标准和具体要求。时代发展大势规约着文化育人质量的实现形态，赋予其时代使命的内在规定性。中国特色社会主义进入了新时代，建设社会主义文化强国是新时代高校文化育人必须担负的重要使命，这就要求高校文化育人要因时而动、适时而变，准确把握时代发展潮流和文化育人责任，厘清新问题、新特点、新任务。对高校文化育人质量的评价必须找准时代要求的风向标，通过检验高校培养时代新人的文化传承与创新是否符合国家文化软实力发展战略，是否以先进文化、优秀文化育人，是否增强文化自觉、坚定文化自信等进行考量。

（三）突出场域建构的评价重点以关照化人特色

文以载道，化成天下。文化育人关键在"化"，在于通过滋养、浸润、熏陶、感染，使人在潜移默化的情况下发生改变，达到"蓬生麻中，不扶自直""耳濡目染，不学以能"的效果。文化的人文性及人的思想形成和发展的长期性决定了文化育人质量实现过程的复杂性与多样性，决定了文化育人无法像工业生产一样，完全依靠模式化的规定动作和统一的参数标准确保人的思想、情感、意志、行为均保持同样的规格和水平，而是像农业生产一样，在良好稳定的生长环境下，给予恰到好处的滋养，使之成长为各自最优状态。这就使得场域建构成为文化育人质量实现不可忽视的重要因素。"场域可以被定义为在各种位置之间存在的客观关系的一个网络（network），或一个构型（configuration）。"① 场域不单指物理环境，也包括他人的行为以及与此相连的诸多客观因素。对于高校文化育人而言，进行场域构建就是要"在一定的文化氛围或情景设定中，通过符号、图像、语言、规则、目标等文化构成要素的整合，引起受教

---

① 皮埃尔·布迪厄，华康德. 实践与反思：反思社会学导引［M］. 李猛，李康，译. 北京：中央编译出版社，2004：133.

育者的视听兴趣，发挥'寓教于境'的作用，调动教育者与受教育者的积极性和互动性，协调好大学生思想政治教育文化场域中的各种客观关系，达成以文化人的目标"①。一方面，文化育人作用方式的内隐性要求关注化人之情、化人之理、化人之事。化人之情是指文化育人过程中主体的情感体验、情绪感受和精神情怀，是人思想认识的感性形态。情感一旦形成，又反过来成为强大的内在动力，推动着人的行为。高校文化育人把握化人之情，就是要以情动人、以情感人，使大学生能产生文化上的情感共鸣与交融，能"冥冥然感于中，心领神会"。高校文化育人质量评价注重化人之情，就是既要从整体上审视大学精神和校园价值观带来的情感动能，又要在具体育人实践过程中考察情感体验的引导、表达和传递，检验文化感召力、凝聚力的发挥情况。化人之理是指用以化人的理论，"理论只要说服人，就能掌握群众；而理论只要彻底，就能说服人"②。高校文化育人质量评价注重化人之理，就是既要考察高校是否坚持以中华优秀传统文化、革命文化和社会主义先进文化作为以理化人的内容保证，又要关注育人过程是否注重以解释、劝导、说服等作为以理服人的方式保证。化人之事是指育人过程中的具体事件、案例。化人之事既有蕴含哲理和智慧、普遍流传的经典故事，又有符合时代气质和中国精神的中国故事，还有身边点点滴滴的榜样典型和先进事迹，发掘和利用化人之事，把事讲好、讲深、讲透，是高校文化育人质量实现的重要机制，也是评价中不可忽视的重要内容。另一方面，文化育人场域的时空同构性要求把握化人之景、化人之机。化人之景包括带有育人功能的标识、符号、图像、场景等，是构成文化育人的外部环境。体现着文化价值观念和价值取向的化人之景，以立体环绕、不言而喻的形式，给人无须言语、自在其中的沉浸式体验，实现春风化雨、润物无声的效果。这就使文化标识、校园景观、活动场景等成为文化育人质量评价中必然考量的因素。化人之机是指文化育人实践中的契机、时机、机遇、机缘，在育人过程中能恰逢其时、适当其会地开展工作，是一门艺术。把握化人之机，就是要在文化育人过程中，利用好重大纪念日、重要节庆、重要仪式等关键时机，关注大学生思想问题得以解决的关键机会，形成一点就通、豁然开朗的局面。因此，进行文化育人质量评价，重点要善于把握高校以文"化人"的特色，考察高校文化育人工作是否做好化人之情、理、事、景、机，形成互融互通、协同发展的文化场域。

---

① 敖永春，张振卿. 大学生思想政治教育文化场域建构 [J]. 学校党建与思想教育，2020（5）：85-87.
② 马克思，恩格斯. 马克思恩格斯文集：第 1 卷 [M]. 北京：人民出版社，2009：11.

第四章
高校文化育人质量评价指标的构成

高校文化育人质量评价指标体系是由表征高校文化育人质量各方面特性的多个相互联系的指标按照一定规律组成的有机整体。将高校文化育人质量作为一个有机系统，划分相对独立、相互联系、能穷尽列举的多个观测维度，再将每个维度的标志性要素加以提炼和概括，并分析对标志性要素构成影响的相关因素，把握各个要素之间的逻辑关系，是构建科学、规范、有效的高校文化育人质量评价指标体系的关键步骤，也是确保高校文化育人质量评价指标体系遵循现实依据、符合科学规律、产出准确结果的必然要求。

一、高校文化育人质量评价的维度划分

维度是人们分析、观测问题的不同思维角度或视角。按照不同的划分依据，我们可以将问题划分为多个相互联系、相对独立的不同维度。本书将高校文化育人质量看成一个复杂的有机系统，以高校文化育人质量生成为依据，探析高校文化育人质量的生成路径，通过厘清高校文化育人质量从何而来、如何形成、何以实现，发现影响高校文化育人质量的关键点，并将此作为剖析高校文化育人质量的切入口，进行维度划分进而深入评价。

(一) 高校文化育人质量评价维度的划分依据

正如同"含蓄不言自明、难以捉摸"的高等教育质量生成一样，高校文化育人质量的生成也是一个复杂而又见仁见智的"黑箱"。人们只知道高校文化育人质量是由教育主体、教育内容、教育环境等要素构成，也知道高校文化育人质量的生成受到文化质料、时空场域、人的主观能动性等因素的影响，但难以清楚阐释这些因素是以何种规律、在何种机制下触发生成高校文化育人质量的。正如人的大脑一样，各器官、组织结构及其功能清晰，但其生成机理复杂多变难以全然清晰把握。鉴于高校文化育人质量无法像物理实验一样直接透视其内部构造及作用原理，但可以通过观察外部影响和反应来寻找其特性和规律，因此我们可以尝试运用控制论中的"黑箱"理论来理解。

根据"黑箱"理论，我们假设高校文化育人质量的生成是一个尚不清楚内部结构及关系的系统，从"输入"与"输出"的特点把握该系统运行规律，观察该系统对外部信息做出何种反应，从而寻找、发现其特性与规律，实现对高校文化育人质量生成这个"黑箱"的控制。在对高校文化育人质量

生成这个"黑箱"的研究中，高校文化育人工作可以被看成外界"输入"，高校文化育人的结果即大学生文化素质、高校文化育人的效益即高校文化育人满足主体需要程度，这些可以看成经过"黑箱"运作之后的"输出"。我们通过观察"输入"和"输出"的情况，了解高校文化育人工作与大学生文化素质、文化育人主体需要满足程度之间有无必然联系及联系的紧密程度，可以把握影响高校文化育人质量的关键所在。

按照此假设，我们可以将高校文化育人工作、大学生文化素质、高校文化育人满足主体需要程度作为理解高校文化育人质量，进而探讨质量评价的切入视角。高校文化育人质量的"输入"，源于高校文化育人工作全过程，取决于高校文化育人工作的质量。符合国家教育主管部门要求、顺应时代需求、合乎教育规律和人的思想形成发展规律的科学合理的高校文化育人工作体系，是高校文化育人质量生成的有益"输入"，也是高校文化育人质量生成的前提和基础。因此，高校文化育人工作即高校文化育人过程质量，可以作为高校文化育人质量评价的基础维度。高校文化育人质量的"输出"，表征为通过文化育人工作培养出的合格人才以及高校文化育人工作满足国家发展、社会进步、大学生自由全面发展需要的程度。通过高校文化育人工作，大学生对文化本质、文化价值有更加准确的认识，对中国精神有更加深刻的理解，对东西方文化有更加清晰的辨识，表现出符合国家发展、社会进步的精神风貌和文明行为，是高校文化育人的直接结果，也是高校文化育人功能实现的核心标志。因此，大学生文化素质即高校文化育人结果质量，可以作为高校文化育人质量评价的功能维度。高校文化育人满足主体需要，是高校文化育人的根本目标。高校文化育人通过提升大学生文化素质，满足大学生成长成才需要；通过培养优秀人才，进行文化传承与创新，繁荣文化生命力，满足社会文明进步需要；通过把握高校文化建设全过程、全领域，筑牢马克思主义在意识形态领域的主导地位，凝心聚力；通过为社会主义事业输送合格的建设者和可靠的接班人，为中华民族伟大复兴培养高素质的时代新人，满足国家发展需要。这是高校文化育人社会服务的效益，也是高校文化育人根本目标的实现。因此，高校文化育人满足主体需要的程度即高校文化育人效益质量，可以作为高校文化育人质量评价的价值维度。

作为基础维度的高校文化育人过程质量、作为功能维度的高校文化育人结果质量、作为价值维度的高校文化育人效益质量，分别以高校文化育人工作情况、人才培养情况、高校文化育人满足主体需要情况为关注点，共同表征着高校文化育人质量的高低（如图4-1所示）。因此，即使不理解高校文化育人质量的生成机理，只要把握了高校文化育人的"输入""输出"，通过观察高校文化育人的过程、结果、效益等关键维度究竟在"优""良""中""差"哪种等级状态，就可以基本推断出高校文化育人质量处于何种状态。

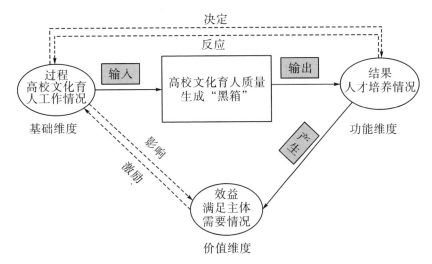

图4-1　高校文化育人质量维度划分

（二）高校文化育人质量评价的三个维度

"质量"是一个较难把握和准确定义的概念。对于质量的评价，有对硬件设施是否符合要求进行考察的"车间"评价，有对性能、水平是否符合功能进行考察的"产出"评价，也有对目标达成程度的"效益"评价。高校文化育人质量是高校为落实立德树人根本任务，通过构建科学、系统的文化育人体系，促进大学生文化素质提升，满足大学生成长成才的文化需要和国家发展、社会进步需要的程度。其中，高校文化育人工作开展情况反映着高校文化育人工作的整体水平，表征文化育人工作是否符合文化育人的本质要求、是否合乎文化育人的内在规定、是否满足文化育人的基本条件。我们可以借鉴"车间"评价模式，设计出基础维度的评价指标。大学生文化素质提升是文化育人质量的根本体现，是文化育人工作的出发点和落脚点，是高校文化育人工作的直接结果，也是衡量高校文化育人功能实现的标志。对大学生文化素质的评价类似于对"产出"的质量评价，其评价指标属于功能维度评价指标。满足主体需要是文化育人质量高低的根本检验，反映了高校文化育人最终满足大学生成长成才、国家发展及社会进步需要的程度与水平，是高校文化育人根本目的的最终达成，也是高校文化育人效益的体现，其质量评价类似于对"效益"的评价，属于价值维度评价指标。基础维度评价指标、功能维度评价指标、价值维度评价指标三类指标相互联系、相互影响，可以构成高校文化育人质量评价指标有机整体。

1. 过程质量：基础维度彰显文化育人运行逻辑

过程质量关注高校文化育人工作的内在规定性，要求高校文化育人工作达到特定标准，满足最低要求和基本规格。高校文化育人工作有科学、有效的运行体系，凸显文化育人的本质属性，达到国家对高校文化育人工作的基本要求，遵循育人的基本规律，是高校文化育人过程质量合格的核心标准。高校文化育人具有鲜明的政治性和价值性，应遵循思想政治教育基本原则，服务于党和国家事业发展，在统一的指导思想和目标原则下进行。习近平总书记强调："要更加注重以文化人以文育人，广泛开展文明校园创建，开展形式多样、健康向上、格调高雅的校园文化活动。"① 《高校思想政治工作质量提升工程实施纲要》提出，要深入开展中华优秀传统文化、革命文化、社会主义先进文化教育；践行和弘扬社会主义核心价值观，优化校风学风，繁荣校园文化，培育大学精神，建设优美环境，滋养师生心灵、涵育师生品行、引领社会风尚。党和国家对高校文化育人提出了明确要求，因此对文化育人质量从符合规定维度进行考察，应关注文化育人工作对文化育人目标的坚守、对文化特性和教育规律的认识、对内在动力的发掘和对运行路径的把控。

高校文化育人工作体系是过程维度的主要表征，能从多个方面体现高校文化育人的过程质量。一是体现高校文化育人的价值追求和内在动力，即文化育人的组织领导是否坚持立德树人的育人目标和三全育人的理念思路，建立协调顺畅的领导体制和科学有效的工作机制，形成有效领导、指导、实施和参与的文化育人格局。二是体现高校文化育人的力量源泉，即高校文化育人是否按规定进行党政干部、共青团干部、文化素质课程教师、辅导员或班主任等力量配备，对各级各类人员是否有合理的管理考核、学习培训、激励

---

① 吴晶，胡浩. 习近平在全国高校思想政治工作会议上强调 把思想政治工作贯穿教育教学全过程 开创我国高等教育事业发展新局面 [J]. 中国高等教育，2016（24）：5-7.

表彰、职级待遇保障等。三是体现高校文化育人工作对文化特性和教育规律的把握，即文化实践活动的开展是否坚持文化内容的科学性和时代性，是否形式多样、健康向上、格调高雅并吸引全体师生参与，是否凝练出富有特色的大学精神并得到广泛认同，是否培育形成富有特色的校园文化活动、品牌项目并有较高知名度和影响力。四是体现高校文化育人的载体和路径，即是否有满足文化育人要求的校史馆、艺术馆、大礼堂、博物馆等文化场馆活动场地，是否有满足文化育人需要的专项经费，是否有独特的文化标识以及反映文化底蕴的校园景观、体现可持续发展与文化传承的校园规划等。

2. 结果质量：功能维度彰显立德树人根本遵循

结果质量关注高校文化育人功能的实现。功能实现是事物效用的达成，系统符合规定即具备功能，但从具备功能到功能实现还有一个使用和转换的落地的过程。文化育人是"人化"和"化人"的结合，人是出发点和落脚点，高校文化育人功能的落地过程体现为大学生在文化的作用下发生转化与改变。大学生在高校文化育人工作的作用下是否发生变化、发生什么样的变化，是判断文化育人功能实现与否的重要标准。高校"要把立德树人的成效作为检验学校一切工作的根本标准，真正做到以文化人、以德育人""要把立德树人内化到大学建设和管理各领域、各方面、各环节，做到以树人为核心，以立德为根本"①。判断高校文化育人结果质量如何，就是看高校是否坚持以立德树人为根本遵循，以培养德才兼备、全面发展的时代新人为目标，通过优秀的文化感染、熏陶和教育大学生，使大学生文化素质得以提升。

大学生文化素质提升是高校文化育人的直接结果，但这是一个动态、隐蔽、抽象的范畴，需要对其特性和表征进行解析。观测大学生文化素质，进而推断高校文化育人结果质量，可以从以下几个方面来了解：一是大学生整体文化素质达标情况。人的思想和行为受多种因素影响，更适合整体把握而非精准测量。大学生对文化的价值及作用的理解、对民族精神的态度、对中西方文化的看法以及精神风貌、文明行为等都是有底线和基准的，并可以根据不同标准划分为不同等级。作为一个合格的大学生，必须具备最基础的文化认知和文化形象，达到最基本的门槛条件。每个大学生个体达到基本标准的文化素质是高校文化育人功能实现的最低标准。二是大学生个体纵向发展

---

① 习近平. 在北京大学师生座谈会上的讲话［N］. 人民日报, 2018-05-03 (02).

情况。由于个体学习能力、性格类型、兴趣爱好、生长环境所具有的差异，造成每个大学生的文化素质基础都千差万别。全人类的自由全面发展必然基于每个人的自由全面发展。观测大学生文化素质应当关注每个大学生的纵向发展，考察在文化育人实践的作用下，大学生个体文化素质是否有提升及提升的程度。三是大学生总体文化需求情况。大学生的文化需求就像一面镜子，动态折射出大学生文化素质的发展情况，代表着大学生在成长的不同阶段对文化的态度、理解、接受程度。大学生文化需求既源于自身的渴望，也受外界作用的影响，外部浓厚的文化氛围、强烈的文化刺激更容易使大学生文化需求得以增长。考察文化育人结果质量应积极关注大学生对文化的需求量与需求度及其实时变化情况。四是大学生行动转化情况。当大学生真正接受和认同中华文化后，将会内化为精神追求，外化为自觉行动，因此大学生的文化形象必然体现为一定的精神风貌、文明行为。这也是高校文化育人结果的重要体现。

3. 效益质量：价值维度彰显以人为本价值旨趣

效益质量关注高校文化育人满足主体需要的程度。满足主体需要是质量的价值旨归，是质量达成的最高标准。满足甚至超越主体需要，是判断事物价值实现与否的核心依据。高校文化育人质量的主体是国家、社会和大学生，判断高校文化育人效益如何，是正效益还是负效益，归根结底要看高校文化育人对国家发展、社会进步、大学生成长成才需要的满足程度和水平。如何理解国家、社会、大学生的需要？习近平总书记指出："教育要注重以人为本、因材施教。"① 以人为本是马克思主义的核心理念，是社会主义教育的本质要求。高校文化育人坚持以人为本，就是要在大学生在成长成才的过程中，通过提升其文化素质，匡正其人生观、世界观、价值观，满足大学生适应社会需要和自我发展需要。高校文化育人坚持以人为本，就是培养促进文化繁荣发展的"中国人"，要通过传承中国精神、传播优秀文化，让大学生解放思想、与时俱进，清楚认识时代责任和历史使命，推动文化繁荣创新，促进文化发展和社会文明进步。高校文化育人坚持以人为本，就是要为国育才、为党育人，不断输送担当民族复兴大任的时代新人。我们要站在历史的高度和人民的高度，通过弘扬社会主义核心价值观，增强大学生文化自觉和文化自

---

① 习近平. 全面贯彻落实党的教育方针 努力把我国基础教育越办越好 [J]. 紫光阁，2016（10）：7.

信，塑造大学生中华文化基因，使大学生对中华文化和中国精神形成理性认识与感性认同，自觉遵循共同的行为规范和价值准则，自觉融入中华民族精神家园，维护民族团结稳定，建设社会主义文化强国。

效益质量源于结果质量的稳定输出，体现于高校文化育人主体需要的满足，具体表现为以下三个方面：一是大学生主观认可度和客观遵行度。判断文化育人对大学生成长需要的适应度可以通过大学生对高校文化育人各项工作的满意度调查，掌握高校文化育人对大学生利益需求和价值关切的满足程度，衡量大学生对高校文化育人工作整体认可程度；通过对文化价值观是否得到大学生真正的认同，价值追求是否得到大学生的理解和认可，中国精神是否得到真正的传承和发展，对大学生的文化接受度进行评价；通过对大学生毕业后的文化素质发展水平进行跟踪调查，衡量高校文化育人对大学生终身成长的影响程度。二是对中华文化的贡献度。高校通过政产学研合作以及为社会公众提供文化产品和文化服务等，为中华优秀传统文化的创造性转化和创新性发展提供动力，为社会主义先进文化发展做出贡献，为建设社会主义文化强国注入力量，实现高校文化育人的政治效益。高校文化育人培养出的具有正确人生观、价值观，坚定文化自觉、文化自信的优秀人才，能满足社会各行各业所需，所展现的精神风貌及传递的正能量能在实践中促进社会文明进步，实现高校文化育人的社会效益。三是对建设社会主义文化强国，实现中华民族伟大复兴的满足度。高校在人才培养、科学研究的过程中，坚持马克思主义指导地位，牢筑社会主义意识形态，创新发展马克思主义思想理论，为社会主义文化强国建设确立坚实的思想基础；深入批驳错误的思想观点，抵御文化渗透及文化侵蚀，在国际舞台讲好中国故事、传播中华文化，营造良好的国际国内舆论氛围。

二、高校文化育人过程质量评价指标

高校文化育人过程质量是指高校围绕立德树人根本任务，通过科学计划、精心组织、深入推进以文化人、以文育人，用中华优秀传统文化、革命文化、社会主义先进文化引导、感染、滋养大学生，以衡量人才培养目标的工作优劣程度。高校文化育人工作符合文化育人本质要求、合乎内在规定、满足基本条件，是顺利进行人才培养的前提和保证，也是促进结果质量和效益质量提升的基础。探析高校文化育人过程质量评价指标，需要分析影响过程质量的特定因素，找准过程质量评价的主要关切，厘清过程质量评价指标的内容。

（一）影响高校文化育人过程质量的因素

高校文化育人过程质量受各种因素的制约和影响。根据影响因素的不同层次，可以将影响高校文化育人过程质量的因素分为宏观因素、中观因素和微观因素。

1. 影响高校文化育人过程质量的宏观因素

宏观因素是指影响高校文化育人工作的时代背景，包括时代主题、国家发展阶段、社会文明程度、科学技术水平等，是高校文化育人工作的历史舞台。

时代主题是人类社会某一发展阶段基本特征、本质规律的集中呈现，随着世界基本矛盾的变化而变化，是带有全球性、战略性和关乎全局的核心问题，也是国际社会在一个较长时段里所面临的主要任务和主要课题。正如列宁所言："首先考虑到各个'时代'的不同基本特征（而不是个别国家的个别历史事件），我们才能够正确地制定自己的策略。"[①] 时代主题关系到我国历史使命设定和战略抉择，直接影响整个国家的发展主题、发展环境和发展任务，是我国制定路线、方针、政策的重要依据。随着世界时代主题的发展变化，我国也经历了从"革命"到"建设"到"改革"再到"复兴"的主题。在深入分析当今世界多极化、经济全球化、文化多样化、社会信息化特征，深刻洞察全球治理体系和国际秩序变化趋势，辩证认识和平与发展的世界主题的背景下，党和国家站在新的历史方位，谋划了进行伟大斗争、建设伟大工程、推进伟大事业、实现伟大梦想的使命。党和国家关于未来发展的一系列部署明确了社会主义文化建设的前进方向，是高校文化育人工作的必然遵循。

国家发展阶段是一个国家在一定历史时期内根据发展环境和自身发展情况的变化，呈现出不同发展特征和发展要求，进入不同发展阶段。国家发展阶段是国家各项事业发展规划的核心依据，决定了一定时期内整个国家的发展目标、主要任务、实现途径和决策部署，对包含高等教育、文化事业发展

---

① 列宁. 列宁专题文集（论资本主义）[M]. 北京：人民出版社，2009：91-92.

在内的各项事业发挥着全局性、决定性影响。根据党的十九届五中全会精神，2021 年起我国进入全面建设社会主义现代化国家、向第二个百年奋斗目标进军的新发展阶段。新发展阶段昭示着对担当民族复兴大任的时代新人的迫切需要，对建设社会主义文化强国、教育强国战略任务的高度重视，规定了高校人才培养的根本任务。

社会文明程度是一定历史时期社会文明进步状态的整体反映，是物质文明、政治文明、精神文明、生态文明的基础，是衡量国家现代化水平的重要标尺。提高社会文明程度是我国建设社会主义现代化强国的必由之路。"十三五"时期，我国社会文明程度显著提高，文化建设在正本清源、守正创新中取得历史性成就、发生历史性变革，中国梦引领凝聚作用进一步增强，社会主义核心价值观深入人心，国民道德水准、文明素养、法治意识和诚信意识不断增强。习近平总书记在党的十九大报告中进一步指出："要提高人民思想觉悟、道德水准、文明素养，提高全社会文明程度。"党的十九届五中全会审议通过的《中共中央关于制定国民经济和社会发展第十四个五年规划和二〇三五年远景目标的建议》，将"社会文明程度得到新提高"作为"十四五"时期经济社会发展主要目标之一，将社会主义核心价值观深入人心，人民思想道德素质、科学文化素质和身心健康素质明显提高，公共文化服务体系和文化产业体系更加健全作为社会文明发展的蓝图。这也对新时代文化建设的目标和高等教育的任务提出了具体要求。培育与时代发展相适应的思想观念、精神面貌、文明风尚、行为规范，成为高校文化育人的清晰主旨。

科学技术水平表征着人类改造自然的能力，体现了一个国家、社会的发展阶段和国家综合实力的强弱。科学技术是推动经济发展和社会进步的第一生产力，近百年来现代科学技术的发展不仅从技术层面为人类生产生活的便利提供新手段和新方法，更在思想层面影响着人们的思维方式、生产方式和生活方式。正如爱因斯坦所言："科学对于人类事务的影响有两种方式。第一种方式是大家都熟悉的：科学直接地、并且在更大程度上间接地生产出完全改变了人类生活的工具。第二种方式是教育性质的——它作用于心灵。尽管草率看来，这种方式好像不大明显，但至少同第一种方式一样锐利。"① 改革开放后，我国科学技术发展水平突飞猛进，经济、政治、文化、教育等社会

① 许良英，等. 爱因斯坦文集：第3卷 [M]. 北京：商务印书馆，1979：135.

生活各方面、各领域无不享受着信息化、数字化、数据化、智能化带来的红利。包括文化育人在内的高校思想政治工作不再受时间、空间的局限，有了更为便捷、高效、隐蔽、深入的新手段和新方法，为工作的创新发展创造了条件，为过程质量的提升提供了保障。科学技术犹如一把"双刃剑"，让人们在享受其带来的红利时，不可避免地被其支配着。信息爆炸引发思想冲击、路径依赖导致模式僵化、技术异化导致人的物化等，都是高校文化育人工作需要认真应对的困难和挑战。

2. 影响高校文化育人过程质量的中观因素

中观因素是指与高校文化育人工作有直接关联的影响因素，包括党的教育方针、哲学社会科学发展水平、区域文化资源等，可以看成高校文化育人工作的调节变量。

党的教育方针是党在一定历史阶段提出的有关教育事业的总方向和总指针，确定教育事业发展方向，是教育改革发展的指导思想、价值取向和根本要求，是教育基本政策的总概括。党的教育方针主要包括教育的性质、地位、目的和基本途径等，反映了不同历史时期我国经济社会发展对教育提出的基本要求。中华人民共和国成立 70 多年来，党的教育方针适应时代要求，经历了"启蒙兴建、曲折探索、改革调整、全面推进"[1] 的历史进程。进入新时代，习近平总书记多次强调，教育要坚持马克思主义指导地位，贯彻新时代中国特色社会主义思想，坚持社会主义办学方向，落实立德树人根本任务，坚持教育为人民服务、为中国共产党治国理政服务、为巩固和发展中国特色社会主义制度服务、为改革开放和社会主义现代化建设服务，扎根中国大地办教育，同生产劳动和社会实践相结合，加快推进教育现代化、建设教育强国、办好人民满意的教育，努力培养担当民族复兴大任的时代新人，培养德智体美劳全面发展的社会主义建设者和接班人。新时代党的教育方针为高等教育培养什么人、怎样培养人、为谁培养人提出了目标、要求和途径，为高等教育提供了方向指南，也为高校文化育人工作提供了根本遵循。

哲学社会科学的发展水平，"反映了一个民族的思维能力、精神品格、文

---

① 孟小军，李晨程，伍佩. 中国共产党教育方针的百年书写：缘起、嬗变与经验 [J]. 重庆师范大学学报（社会科学版），2021（6）：65-73.

明素质，体现了一个国家的综合国力和国际竞争力"①。中国特色社会主义进入新时代，正如习近平总书记所指出的，哲学社会科学的发展关系到如何巩固马克思主义在意识形态领域的指导地位，培育和践行社会主义核心价值观；如何提高党的领导水平和执政水平、增强拒腐防变和抵御风险能力；如何更好保障和改善民生，促进社会公平正义；如何提高改革决策水平、推进国家治理体系和治理能力现代化；如何加快建设社会主义文化强国、增强文化软实力、提高我国在国际上的话语权等各项事业的发展，必须大力发展哲学社会科学②。高校是繁荣哲学社会科学的重要基地，哲学社会科学发展水平与高校发展密不可分。一方面，哲学社会科学的发展水平直接决定了高校哲学社会科学学科体系、学术能力、话语地位，影响着高校人才培养、科学研究、社会服务、文化传承创新、国际交流合作等职能的实现。另一方面，在努力构建中国特色、中国风格、中国气派的哲学社会科学的背景下，高校肩负着进一步发展马克思主义、推进"四个自信"、培养时代新人、提供中国方案、构建新思想新理论等重要使命，这也成为高校开展文化育人工作的指向。

区域文化资源是"经过长期的历史过程积淀形成的与地理空间紧密相关的地域文化特征，包括思想、观念、风俗在内的诸多文化元素的总和"③，既包括精神文化资源，又包括物质文化资源，是该地区文化特色和历史境遇的集中表达。一方水土养一方人。高校作为服务地方经济社会发展的阵地，根植于特定的区域，不可避免地受到区域文化资源的影响。一方面，地方的文化环境、文化精神、文化载体等涵养着大学文化，成为高校提升内涵、孕育精神的沃土，高校发展特色、文化传统的源泉；另一方面，区域文化又有赖于高校文化的反哺，在文化传承与创新、文明示范与引领、学术研究与实践等方面得益于高校的推动。

3. 影响高校文化育人过程质量的微观因素

微观因素是指影响高校文化育人工作的具体要素，包括教育主管部门支持程度、高校历史文化传统、发展愿景、综合实力等，是高校文化育人过程质量的直接变量。

---

① 习近平. 在哲学社会科学工作座谈会上的讲话 ［N］. 人民日报，2016-05-19（02）.
② 习近平. 在哲学社会科学工作座谈会上的讲话 ［N］. 人民日报，2016-05-19（02）.
③ 张小芳. 基于区域文化资源的地方高校特色发展路径 ［J］. 教育评论，2017（3）：26-30.

教育主管部门是党和国家方针、法规、政策在高校贯彻落实的具体指挥者、组织者，其对高校文化育人工作的支持程度，直接关系到高校对文化育人工作的开展。教育主管部门通过多种方式对高校文化育人工作发挥着重要作用。一是指导高校大学文化建设、学科建设、课程建设。教育主管部门通过引导高校找准特色与定位，指导高校大学文化建设方案，推动高校大学文化建设。宏观统筹学科布局和学科建设可以结合各高校学科优势和背景，指导高校科学构建文化学科体系，对重点人文学科建设、思政课程建设、优秀通识课程建设给予支持，鼓励高校结合自身特色开设一批传承和弘扬文化传统的优秀课程。二是提供经费、搭建平台、整合资源。教育主管部门从全局出发，根据当年整体工作发展规划，通过扩大一般预算和专项经费设置，为高校文化育人文化基地传承、文化艺术展馆建设、文化艺术活动开展等提供经费支持。同时，教育主管部门可以整合育人资源，通过建设文化育人工作创新中心、工作队伍培训研修中心、文化育人示范区和示范校等平台，推动各高校文化育人工作的交流互鉴，实现校内外自然资源、红色资源、文化资源、国防资源等各项资源的育人功能的有效发挥。三是强化监督、评估与督导。教育主管部门通过开展文明校园评选、研制高校文化育人工作评价指标体系、健全高校文化育人过程质量评价机制、强化高校文化育人工作督导考核等，将高校文化育人工作开展情况纳入高校思想政治工作评价、纳入教学科研评估范围、纳入党组织和党员干部工作考核内容等，提升高校对文化育人的重视程度和工作的质量。

高校历史文化传统、发展愿景、综合实力，是高校从何而来、去向何处、能有何为的基础，关系到高校发展的过去、现在和未来。高校历史文化传统是指高校在建设与发展中历经岁月洗礼所沉积形成的思想文化、观念形态、习惯风貌的总体表现，包含了高校独特的历史渊源、改革发展历程、名人名家故事、标志性建筑、精神价值传承等，具有丰富的德育功能。高校历史文化传统既是高校文化建设的起点，是高校文化育人工作的根基，是高校文化育人内容的重要组成部分，又是高校文化育人工作的影响因素，像土壤和空气一样塑造着大学精神和校园价值观、滋养着大学文化的形成、影响着高校文化育人工作的开展。高校发展愿景是高校基于国家需求、自身定位和社会担当而做出的关于自身发展和人才培养的理想设定，是党和国家对社会主义高校要求的具体体现。高校究竟要成为什么样的大学、如何履行自身使命、如何实现大学职能，具体要培养什么样的人才，培养的人才拥有何种品质、具备何种能力、从事何种事业、提供何种价值，直接关系到高校人才培养、科学研究、社会服务等各项事业规划。高校将发展愿景与培养高素质人才、推动社会主义文化强国建设挂钩，则必然从指导原则、主要任务、运行保障、成效检验等多方面体现对文化育人工作的重视。高校综合实力是高校师资队伍水平、人才培养质量、科研服务能力、学校管理水平等的集中体现，是高校办学实力和办学水平的彰显。高校综合实力决定着高校实现愿景目标的能力，掣肘着高校的目标设定、发展规划和责任履行。包含文化育人工作在内的高校各项工作的计划、组织和开展，无不在经费投入、发展机会、资源保障等方面受到高校综合实力的影响。

（二）高校文化育人过程质量评价的主要关注点

对高校文化育人过程质量进行评价，除要遵循科学合理的评价原则外，更要严格落实习近平总书记关于高校思想政治工作、哲学社会科学工作、社会主义文化建设等相关重要讲话精神，对标对表贯彻执行《高校思想政治工作质量提升工程》《全国大学生思想政治教育工作测评体系》《关于实施中华优秀传统文化传承发展工程的意见》《全国高校文明校园测评细则》等相关政策文件，确保高校文化育人工作符合党和国家关于高校文化育人的各项要求。

1. 坚持立德树人根本任务

立德树人是高校立身之本，是检验高校一切工作的根本标准。党的十八大提出，"把立德树人作为教育的根本任务，培养德智体美全面发展的社会主义建设者和接班人"[①]。习近平总书记围绕坚持立德树人这一教育的根本任务作出了许多重要论述，提出了明确要求。党的十九大报告进一步强调"要全面贯彻党的教育方针，落实立德树人根本任务"[②]。培养德智体美劳全面发展的社会主义建设者和接班人，培养担当民族复兴大任的时代新人，归根结底就是立德树人。大学阶段是人生的"拔节孕穗期"，是铸魂育人的关键时期，需要包括文化育人在内的高校思想政治工作的精心培育和引导。文化作为构

---

① 胡锦涛.坚定不移沿着中国特色社会主义道路前进 为全面建成小康社会而奋斗 [N].人民日报，2012-11-18（01）.

② 习近平.决胜全面建成小康社会 夺取新时代中国特色社会主义伟大胜利 [N].人民日报，2017-10-28（01）.

建个人精神世界和社会生活样态的重要组成部分，具有持久性、稳定性、潜隐性等特征。高校文化育人就是要通过优秀文化的浸润、熏陶、感染、滴灌，让大学生在潜移默化、耳濡目染中持续锻造理想、涵养品格、提升品位、陶冶情操，达到"蓬生麻中，不扶而直""入芝兰之室，久而自芳"的效果。这就要求高校文化育人工作在大学精神中、在培养理念中、在制度文件中、在育人过程中、在成效检验中始终坚持铸魂育人，树立正确的政治导向；始终坚持以人为本，围绕学生、关照学生、服务学生；始终将立德树人融入文化育人各环节，坚持全员、全程、全方位育人。

2. 掌握高校意识形态领导权

学习研究宣传马克思主义、培养社会主义事业建设者和接班人是社会主义高校的重要使命，意识形态工作关系到高校办学方向、改革发展道路和立德树人工作的成败。习近平总书记多次强调，高校要强化思想引领，牢牢把握意识形态工作领导权。随着我国对外开放和国内深化改革的不断推进，各种思想的交汇和碰撞更加激烈，复杂的国内外形势加剧了意识形态工作的挑战和难度。作为意识形态工作的前沿阵地，高校更需要保持警惕、把握形势、防范风险、加强引导、化解矛盾。这就要求高校文化育人工作一是要在思想上坚定立场，明确方向，坚持用习近平新时代中国特色社会主义思想铸魂育人，用社会主义核心价值观凝聚人心；二是要在制度上强化意识形态责任，制定各项细则和办法，强化阵地建设，在文化建设、文化活动、课堂教育中加强监督和巡查；三是要在方法上不断与时俱进，能抵御敌对势力利用新媒体、新渠道、新平台进行的意识形态渗透，能更加灵活、快速、隐蔽、稳健地开展育人工作，充分发挥文化的熏陶引领作用；四是要在内容上宣传主流意识形态，大力开展爱国主义教育和"四史"教育，深入挖掘、继承创新中华优秀传统文化蕴含的思想观念、人文精神、道德规范，弘扬正能量。

3. 坚持繁荣校园文化

校园文化是在校园空间范围中的一种群体文化，是滋养全校师生学习生活，并由全校师生不断建构、重塑的一种精神环境和文化氛围。校园文化以文化活动为主要载体，影响着师生的思想观念、思维方式、价值取向和行为习惯。习近平总书记强调，要"开展形式多样、健康向上、格调高雅的校园文化活动"①。教育部党组为贯彻落实习近平总书记关于"开展形式多样、健康向上、格调高雅的校园文化活动"的要求，指示各高校应大力繁荣校园文化，创新校园文化品牌，发挥校史、校风、校训、校歌的教育作用，推进"一校一品"校园文化建设，引导高校建设特色校园文化；实施高校原创文化经典推广行动计划，支持师生原创歌剧、舞蹈、音乐、影视等文艺精品扩大影响力和辐射力；广泛开展我的中国梦等主题教育活动，推选展示一批高校校园文化建设的优秀成果。教育部党组印发的《高校思想政治工作质量提升工程实施纲要》对高校文化育人工作的具体任务部署，是高校文化育人过程质量的基本标准与遵循。高校文化育人工作应以繁荣校园文化为主要任务，在充分了解大学生身心特点的基础上，开展丰富多彩、大学生喜闻乐见的校园文化活动，搭建促进大学生展现自我、提升自我的平台，为大学生成长成才给予真、善、美的价值营养。

4. 坚持弘扬社会主义核心价值观

社会主义核心价值观是社会主义先进文化的精髓，是当代中国精神的集中体现。弘扬社会主义核心价值观，凝聚全国人民共同价值追求，关系到社会和谐稳定和国家长治久安。习近平总书记多次指出，应大力弘扬社会主义核心价值观，要"使之像空气一样无处不在、无时不有，成为全体人民的共同价值追求，成为我们生而为中国人的独特精神支柱，成为百姓日用而不觉的行为准则"②。中共中央办公厅印发的《关于培育和践行社会主义核心价值观的意见》提出了把培育和践行社会主义核心价值观融入国民教育全过程的要求。大学阶段也是广大青年学生人生观、世界观、价值观成熟的重要时期，大学生处在各种思想交汇和碰撞的前沿阵地，极易受到功利主义、拜金主义、享乐主义、极端个人主义等不良价值观的影响。用社会主义核心价值观武装头脑，帮助大学生形成正确的人生观、世界观、价值观，从理想信念上、思想道德上、行为习惯上能辨是非、能经受考验，成长为对国家、对人民、对社会有益的人，是高校落实立德树人根本任务之所在。文化育人是高校思想政治工作的重要组成部分，有着课程育人、科研育人、实践育人、管理育人

---

① 习近平在全国高校思想政治工作会议上强调 把思想政治工作贯穿教育教学全过程 开创我国高等教育事业发展新局面 [J]. 中国高等教育，2016（24）：5-7.

② 本报评论员. 人民需要文艺 文艺需要人民 [N]. 人民日报，2014-10-18（01）.

等难以企及的对人的情感等非智力因素发挥潜移默化影响的重要作用。高校文化育人工作注重弘扬社会主义核心价值观，就是要将社会主义核心价值观融入大学精神与校园价值观，融入校园舆论宣传，融入学校制度保障，融入校园文化活动，使社会主义核心价值观根植于大学生内心，内化为精神追求、外化为自觉行动。

5. 深入开展中华优秀传统文化、革命文化、社会主义先进文化教育

中华优秀传统文化、革命文化和社会主义先进文化是中华民族在生存和发展进程中的伟大创造，共同构成了中华文化的主体与主流。其中，中华优秀传统文化是中华民族五千年赓续不断的文化基因，"是中华民族的突出优势，是我们在世界文化激荡中站稳脚跟的根基，必须结合新的时代条件传承和弘扬好"①。革命文化是社会主义新中国不可动摇的文化基石，是继续激励我们不畏艰难险阻砥砺前行的精神财富。社会主义先进文化是中华优秀传统文化和革命文化在当代的凝聚升华和集中体现，是提高大学生思想觉悟、道德水平、文明素养的重要精神营养。习近平总书记要求广大青年应"自觉用中华优秀传统文化、革命文化、社会主义先进文化培根铸魂、启智润心"②。教育部党组印发的《高校思想政治工作质量提升工程实施纲要》明确了高校开展中华优秀传统文化、革命文化、社会主义先进文化教育的具体任务，要求高校实施"中华经典诵读工程""中国传统节日振兴工程"，开展"礼敬中华优秀传统文化""戏曲进校园"等文化建设活动，展示一批体育艺术文化成果，建设一批文化传承基地，引导高雅艺术、非物质文化、民族民间优秀文化走近师生。高校要挖掘革命文化的育人内涵，实施"革命文化教育资源库建设工程"，开展"传承红色基因、担当复兴重任"主题教育活动，组织编排展演一批以革命先驱为原型的舞台剧、以革命精神为主题的歌舞音乐、以革命文化为内涵的网络作品，有效利用重大纪念日契机和重点文化基础设施开展革命文化教育。高校要开展社会主义先进文化教育，开展高校师生社会主义核心价值观主题教育活动，推广展示一批社会主义核心价值观教育典型案例，选立宣传一批践行社会主义核心价值观的先进典型。这就要求高校文化

---

① 中共中央关于党的百年奋斗重大成就和历史经验的决议 [N]. 人民日报, 2021-11-17 (01).

② 习近平在清华大学考察时强调 坚持中国特色世界一流大学建设目标方向 为服务国家富强民族复兴人民幸福贡献力量 [J]. 思想政治工作研究, 2021 (5): 14-16.

育人工作应以此为遵照，从制度设计、组织实施、条件保障等方面将开展中华优秀传统文化、革命文化、社会主义先进文化教育的工作落实落细。

6. 坚持建设文明校园

校园是师生学习和生活的重要场所，校园环境的好与坏，影响着师生对学校的归属感和认同感的高低，也体现着高校管理水平的高低。高校的校园景观、场馆设施、历史建筑、花草园林等物质文化环境以及校园标识、图像、符号等精神文化环境，既是学校整体面貌和外在形象的表现，也承载着大学精神和校园价值观，是高校文化育人的重要载体。2016 年 12 月，习近平总书记在全国高校思想政治工作会议上指出："要更加注重以文化人以文育人，广泛开展文明校园创建。"① 《高校思想政治工作质量提升工程实施纲要》进一步提出广泛开展文明校园创建，评选"全国文明校园"，把高校建设成为社会主义精神文明高地的要求。根据《全国高校文明校园测评细则（2020 版）》的规定，文明校园，应是平安的、卫生的、和谐的、美丽的校园。平安校园是指高校能为师生提供安全、稳定的学习和生活场所，这就要求高校有安全标识，有安全、稳定、保卫、保密等工作制度及工作机制，有安全稳定风险评估，有突发事件工作预案和处置流程等，能尽可能避免有损于师生生命财产安全的事件发生。卫生校园是指校园、宿舍、教室等环境整洁，井然有序，这就要求高校环境治理得当，食堂餐饮管理规范，疾病预防措施合理，校园生态保护有力，尽可能确保师生卫生健康。和谐校园是指校园内包括人、事、物、情、景在内的一切要素和睦协调、共促共生的局面。和谐的校园环境是高校文化育人工作有效开展的关键。和谐校园要求高校营造浓厚的人文氛围，重视人文关怀、心灵沟通、相互尊重；要求重视公平与正义，注重优劣奖惩的制度合理、措施得当。美丽校园是指校园环境整体规划布局合理、功能先进、环境优美、风格独特，能让师生在生机勃勃、幽雅怡人、颐养情操的环境中学习和生活。这就要求高校要注重统筹规划、科学布局，注重景观打造的可持续性与人文底蕴，尽可能实现校园山、水、园、林、路、馆建设达到使用、审美、教育功能的和谐统一。

---

① 习近平在全国高校思想政治工作会议上强调 把思想政治工作贯穿教育教学全过程 开创我国高等教育事业发展新局面 [J]. 中国高等教育，2016（24）：5-7.

（三）高校文化育人过程质量评价指标的内容

高校文化育人过程质量评价指标应体现高校文化育人工作全貌。按照高校文化育人工作环节，高校文化育人过程质量评价指标可以划分为顶层设计、组织实施、运行保障三个子系统。

1. 顶层设计

顶层设计是高校文化育人工作的蓝图规划，直接影响着高校文化育人工作的顺利开展。顶层设计在宏观上为工作指明了方向，从多个方面反映了高校对文化育人工作为谁做、为何做、怎么做、做什么等问题的思考。

（1）高校文化育人目标。目标是高校文化育人工作的指挥棒。高校制定符合实际情况的文化育人目标需要综合考虑国家发展战略及教育政策、社会人才需求、学校目标与定位、形势与机遇等方面的因素。高校文化育人目标反映文化育人主客体的价值需求，目标体系符合结构性、功能性、层次性的科学规范，是判定高校文化育人是否把握了正确的发展方向的重要依据。一方面，高校应注重高校文化育人目标的价值性。高校文化育人培养应以满足人的全面发展需要为首要目标，以服从并服务于学校办学类型、学科发展、办学层次、人才培养、科学研究与服务面向为重要目标，以服务国家战略发展需求和时代发展需要为根本目标。另一方面，高校应注重高校文化育人目标的科学性。科学性意味着目标具有层次性，既有体现系统谋划整体布局的高校文化育人总目标，又有涵盖高校文化宣传系统、文化活动系统、文化创新系统、文化保障系统等子系统的功能耦合的分目标和针对不同对象、不同阶段、不同难易程度的分目标。科学性意味着目标具有协同性，各子系统目标应各有侧重、特色鲜明、指向明确，既要着眼长远，又要着眼当前，在整体目标的牵引下同向同行。科学性意味着目标具有持久性。高校应将文化育人与日常学习、生活和实践密切联系起来，将学生置于一种激发人心、催人奋进的文化育人氛围的经常化、持久化的影响之中，通过内化于心的方式，循序渐进地实现理想人格的塑造。

（2）高校文化育人理念。理念是高校文化育人工作的红绿灯。高校关于文化育人的思想观点、追求向往、行为习惯等通过理念的形式无时无刻不在影响着文化育人工作的开展。高校文化育人理念能体现高校文化育人是否坚持马克思主义的指导，是否坚持立德树人的根本任务，是否遵循教育的规律和人的思想形成发展规律，是否结合学校历史文化传统。首先，高校在凝练文化育人理念时，应坚持以人为本的理念，将高校文化育人工作立足于"人"，充分尊重大学生的主体地位，充分体现人文关怀，将文化育人目标与人的幸福、自由、尊严联系起来，充分发挥文化的化育功能，把文化育人与促进人的自由发展、展示个性才华、体现尊严幸福的终极目标价值紧密结合起来，使学生在文化的熏陶浸染中构建知识体系和价值观念。其次，高校应坚持和合理念，既注重校园的"和"，加强文化和谐、关系和谐、环境和谐、生态和谐，着力构筑和谐、和平、祥和的校园环境，实现大学生德、智、体、美、劳综合素质和谐发展，避免人才培养中的偏差和失衡；又注重工作的"合"，促进校园精神文化、物质文化、制度文化、环境文化等的相互融合，加强校、院、班（团）、宿舍等各级组织的合作，实现全员、全程、全方位育人的结合。

（3）高校文化育人思路。思路是高校文化育人的施工图。高校文化育人思路是指高校通过对照工作目标、分解工作任务、明确工作路径、设定时间安排等，对文化育人工作进行统筹规划和安排部署，确保文化育人工作顺利开展。高校文化育人思路通常在高校规章制度、工作守则中得以体现。厘清文化育人工作思路，关系到高校能否顺利开展文化育人工作、达成文化育人目标等核心问题。一方面，高校文化育人工作思路应清晰反映高校文化育人"做什么"的问题。《高校思想政治工作质量提升工程实施纲要》强调，高校文化育人应以"深入开展中华优秀传统文化、革命文化、社会主义先进文化教育""牢牢掌握高校意识形态工作领导权""践行和弘扬社会主义核心价值观""繁荣校园文化""建设优美环境"等为重点任务，推进以文化人以文育人。因此，高校文化育人工作思路应围绕文件精神，明确重点、区分主次、精准发力。另一方面，高校文化育人工作思路应反映高校文化育人"怎么做"的问题。"怎么做"要求在对高校文化育人目标透彻理解的基础上，对任务进行拆解和深化，谋划落实任务的具体路径。其中，既包括利用何种渠道、搭建何种平台、运用何种方法、达到何种效果等要素规划，又包括如何进行任务开展、监督管理、反馈评价等环节部署。

（4）高校文化育人领导体制与运行机制。领导体制是高校文化育人的神经中枢。高校文化育人领导体制是指高校通过相对独立的组织体系或机构进行文化育人决策、指挥、监督等领导活动，并以制度化、规范化的形式，将文化育人的领导权限、领导形式、领导关系固定下来。高校文化育人领导体制的健全与否，直接影响着高校文化育人领导效能的高低，影响着高校文化育人工作能否沿着既定目标和方向前进。完善的高校文化育人领导体制应满足以下特征：一是系统性，即有清晰的高校文化育人各级各类领导机关职责与权限的划分、领导机构的设置、领导者的管理制度等规定。二是稳定性，即高校文化育人领导体制一旦形成就应持续地固定下来，避免因领导调整、领导者个人行为方式和作风差异导致的领导活动发生较大变化。三是全局性，即领导体制在高校文化育人中发挥统领全局的关键作用，能履行对各项文化育人工作职责和要求统筹协调的职责。

运行机制是高校文化育人的处理器。高校文化育人运行机制是指高校文化育人主体、客体、介体、环体等各种要素及其结构和功能以及促使这些要素产生影响、实现功能的作用原理、内在机能、运行方式。运行机制是高校文化育人协调、有序、有效开展的保障，能反映整个高校文化育人体系的内在活力和外在应变能力。健全的高校文化育人运行机制应具备以下特征：一是结构性。高校有明确的教育主体、教育对象、教育内容、教育载体、教育环境等要素，并且要素之间保持稳定的相互联系，并有制度、规定等形式将要素间的相互联系固定下来。二是动态性。各文化育人要素之间的关系是双向影响、相互作用，而非单向决定的。整个文化育人过程中各要素自身也是动态发展变化的，而非一成不变的。三是功能性。高校文化育人运行机制应能使各要素按照一定结构运行之后能发挥特定功能，产生"1+1>2"的效果。

2. 组织实施

组织实施是指高校文化育人工作计划的执行情况，关系到高校文化育人工作蓝图能否顺利实现及实现程度。高校文化育人工作的组织实施围绕"内容是什么""环节是什么""重点是什么"等问题，聚焦高校文化育人工作的全方位和全过程。

（1）文化育人内容。文化育人内容是指以什么文化来育人化人，是文化育人的重中之重。究竟是以我国的文化还是他国的文化、以社会主义文化还是资本主义文化、以反动落后的文化还是以开放先进的文化来育人化人，关系到高校是否坚守社会主义办学方向的问题，关系到高等教育"培养什么人"和"为谁培养人"的问题。中国特色社会主义进入新时代，进一步坚定文化自信、建设社会主义文化强国，需要大力推动中国特色社会主义文化繁荣发展。习近平总书记指出："中国特色社会主义文化，源自于中华民族五千多年文明历史所孕育的中华优秀传统文化，熔铸于党领导人民在革命、建设、改革中创造的革命文化和社会主义先进文化，植根于中国特色社会主义伟大实践。"① 博大精深的中华优秀传统文化是中华民族的"根"和"魂"，其中核心的讲仁爱、重民本、守诚信、崇正义、尚和合、求大同等思想和自强不息、敬业爱人、扶正扬善、见义勇为、扶危济困、孝老爱亲等传统美德，体现着中华民族的精神追求和民族秉性。革命文化是中国共产党领导人民在革命、建设和改革中创造的精神力量。包含五四精神、红船精神、红岩精神、延安精神、长征精神等在内的红色基因和精神族谱已经深深融入中华民族的基因和血脉，是引导广大青年学生形成正确的人生观、世界观、价值观的宝贵精神财富。社会主义先进文化是中华文化在当代的最新发展，其中的社会主义核心价值观、中国特色社会主义共同理想和共产主义远大理想、马克思主义中国化的制度和理论成果、以爱国主义为核心的民族精神和以改革创新为核心的时代精神等，塑造和培育着现代公民的思维方式、价值取向和行为方式。高校应通过文化教育、文化活动、文化宣传、文化创作等形式，清楚阐释中华优秀传统文化、革命文化和社会主义先进文化的基础内容、精髓要义、内在本质，准确阐发中华优秀传统文化、革命文化和社会主义先进文化的传承方法、弘扬道路、当代要求，深刻揭示中华优秀传统文化、革命文化和社会主义先进文化的历史地位、当代价值和世界影响，坚持"用中华优秀传统文化、革命文化和社会主义先进文化培根铸魂、启智润心"②。

在社会主义先进文化中，大学文化对大学生思想品德养成具有重要影响。大学的精神文化、学术文化、制度文化、行为文化、物质文化，勾勒出一所大学的文化气质与文化形象。其中，表征为校园价值观以及校风、教风、学风、班风等的大学精神文化是大学文化精髓。大学精神文化通过与大学生的情感链接，培育德性、锤炼品德、熏陶道德情操、塑造思想、健全人格、匡正价值观，在潜移默化中教育引导大学生扣好人生"第一粒扣子"。高校应以大学文化为文化育人基本内容，大力推进大学文化的塑造与弘扬，坚持立德

---

① 习近平. 决胜全面建成小康社会 夺取新时代中国特色社会主义伟大胜利 [N]. 人民日报，2017-10-28 (01).

② 习近平在清华大学考察时强调 坚持中国特色世界一流大学建设目标方向 为服务国家富强民族复兴人民幸福贡献力量 [J]. 思想政治工作研究，2021 (5)：14-16.

树人，为国家、为社会、为人民培养志向高远、胸怀家国、向上向善、奉公守法的社会主义事业建设者和接班人的目标，在坚守爱国、求真、务实、勤学、善思、自强、奋进、文明等大学文化的共性基础上，结合学校自身定位、历史传统、发展进程、现实条件等，凝练、彰显出具有独特优势的大学文化特性。

（2）文化育人载体。文化育人载体是指高校将中华优秀传统文化、革命文化和社会主义先进文化作用于大学生，使其受到文化的熏陶、沉浸、感染并内化于心、外化于行的具体途径和方式。高校文化育人以校园意识形态阵地、校园文化活动、文化教育资源与研学基地为主要育人渠道。校园意识形态阵地的涵盖范围较广，传授知识、技能、价值的文化课堂，传播正能量、唱响主旋律的各类校园官微、广播站、报刊等校园媒体，宣传、学习党和国家治国理念、形势政策的各类政治理论学习，弘扬中国特色社会主义文化的各类主题教育等，都属于校园意识形态阵地。高校意识形态阵地应牢牢掌握在党的领导下，树立鲜明的旗帜，大力传播党和国家的主张，展现社会主义高校的立场和方向。校园文化活动是文化育人的重要载体。高校通过开展形式多样、健康向上、格调高雅的校园文化活动，让大学生在艺术节、社团文化节、科技文化节等文化活动中陶冶情操，在才艺展演、科技作品展示、知识竞赛、互动交流等文化实践中提升文化素养。因此，高校校园文化活动应注重思想性、政治性、艺术性、人文性、趣味性，坚守价值引领，关照情感链接，促进大学生对文化内容情感上接受、思想上认同、行为上归化。校园文化教育资源与研学基地依托于地方文化，既包含具有鲜明地域特征的风物人情、名胜古迹、文化名流、民族节日、文旅景点等，又包含具有鲜明文化特征的国学文化基地、红色文化基地、军事文化基地、历史文化基地、廉政文化基地等爱国主义教育基地。高校应在大力挖掘校园文化教育资源与研学基地，推进文化资源的整合与开发的基础上，创新文化资源的运用形式，利用人工智能、虚拟现实等新技术抓取贴近学生日常生活的文化元素，开发大学生喜闻乐见的有声读物、体验式游戏等产品，盘活资源，促进各类文化资源和研学基地的价值发挥。

（3）文化育人环境。马克思指出："人创造环境，环境也创造人。"[①] 文化育人环境可以有"硬环境"和"软环境"之分。"硬环境"主要指高校教学

---

① 马克思，恩格斯.马克思恩格斯选集：第1卷［M］.北京：人民出版社，1995：92.

设施、人文景观、校园风光、特色建筑等物质实体，通过展示校园整体布局、规划设计，讲述着高校的发展理念、审美情趣和文化底蕴。"软环境"主要指承载着大学精神的相关校园宣传图像、标识、标语等符号系统以及网络新媒体技术下的虚拟环境。"软环境"通过符号系统展示出的思维方式、情感体验，构筑起大学整体形象，传导着校园价值观和大学精神。在"硬环境"和"软环境"功能耦合、久久为功、相互作用下，大学文化育人时空场域得以形成。良好的场域使文化"化人"和"育人"有了可能，大学生在此场域中能时刻接受文化的感染、熏陶、辐射、触动，能体验到由此带来的满足感、幸福感和成就感，获得客观、积极、有利于自由全面发展的心理体验，久而久之形成与场域相互促进、相向而行的文化气质。因此，高校在塑造文化育人的空间场域时，高校应既重视人文景观和自然风光的"形散"，又重视其"神聚"，形成水乳交融的文化育人景观；既重视普遍辐射，又重视精准投放，活化整体气氛的同时有针对性地触发焦点直达人心。在塑造文化育人的时间场域时，高校应既把握重要纪念日、重大庆典等关键契机，又重视平日点滴积累，久久为功；既重视当下沉浸式的文化体验，又重视事后沉淀式的文化反思。总之，高校要形成能寓教于境、寓教于景、寓教于情的文化环境。

3. 运行保障

运行保障是指确保高校文化育人工作顺利进行所需的基础和条件，其实质指向高校对文化育人工作与其他各项工作就经费、人员、权责等各种资源与利益问题的调整与分配。充分的运行保障有助于推进高校文化育人工作的深度与广度，是高校文化育人工作目标达成的前提，也是高校文化育人工作重视程度的体现。其中，队伍保障、经费保障、制度保障是高校文化育人工作顺利推进的关键。

（1）队伍保障。高校文化育人工作人员配备是否齐全、结构是否合理、素质是否合格、管理是否科学，影响到高校文化育人工作开展情况，是高校文化育人工作队伍保障的重点。首先，高校文化育人工作人员的配备情况，取决于高校文化育人工作实际需要与高校对文化育人工作的重视程度。一般而言，高校学工队伍、宣传队伍、思政课教师队伍等都属于高校文化育人工作队伍。值得注意的是，高校文化育人工作队伍与高校思想政治工作队伍既有重合也有区别。高校文化育人工作的主力队伍属于高校思想政治工作队伍，但涉及校园环境建设的部分后勤骨干，安保骨干，校史馆、博物馆、图书馆人员等，也属于高校文化育人队伍之列。因此，高校文化育人的关键环节、重点岗位的人员必然要求按需设岗、人岗匹配、以岗定责，以保证责任落实到位、工作顺利推进。其次，高校文化育人工作人员的结构主要指专兼职占比、年龄结构、学历层次、职称职级等。拥有一支以专职为主、专兼职相结合，以中青年教职员工为主、老中青相结合，以高学历为主、本硕博学历层次相结合，以中高级职称职级为主、初中高职称职级相结合的工作队伍，是高校文化育人工作可持续发展的重要保证。再次，队伍素质关系到高校文化育人工作的效率和效果。工作队伍的人文理念、文化素养、业务技能，决定着高校文化育人的工作水平和面临重大风险挑战的应对能力。作为文化育人工作的组织者、推动者和落实者，一支既有扎实文化理论素养又有丰富实践经验，既符合基本能力素质要求又具备鲜明个人特长和专业领域的专业化、职业化的高校文化育人工作队伍，是推进文化育人工作持续稳定发展的骨干力量，是高校文化育人工作队伍建设的目标。最后，科学的人员管理是加强队伍保障的重要抓手。以打造一支团结、能干、有担当的高素质文化育人工作队伍作为队伍建设目标，将高校文化育人工作队伍相关政策要求和指标落地，着力加强师德师风和发挥育人功能，完善培训机制、评聘和考核机制，制度化、规范化、科学化、程序化、人性化地实施队伍管理，是建设好高校文化育人工作队伍的必然之举。

（2）经费保障。经费是开展高校文化育人工作的重要支撑。强化高校对文化育人工作经费保障的认识，投入必要而充足的经费支持，是推动高校文化育人可持续性发展的现实之需，是进行文化建设、文化活动开展、文化资源扩充以及科学研究的硬核保障，也是高校重视文化育人工作的内在要求。高校经费主要源于财政拨款、事业收入和其他收入，不同层次、不同类别的高校其经费收入差距巨大。如何筹措文化育人工作资金，优化文化育人经费结构、拓展文化育人经费来源渠道，科学投入，量入为出，是落实高校文化育人经费保障的关键。一般而言，高校或单设文化育人专项经费，或在思想政治工作经费或宣传工作经费中预算文化育人项目，主要用于营造校园文化环境、开展校园文化活动、建设文化实践基地、拓展文化育人资源、进行文化育人研究等。对于高校而言，其需要形成一种对文化育人工作经费投入是一种基础性、持续性、发展性的投入的观念，将文化育人工作经费投入上升到关乎高校长远发展的战略定位。高校要努力增收，加大经费投入力度，通过压实投入责任、研究投入标准、明确投入措施，发挥高校自身优势特长，盘活资源，拓展创收渠道，推进与地方政府、文化产业、文化基地的合作联动，协调和争取各方面的支持，从而扩大经费总盘子。高校要找准位置，在经费有限的情况下追求高效率和高效益，从长远谋划和可持续发展出发，找准发力点，重点出击，将经费重点用于培育文化名人、产出文化精品、铸造文化品牌、扩大文化辐射，力争最大化投入产出比，充分发挥出每一项经费的最大作用。高校要科学规划、规范管理，加强文化育人工作经费申报和使用过程中的监督与管理，严格评估每一项经费的执行情况及使用效益，避免出现经费浪费和经费挪用等情况，以确保经费执行有力，目标得以达成。

（3）制度保障。规范、合理、科学的制度是高校文化育人工作的有效保障。高校文化育人工作制度是高校文化育人工作的要求和导向，是高校文化育人工作中必须共同遵守和维护的原则、程序和行为。高校文化育人工作的长久性，要求高校不能满足于阶段性成果和即时经验，而应该将实践经验和理性思考总结沉淀为稳定的、标准的、规范的制度，以望发挥更加持久的效力。高校文化育人工作的目标、内容、任务、途径要靠制度来保证和落实，高校文化育人工作在各个时期形成的新思想、新经验、新做法，也要靠制度来规范。一套相对完整、系统、科学、自洽、耦合的文化育人工作制度，能有效推进高校文化育人工作高质量完成。这就要求高校文化育人工作制度，一是要协调统一，如宣传系统、学工系统的各类文化育人文件中，各项规定和标准一致、相互补充、相互衔接，避免出现文件之间相互抵触的现象；二是要覆盖全面，充分考虑高校文化育人工作组织、实施、管理、评价的各个方面，保证各层面、各领域均有相关制度为支撑，避免出现无据可依的现象；三是要便于操作，既把握原则性，又体现灵活性，在制度中尽量将多种问题考虑在内，并谋划相应预案，避免出现文件制度过于僵化而在实际操作中难以运用的现象；四是要持续完善，随着时代变化和社会发展，高校文化育人工作的实际环境也在不断发展变化，制度只有结合高校文化育人工作在不同发展阶段的具体情况和需求而不断修订和完善，才能发挥制度的适应性和实践性，体现制度与时俱进的品质；五是要确保落实，制度能否得以落实和执行，直接关系到制度的生命力，只有当制度得以贯彻时，制度才能发挥出保障作用。因此，高校文化育人制度需要与高校文化育人运行机制相匹配，着力构建一个有机的制度系统，结合软手段和硬措施，确保各项制度得以贯彻执行。

三、高校文化育人结果质量评价指标

高校文化育人结果质量是指高校通过科学有效、全面持久的文化育人工作，使大学生文化认知、文化精神得以拓展和提升，进而促进大学生思想道德修养、科学文化水平、心理素质等综合素质发展进步，实现高校文化育人培养目标的程度。文化育人结果质量作为高校文化育人过程质量的"输出"，既反映了工作基础水平，又影响着高校人才培养整体质量，决定了文化育人效益质量的生成。探析高校文化育人结果质量评价指标，需要分析影响结果质量的因素，找准结果质量评价的主要关注点，厘清结果质量评价指标的内容。

（一）影响高校文化育人结果质量的因素

立德树人是高校立身之本。培养具有民族精神、责任担当、文化自信的大学生，提升大学生文化素质，进而促进大学生自由而全面的发展，是高校文化育人工作的出发点与落脚点，也是实现高校文化育人目标的关键。大学生文化素质的提升是一个长期性、阶段性、复杂性的过程，是内因与外因、主观与客观、物质与意识、必然与偶然等多重因素叠加作用的结果。因此，在考虑影响高校文化育人结果质量的因素时，需要从多个方面来辩证看待。

1. 个人因素与社会因素

（1）个人因素。人的文化素质形成和发展没有固定的模式，相反它是一个具有较大差异性、曲折性的发展过程。不同的个体由于其性格特质、兴趣爱好、成长经历、知识结构等不同，即使在相同的育人环境下，也呈现出不同的文化素质特征。造成这种差异的，主要是个人因素。个人因素主要是指个体文化素养及思想道德品质原有状态，包含了个人性格特质、兴趣爱好、知识结构、成长经历、现实境遇等。

首先，个人性格特质不同，对文化育人的体验和接受程度有差异。高敏感的人如兰花般，极易受到外界环境影响，恶劣的文化育人环境对其而言是沉重的打击，其一旦置身于良好的文化育人环境中，能迅速被感染和熏陶，较快地成长起来；反之，低敏感的人如蒲公英般，不易受到外界环境影响，虽然相较于高敏感人群而言更能抵抗打击和压力，但对文化的情绪体验、情感触发，易表现出更低的兴奋感、获得感①。其次，个人兴趣爱好、知识结构不同，对文化育人的需求和期望有差异。一般而言，从事感兴趣的活动、发挥专业优势特长，人们能在感官上、情绪上、精神上得到满足，因此人们会对感兴趣的事物更具积极性，更倾向于优先选择并投入更多时间和精力。比如热爱文学的人更愿意对各类文学作品、经典著作进行阅读和收藏，热爱音乐或戏剧的人更愿意对各种演出、展出进行观看和鉴赏，热爱科学的人更愿意对各类实验、材料进行探究和观察等。不同兴趣爱好、知识结构的人有着不同类别的文化育人需求，渴望差异化的文化育人内容和形式。最后，个人成长经历和现实境遇不同，对文化的认知和行为动机有差异。每个人人生观、世界观、价值观的形成，与个人成长经历和现实境遇有着巨大关系。成长经历通过长期以来对某种行为结果进行反馈，不断刺激、暗示、强化个体习惯的养成，如条件反射一般促使个体形成思想和行为的路径依赖，塑造个体认知习惯和行为模式。人的一生会面临不同的现实境遇，有顺境也有逆境，现实境遇会不断塑造个体的人生目标和人生态度，进而影响个体看待人生、看待世界的观点，影响个人价值观的形成。因此，即使对待同一件事，不同成长经历和现实境遇的人也会持有不同的价值取向和行为偏好。

（2）社会因素。"产生社会思想、社会理论、政治观点和政治设施的源泉，不应当到思想、理论、观点和政治设施本身中去寻找，而要到社会的物质生活条件、社会存在中去寻找，因为这些思想、理论和观点等等是社会存在的反映。"② 社会性是人的本质属性，个体的思想和行为是在一定社会环境中养成的，必然受到各种社会因素的影响。作为大学生思想政治素质重要组成部分的大学生文化素质，其形成和发展必然受到社会物质生产发展对人才的需求与期望的影响，受到一定时期内社会文化背景的影响。

首先，社会物质文化通过引导人的行为方式塑造着个体文化素质。一方面，随着社会经济的发展、物质生活条件的改善、现代文化生产和文化传播技术不断进步，人们有了更加丰富多样的文化选择，对工作、学习、生活品质有了更高的要求，不再满足于原有的精神文化世界，而追求更加现代、多元、新颖的文化生活。另一方面，信息化、快捷化的生活方式和功利的人际

① 托马斯·博伊斯. 兰花与蒲公英 ［M］. 张晓芬，译. 杭州：浙江文艺出版社，2020：49-56.
② 斯大林. 斯大林文集 ［M］. 北京：人民出版社，1985：212-213.

关系模式，使人们在生活中更注重短期收益，更关注切身实际利益，更易接受高效率、立竿见影的精神快餐，因此造成了现代物质文明下人们精神文化需求的两种截然不同的走向：要么以更高品质的文化产品丰富个人精神世界，追求知识的更新、品位的提高、情趣的丰富、境界的升华；要么以"娱乐垃圾"填充贫瘠的精神世界，追求"爆炸性""刺激性""娱乐性"的文化生活，沉浸于庸俗、低劣、暴力、色情等不良信息中。这两种现实走向无疑对大学生文化素质形成和发展产生着直接影响。其次，社会精神文化通过感染人的思维方式塑造着个人文化素质。一定时期内的社会精神面貌、主流价值观、政治态度、社会风气、文化传统、风俗习惯等，在推动大学生文化素质形成和发展中具有不可替代的作用。一方面，积极的社会精神面貌和主流价值观赋予文化育人内容的丰富性和感化力，为大学生文化认知和行为提供了现实生动的准则，对大学生理解和坚守主流意识形态、形成正确文化观具有指示和引导作用。另一方面，随着多元文化、社会思潮的涌入，拜金主义、享乐主义、个人主义等错误价值观，新自由主义、历史虚无主义、无政府主义等错误思潮，多元化文化及文化间的矛盾差异等正在不断冲击、消解思想道德标准，使大学生陷入精神迷茫，出现思想和行为的偏差。最后，社会发展的人才需求引导着个人文化素质的发展方向。一定阶段内的社会发展状况影响和制约着每个个体的发展，中国特色社会主义进入新时代，新时代呼唤担当民族复兴大任的时代新人。时代新人的需求是大学生文化素质变化发展的指南。它意味着，大学生不仅要树立正确的文化观，坚定文化自信和文化自觉，提高文化素质，更要"具有坚定、自信、奋进、担当的精神状态，将理想信念、爱国情怀、道德品质、知识见识、奋斗精神融入综合素质中"[1]。

2. 时间因素与空间因素

（1）时间因素。高校的文化建设需要时间来沉淀，文化要发挥渗透、感染、浸润的作用，长期地、持久地、稳定地"化人""育人"，也需要靠时间来维系。大学生文化素质的提升是个具有内隐性、动态性、阶段性的过程，在不同时期内，其文化素质的发展往往不会呈现出显著稳定的直线发展趋势，反而可能出现曲折、波动甚至剧变。大学生融入高校的时间越久，受大学文化的熏陶、感染积淀越深，通常其文化素质发展影响程度越大。因此，高校

---

① 刘建军. 论"时代新人"的科学内涵 [J]. 思想理论教育，2019（2）：6.

文化育人要达到提升大学生文化素质的目标，需要放在一个较长时间维度中来看待。大学生受到高校文化育人时间长短的影响，其文化素质发展也经历着不同的阶段。

进校之初是大学生文化素质变化发展"立"的阶段，大学生处于适应与探索期。这一时期大学生初来乍到，正在探索新环境，熟悉新规则，适应新身份，对大学生活抱有强烈的兴趣，对未来岁月怀有美好的憧憬，通常表现出对大学文化活动有较高的积极性和参与度，对大学文化有主动的探索和融入倾向。因此，这一阶段是大学生文化育人投隙抵时、把握机遇，以先进的文化掌握学生、以正确的导向引领学生的最佳时期，也是大学生文化认知革新、文化思维转变的机遇期。进校两三年后是大学生文化素质变化发展"守"的阶段，大学生处于模仿与发展期。经历了前一阶段的文化孕育与习得过程，进入了大学生文化素质变化发展的拔节孕穗期。大学生在适应文化生活规律的基础上，其文化认知得以由浅入深、由表及里，开始或以社会期望的方式，或以模仿心目中先进模范和优秀典型的方式，尝试凝练自我定位、调整自我期许、锻炼自身文化思维、提升文化学习和研究的能力。在这一阶段，大学生开始逐渐将外在的文化影响吸收，内化为自身思想文化素质，个人原有知识结构得以整合与重塑，更高阶段的文化素质得以形成。毕业年级是大学生文化素质变化发展"得"的阶段，大学生处于展示与蜕变期。经过高校文化育人工作多年努力，大学生文化素质的发展已达到"如入芝兰之室，久而不闻其香，即与之化矣"的效果，大学生文化观、文化习惯已基本形成，其文化知识基础、文化能力、文化境界与进校之初相比得以提升，表现出与初入校门之际截然不同的文化修养和文明行为。在这一阶段，大学生能通过总结成果、展示自我，能找准自身文化定位，明确未来发展方向。多数人在大学阶段培养出的稳定的文化习惯、文化思维、文化修养等，能辐射和影响之后数年，甚至持续一生。

（2）空间因素。在特定的空间范围内，通过语言、符号、图像、规则等文化构成要素整合形成的文化氛围或文化情景，是影响文化育人的空间因素。空间因素通过构建具有独特气质和功能的场域，对个人感官的刺激、情绪的触动，引起个人的视听兴趣，实现传情达意、教化学生的效果。人具有适应环境的本能，在特定的空间中，个人通常会受到主流价值的影响而使自己在认知、判断上表现出与之相符的思想、行为特征，而一旦脱离此种情境，其思想、行为可能会随之改变。高校文化育人是在一定的空间中进行的，空间不仅仅是文化育人的承载介体，在某种程度上来说也是具有自我叙事功能的育人主体，是影响、构建大学生文化素质的重要因素。从类型上来看，高校文化育人的空间有物理空间、网络空间和社会空间之分。

首先，高校文化育人物理空间是指包含各类文学艺术、校园文化、广播影像、设施场馆、室内设备、校园标识、自然景观等在内的高校各种文化氛围、文化产品和文化景观，是高校文化建设和文化活动的具体表现。科学有效的、符合教育规律和文化规律的高校文化育人物理空间，能通过创设情境链接生活，触发大学生产生积极的情感体验，达到"融情于景""触景生情""传情达意"的效果。然而，物理空间是有限的，各类学习、生活、交流、休息以及活动的场所不可能无限延展，各种文化产品、文化资源、文化氛围在离开大学校园之后也很难持续体验。受空间改变的影响，大学生如果尚未形成稳定的文化素质，在离开校园物理空间之后，很有可能会发生波动或改变。其次，高校文化育人网络空间是指高校依托现代信息技术手段，在互联网所构筑的虚拟社会生活空间中进行文化建设、开展文化育人活动的场所。在网络信息技术深度发展的今天，大学生获取信息的渠道和方式得以大大拓展，大学生生活空间也由现实转向了"现实-虚拟"交互空间。这些既生活在现实空间中、接受校园文化熏陶的大学生，同时又在虚拟世界中被网络文化所感染着。网络文化带来的新的观念、技术、资源和文化形态本身持有特定的立场和价值，能快速且广泛地传播到每一个角落。良好的网络文化能丰富高校文化育人的内涵，为高校文化育人的发展提供广阔的舞台。未经选择的庸俗、落后、错误甚至反动的网络文化，则会通过颠覆、冲击现实世界的传统价值和主流意识形态，不断消解着现实世界的生存方式和生活方式。因此，网络平台和资源的引领与管控、网络空间的选择与构筑对大学生文化素质发展变化起着重要作用。最后，高校文化育人社会空间是指由人与人之间的社会链接所形成的关系场，涵盖了高校教师之间的关系、教师与学生的关系、学生之间的关系和师生与学校的关系。校园的人际关系场既是高校文化建设的成果，又是文化育人"活"的资源。好的关系场尊重人的主体性，强调人的价值、体验和情感，注重人与人之间的思想交融、情感交流、人文关怀、精神链接，使人有如沐春风的感觉，更能寓教于情和寓教于乐，有效发挥文化育人的功能。不良的关系场将"人与人"的关系异化为"人与物"的关系，工具化、功利化倾向明显，人人都精致利己，造成人与人之间的心理距离拉大，情感沟通不良，人文关怀缺失，严重影响文化育人的效果。

3. 必然因素与偶然因素

（1）必然因素。一个人的文化素质与之所受到的来自学校、家庭、社会的文化教育和文化熏陶之间有必然联系。大学生文化素质的形成和发展是外界通过知识传授、环境熏陶、实践体验，促进大学生将外在知识和体验内化为自身文化认知、文化能力、文化情感与态度、文化价值观，进而外化为文明行为的过程。对于大学生而言，大学校园是学习和生活的主要场所，是受到文化教育和文化熏陶最频繁、最密集、最强烈的前沿阵地，因此高校文化育人工作的有效性是影响大学生文化素质发展变化的最重要的必然因素。高校文化育人工作的有效性主要源于高校文化育人工作要素的有效性，具体而言，是指高校文化育人工作者的有效性、高校文化育人内容的有效性、高校文化育人方法的有效性、高校文化育人环境的有效性等。

首先，高校文化育人工作者的有效性是指从事高校文化育人工作的教职员工能否发挥出"育人""化人"的主体性作用。高校文化育人工作者是高校文化育人工作的组织者和实施者，在文化育人工作中占据主导地位，具有组织工作、教育引导、管理调节等功能。文化育人工作者是否具有良好的政治素质、文化素质、心理素质、能力素质，决定了其能否在文化育人工作中有效开展工作，充分发挥其功能。其次，高校文化育人内容的有效性是指高校用以"育人""化人"的文化内容是否具有说服思想、触及心灵，从而引起预期变化、达到预期目的的效果。这表现为，文化育人的理念是否具有先进性、人文性，以促进人的自由全面发展为根本目的；文化属性是否具有人民性，以服务人民、服务大众为根本宗旨；文化理论是否具有透彻性、真理性，能深刻解释、有力阐释社会生活和文化现象；文化案例是否具有真实性、能贴近事实、打动人心；文化表达是否具有精准性，能准确、合适地传情达意；文化生活是否具有契合性，与大学生文化认知、需求期盼相吻合。再次，高校文化育人方法的有效性是指高校文化育人工作方法是否具有适应性，是否既能适应大学生的心理特征、文化知识基础、思想认识发展规律，又能服务于文化育人目的的方法，还能有效传递文化育人内容，引起大学生知、情、意、行的改变。高校文化育人方法的有效在于根据情景之分、内容之异、对象之别选择恰到好处的育人方法，推动文化育人内容直抵大学生思想和内心最深处，触发大学生自觉判断、选择和内化。最后，高校文化育人环境的有效性是指高校创设了适合文化育人的情境。适合文化育人的情境不仅包含了优美的自然风光、丰富的设施场馆、浓厚的人文氛围、和谐的校园景观，更包括了能烘托气氛的物质条件、能彰显主题的精神遗产以及能沉浸其中的生动场景。

（2）偶然因素。影响大学生文化素质的偶然因素是指在大学生文化素质发展过程中不确定的、非固有存在的，但能诱发个人思想和行为变化的因素。偶然因素根据具体情况，有推动大学生文化素质发展的可能，也有阻碍大学生文化素质发展的可能，因其难预测性、不确定性、不可控性，成为大学生文化素质发展中的"黑天鹅"。大学生成长过程中突如其来的个人遭遇、关键人物、社会重大事件等，都有可能成为影响大学生文化素质的"黑天鹅"事件。

首先，个人遭遇会伴随着人生的成长而出现，并且不以人的意志为转移。适度的压力是推动人成长进步的动能，但过大的压力则会引起不良反应。例如，人生在遭遇家庭变故、学业变故、身体疾病、意外创伤等重大变故或挫折时，会本能地产生焦虑、愤怒、沮丧、忧郁等应激情绪，继而影响人的认知反应，使人难以集中注意力或难以合乎逻辑地组织自己的思维，引起退化、依赖、逃避、否认、拒绝甚至攻击等行为，严重影响判断力与胜任力。在这种情况下，包含文化素质在内的人的各方面思想、行为都会受到影响，表现出不同于惯常的应激期特征。如果有强有力的支持系统，能平稳度过应激期，这种遭遇将会成为个人经历的重要组成部分，对个人思想行为产生深刻影响。如果无法顺利度过应激期，将可能使个人思想行为发生重大转变，甚至出现和以前完全不同的颠覆性变化。其次，在大学生人生路上对其有重要意义的、影响较大的关键人物，对其成长发展起着领航作用。启发智慧的良师、情同手足的益友、拔刀相助的贵人、知遇之恩的伯乐等，通过其强大的感召力、吸引力和人格魅力，让大学生产生崇拜之情、倾慕之情，自觉或不自觉地向其靠拢、以其为榜样，调整自我目标，获得奋斗的精神滋养。当关键人物发挥出正能量、表现出楷模作用，其会对大学生成长起着正向引导功能；当关键人物存在错误的人生观、世界观和价值观，表现出与大学生原有认知相差甚远的思想和行为实践，其会对大学生带来强烈的思想冲击，动摇其思想观念和价值判断，引起其思想和行为的偏差，甚至走上歧途。再次，社会重大事件，如重大自然灾害或重要历史事件等，会借由影响社会整体文化氛围，对大学生文化素质发展形成影响。例如，新冠疫情席卷全球，中西方表现出来的截然不同的抗疫态度，反映的是中西文化的交锋。伴随着中国抗击疫情取得的显著成效，中华民族表现出的集体主义、奉献主义、家国情怀等道德文化，再次赢得了大学生的认同。此外，诸多影响社会文化发展的历史事件、重要热点等，也对大学生思想行为产生较大影响。

（二）高校文化育人结果质量评价的主要关切

培养什么人是教育的首要问题。在文化育人语境下，高校文化育人就是要通过提升大学生文化素质，培养德才兼备的高层次人才、担当民族复兴大任的时代新人、德智体美劳全面发展的社会主义建设者和接班人。这就意味着我们对大学生文化素质有参考标准和具体规定，这些标准和规定要符合习近平总书记在多个场合关于人才培养的表述，要遵循党中央关于人才培养的要求。

1. 成为社会主义建设者和接班人

习近平总书记指出，"培养社会发展所需要的人，说具体了，就是培养社会发展、知识积累、文化传承、国家存续、制度运行所要求的人""就是我们的教育要培养德智体美全面发展的社会主义建设者和接班人"[1]。我国是中国共产党领导的社会主义国家，这就决定了我们培养出的人一定是拥护中国共产党领导和我国社会主义制度、立志为中国特色社会主义奋斗终身的有用人才，而不是"香蕉人"，不是一群长着中国脸，不是中国心，没有中国情，缺少中国味的人。高校文化育人作为高校思想政治工作重要组成部分，其目的在于通过培养大学生文化素质，促进大学生思想政治素质和综合素质的提升。做一名合格的社会主义建设者和接班人是社会主义大学人才应具备的最基本的素质，是检验包括文化素质在内的大学生综合素质的首要条件。成为一名合格的社会主义建设者和接班人要求的文化素质，要看其是否坚定中华优秀传统文化自信以涵养民族精神，是否坚定革命文化自信以涵养理想信念，是否坚定社会主义先进文化以涵养时代精神。

首先，大学生应坚定秉持中华优秀传统文化自信以涵养民族精神。中华

---

① 习近平. 在北京大学师生座谈会上的讲话 [J]. 中国高等教育，2018（9）：4-6.

优秀传统文化是中华民族的"根"和"魂",其中蕴含着中华民族赓续千年不断的精神密码,就是民族精神。它包含但不限于"苟利国家生死以,岂因祸福避趋之"的担当意识,"先天下之忧而忧,后天下之乐而乐"的奉献精神,"杀身成仁"和"舍生取义"的人生价值追求,"国而忘家,公而忘私"的家国情怀等,深刻蕴含了"讲仁爱、重民本、守诚信、崇正义、尚和合、求大同"①的思想。只有从骨子里认同民族精神,继承和发扬中华文明的精神基因,才算是一名真正的中国人,才能成为一名延续中国血脉的中国人。其次,大学生应坚定革命文化自信以涵养理想信念。革命文化是革命实践的伟大创造,是中国革命事业的精神遗产和文化传承,其中包含但不限于以"爱国、进步、民主、科学"为核心内容的五四精神,"同仇敌忾、共赴国难、前赴后继、不屈不挠"的抗战精神,"胸怀理想、坚定信念,实事求是、勇闯新路,艰苦奋斗"的井冈山精神,"保家卫国"的抗美援朝精神,"公而忘私、奋不顾身"的雷锋精神等。革命文化所蕴含的理想信念、勇于牺牲、奋发有为等革命精神,是引导大学生热爱祖国、报效祖国的指南针。只有准确理解革命文化、真心认同并坚定革命文化,才能强化使命担当,牢固马克思主义信仰和中国特色社会主义信念,成为一名担当扛旗大任的中国人。最后,大学生应坚定社会主义先进文化自信以涵养时代精神。社会主义先进文化是中华民族在中国特色社会主义发展道路中创造出的健康积极的文化。中国特色社会主义文化包含但不限于"爱国、创业、求实、奉献"的大庆精神,"爱国奉献、自力更生、艰苦奋斗、勇于攀登"的"两弹一星"精神,"科学求实、默默奉献"的载人航天精神,"顽强战斗、勇敢拼搏"的女排精神,"生命至上,举国同心,舍生忘死,尊重科学"的抗疫精神等。社会主义先进文化所蕴含的自强不息、改革创新、敢为人先、与时俱进等精神内容,展现了时代精神的核心。只有坚定社会主义先进文化自信,深刻领会、勇于践行时代精神,才能在开拓创新的奋斗中实现精彩人生,成为一名引领时代潮流的中国人。

2. 注重德智体美劳全面发展

培养德智体美劳全面发展的人才,是党的基本教育方针,也是马克思主义人学理论的应有之义。习近平总书记在全国教育大会上指出要"培养德智体美劳全面发展的社会主义建设者和接班人,加快推进教育现代化、建设教

---

① 习近平. 习近平谈治国理政 [M]. 北京:外文出版社,2014:164.

育强国、办好人民满意的教育"①。个人自由而全面的发展，是马克思主义所追求的价值目标，也是社会主义教育事业的指向。个人要全面占有人的本质，实现自由而全面的发展，除依靠发达的生产力来发展物质世界、摆脱物的束缚之外，必然还要依靠文化的习得和发展来丰富精神世界。正如恩格斯在《反杜林论》中所说，"最初的、从动物界分离出来的人，在一切本质方面是和动物本身一样不自由的；但是文化上的每一个进步，都是迈向自由的一步。"② 对于个人而言，注重德智体美劳全面、均衡发展，不偏废一方，正是个人正确人生观、价值观的体现，也是教育人本性的体现。

　　注重德智体美劳全面发展，并非要求个人在各方面都做到各项全优、齐头并进，而是强调不忽视或轻视某一方面，力争养成正确的人生观、价值观、审美观、劳动观，努力掌握科学文化知识和技能，加强身体素质和体育锻炼，积极参加劳动锻炼。德智体美劳的"德"与立德树人的"德"内涵相同，包括个人品德、家庭美德、职业道德和社会公德，也可以理解为个人的理想信念、道德品质、法治素养。大学生注重崇"德"是指大学生应坚定理想信念、厚植爱国主义情怀、加强品德修养。"智"是指知识结构和专业技能。大学生注重"智"是指大学生应树立科学思维、增长知识见识、扎实学业功底、培养创新精神、增强专业技能。"体"既强调身体素质又强调生活理念，是指大学生应树立健康第一的理念，强健体魄、完善人格、锤炼意志。"美"是指大学生的审美素养，表征为审美认知力、审美欣赏力、审美创造力，强调大学生应树立正确的审美观念、陶冶高尚的艺术志趣、培育深厚的气节情操。"劳"是指对待劳动的态度及劳动实践的能力，强调大学生应培养劳动观念、劳动态度、劳动习惯、劳动品质，掌握劳动技能，崇尚劳动、尊重劳动、诚实劳动、创造劳动。大学生注重德智体美劳全面发展，是大学生正确人生目的、人生态度、人生价值的体现。当大学生作为一名文化人向着自由全面发展进行迈步时，高校文化育人、高校思想政治教育、高等教育的价值得以彰显。

---

① 坚持中国特色社会主义教育发展道路 培养德智体美劳全面发展的社会主义建设者和接班人 [J]. 紫光阁，2018（10）：8-9.
② 马克思，恩格斯. 马克思恩格斯文集：第9卷 [M]. 北京：人民出版社，2009：120.

3. 能担当民族复兴大任

习近平总书记强调："着力在坚定理想信念、厚植爱国主义情怀、加强品德修养、增长知识见识、培养奋斗精神、增强综合素质上下功夫，促进学生健康成长。"① 一代人有一代人的长征，一代人有一代人的担当。在新民主主义革命时期，时代赋予的使命是推翻压迫在中国人民头上的三座大山，年轻人奋不顾身、舍生忘死，用生命赴使命；在社会主义建设时期，时代赋予的使命是建设安定繁荣的社会主义新中国，年轻人艰苦奋斗、投身祖国大地，用青春赴使命；中国特色社会主义进入新时代，时代赋予的使命是实现"两个一百年"奋斗目标，实现中华民族伟大复兴。时代的接力棒传承到大学生手中，这就意味着作为时代新人的大学生要承担起民族复兴大任。

担当民族复兴大任对大学生文化素质提出了新的要求。首先，大学生要培养将"个人梦"融入"中国梦"的格局。大学生要在科学认识党和国家事业发展的历史规律中定位个人理想，自觉把个人理想追求融入党和国家事业，将自己定位为走在时代前列的奋进者、开拓者；在深刻领悟党和国家事业发展的实践经验中校准个人理想，积极参与社会事务、公益服务与国家建设，自觉地把个人理想与党和国家命运相连接，听党话、跟党走；在自觉把握党和国家事业发展的现实要求中实现个人理想，主动肩负起时代重任，将个人理想融入为人民幸福奋斗的战场，在全面建设社会主义现代化国家的征途中实现自己的人生价值。其次，大学生要培养"天将降大任于是人也"的奋斗勇气。在实现中华民族伟大复兴的征程上会面临诸多挑战，大学生要以"舍我其谁"和"实干兴邦"的使命感，怀抱本领不够的忧患意识，敢于把握机遇，养成求真务实、奋勇拼搏、斗志昂扬、不畏艰险、迎难而上的实干精神。再次，大学生要培养传承文化基因、创新中华文化的实力。实现社会主义现代化需要从文化大国走向文化强国。大学生作为中华文明的继承者和发扬者，需要坚定文化自信，坚定做中国人的志气、骨气和底气，吸收中华文化的思想精华和道德精髓，用文明发展成果和智慧结晶涵养自身的精神世界，提升文化素养，用其创造性转化和创新性发展成果丰富中国特色社会主义文化内涵。最后，大学生要培养讲好中国故事、传播中国声音的能力。讲好中国故

---

① 坚持中国特色社会主义教育发展道路 培养德智体美劳全面发展的社会主义建设者和接班人 [J]. 紫光阁，2018（10）：8-9.

事、传播中国声音与文化自信互为前提。只有坚定文化自信，讲好中国故事、传播中国声音，才能够进一步坚实中华文化的根基，增强文化发展的生命力，提高文化传播的影响力。大学生应自觉加深认识我国国情，理解中华文化，深刻认识中华文明的古往今来，深刻领会中国精神的核心要义，廓清多元思想和社会思潮迷雾，培养自身文化鉴赏能力、文化表达能力、文化创造能力，践行和弘扬社会主义核心价值观，传播正能量。

（三）高校文化育人结果质量评价指标的内容

文以化人、文以载道。大学生作为文化育人的对象，其文化素质是文化育人结果质量的全部体现。人的文化素质包含了文化认知和文化实践。"一个正确的认识，往往需要经过由物质到精神，由精神到物质，即由实践到认识，由认识到实践这样多次的反复，才能够完成。"① 文化认知在本质上是人通过实践改造客观世界获得的精神、理想、信念、道德、伦理、价值、规范、知识等观念形态的总和，文化行为在本质上是为获得文化认识而进行的如创造和传播精神、理想、信念、道德、伦理、价值、规范、知识等观念形态的哲学社会科学、自然科学、文学艺术、广播影视、新闻出版建设等自觉活动。高校文化育人结果质量评价指标应体现大学生文化素质全貌。按照人的文化认识和文化实践发展规律，根据人的知、情、意、行子系统，可以将高校文化育人结果质量评价指标划分为文化认知、文化情感、文化能力、文化形象等指标。

1. 文化认知

文化认知是个人对人类文明发展过程中的文化及其发展规律所持的态度和观点。大学生文化认知指向大学生对"何谓文化""文化有何价值"的立场和观点、对中华文化的认同和理解以及对其发展态势的把握、对西方文化的态度和看法、对人类文明的了解和认识。大学生文化认知不仅是大学生文化观点和态度的体现，也是大学生内在对身份认同、历史使命、文化选择、精神追求的认识及其反映。大学生文化认知大体可以分为大学生对文化本质和文化价值的认知、对中国精神的认知、对东西方文化的认知三个方面。

人们关于文化的本质、文化的价值、文化的理念、文化的发展等的观点

---

① 毛泽东. 毛泽东文集：第 8 卷 [M]. 北京：人民出版社，1999：321.

与看法，可以称为文化观①，文化观是一个人文化素质的内核。大学生如何看待文化的本质，如何理解文化的价值，是其文化知识结构、文化情感与态度、文化能力与行为的根基，关系到其能否认同与坚守马克思主义文化观，能否正确对待中华文化的创新与发展，能否在日益激烈的意识形态领域交锋中认清实质、把握方向，能否担当中国特色社会主义文化强国建设的重任。大学生处在文化观塑造和定型的关键时期，培养能以唯物史观为指导，将文化看成人民群众的创造物和需求物，以传承和发展文化为使命的新时代大学生，是高校文化育人的核心任务。中国精神是兴国、强国之魂，是中华民族赓续千年不辍的文化密码，是维系民族团结进步的精神纽带，也是承载着中国力量的文化软实力。传承和弘扬中国精神，是实现民族复兴的重要前提。在经济全球化的今天，拜金主义、享乐主义、极端个人主义等错误思潮及网络舆论乱象对大学生关于传统习俗及民族文化的态度和认知产生了强烈冲击，导致少数大学生出现了信仰缺失、道德失范、价值扭曲等情况，逐渐背离了中华民族伟大创造精神、伟大奋斗精神、伟大团结精神、伟大梦想精神，放弃了民族共同理想信念和价值观念。这种中国精神的缺失，无疑有损于中华民族伟大复兴的历史进程。在大学生中大力培养以爱国主义为核心的民族精神和以改革创新为核心的时代精神，不仅关乎个人能否成长为一名根强魂固的中国人，能否担当起民族复兴的时代责任，更关系到民族力量能否凝聚、民族文化能否发展、中华文明能否延续。对东西方文化的认知，是基于一定文化观上的对中华民族文化和对外来文化关系的态度与观点。自鸦片战争以来，源远流长、灿烂辉煌的中华文化从神坛跌落，在与西方工业文明的激烈交锋中，遭遇了生存危机。一些知识分子和精英们在挽救民族危亡、追求国富民强的过程中，对西方文化产生了遐想和崇拜，有的主张全盘西化，有的主张"中学为体，西学为用"，有的主张融通中西，整个思想文化界深陷民族认同和文化认同的困扰中。直至中国共产党带领中国人民赢得民族独立后，经过复杂曲折的探索和文化建设，在百年未有之大变局的今天，中国人逐渐迎来了文化自信的转折点。正确理解中华文化的本色和底色，正确认识中西文化间的相互激荡和碰撞，"维护各国各民族文明多样性，加强相互交流、相互学

---

① 王永友. 中国共产党文化观的百年演进与逻辑特征 [J]. 南京师大学报（社会科学版），2021
（5）：84-92.

习、相互借鉴，而不应该相互隔膜、相互排斥、相互取代"①"树立平等、互鉴、对话、包容的文明观"② 是新时代大学生应具备的基本文化素质。

2. 文化情感

文化情感是指个人基于文化认知，面对不同文化产生出的带有心理倾向的情感体验。文化情感通常用来表达一种文化上的自尊自信、悦人悦己、理性平和、积极向上的正向情感体验。它通过识别能引起心灵触动、触发共鸣的文化共情，使个人文化身份得以确证，进而巩固文明共同体的根基和内核，在整个民族或文明共同体中发挥着增进共识、凝聚人心的巨大的精神作用。生长于特定文明共同体中的个人，对涵养自身素质的本民族文化具有肯定性体认，如对民族基本价值的认同感、对民族精神的归属感、对民族文化的荣誉感，这种肯定性体认是凝聚民族意识的精神纽带，也是赓续民族文明的精神基础。一般而言，文化情感可以分为文化自觉、文化自尊和文化自信等不同层次的情感体验。

文化自觉是指"生活在一定文化中的人对其文化有'自知之明'，明白它的来历、形成的过程、所具的特色和它发展的趋向。"③ 文化自觉要建立在认识本民族文化、理解其他民族文化，并在世界文明发展的时间和空间中找准自觉文化定位的基础上，对本民族文化的发展趋向有深刻思考。大学生文化自觉则意味着大学生在马克思主义理论的指导下，对中国特色社会主义文化的要素构成、历史发展、当下及未来等作出客观分析、深刻反思与全面审视，是一种对本民族文化怀抱强烈责任感的精神。文化自尊是指对本民族文化的深刻理解和尊重维护。中华文明存续五千年延绵不断，对中华文化的自信和自尊一直深深烙印在中华民族的骨子里。但在近代以来遭遇西方现代文明制度的冲击下，在与多元文化的碰撞中，中华文化自尊却日渐式微，出现妄自菲薄的声音。对于大学生而言，文化自尊就是要深刻认识中华优秀传统文化、

---

① 习近平. 从延续民族文化血脉中开拓前进 推进各种文明交流交融互学互鉴：在纪念孔子诞辰 2565 周年国际学术研讨会暨国际儒学联合会第五届会员大会开幕会上的讲话（2014 年 9 月 24 日）［J］. 党建，2014（10）：4-7.

② 习近平出席亚洲相互协作与信任措施会议第五次外长会议开幕式并发表重要讲话［J］. 世界知识，2016（10）：6.

③ 费孝通. 反思·对话·文化自觉［J］. 北京大学学报（哲学社会科学版），1997（3）：15-22，158.

革命文化、社会主义先进文化的优势，在与多元文化的交流和交锋中，基于情感因素对中华文化加以尊重与维护，基于理性分析处理好中华文化与外来文化的关系。文化自信是指一个国家、一个民族及其全体人民对自身文化价值的充分肯定和积极践行，是对自身文化生命力的坚定信念。习近平总书记指出："文化自信，是更基础、更广泛、更深厚的自信，是更基本、更深沉、更持久的力量。坚定文化自信，是事关国运兴衰、事关文化安全、事关民族精神独立性的大问题。"① 大学生文化自信要求大学生树立对中华文化的科学定位及信心，对中国文明、大国形象的塑造及信心，对中国梦实现的信念及信心，对中国特色社会主义文化的认同、坚守和自豪。

3. 文化能力

文化能力是指建立在对文化深刻理解基础上的自我表达和自我创造力。对于一个人而言，文化能力是其文化素质的集中体现；对于一个国家和民族而言，文化能力是国家文化教育事业发展、文化公共服务水平、文化生产力解放和发展、文化繁荣兴盛程度的体现。文化能力强大还是衰微，与国家和民族的精神趣味、思想氛围、个人文化水平和文化参与度正相关。个人文化能力是构成整个国家、民族文化能力的细胞，可以从文化理解力、文化表达力、文化创造力等维度进行考察。

文化理解力是指在对文化形式、文化作品、文化现象、文化事件等进行观察后产生的整体思考、深入洞察的能力以及在此基础上形成的想象力、类比力和直觉力。文化理解力首先表现为能与文化对象产生认知和情感上的共情，能从他人立场出发感受他人的状态与想法，体验到与之感受相似的情绪与情感反应。文化理解力是大学生学习能力的重要组成部分，与大学生的认知基础、思维方式有密切关系。提升文化理解力有助于大学生更加深入地把握主旨要义、认识逻辑规律、领略思想精髓、体悟文化深意、辩证看待问题，继而表现出更易理解他人、尊重差异、开放包容的文化态度。文化表达力是指个人将自己所思所想通过口头或书面等形式开展的一种输出性行为，在特定语境中能达到展示观点、启发思考、触动人心的作用，释放出思想的感染力及号召力。表达力不仅反映了个人的文化语言能力，也体现了个人的文化思维逻辑。提升大学生文化表达力主要是指提升大学生语言表达力与话语建

① 习近平. 在庆祝中国共产党成立95周年大会上的讲话 [N]. 人民日报，2016-07-02 (02).

构能力。文化旨在沟通交流，语言表达是沟通交流的重要承载，高尚、深刻和卓越的思想往往存在于具体鲜活、严谨缜密的表达之中。大学生培养洋溢丰富美感、准确传情达意的语言表达力，是继承和弘扬中华优秀传统文化、迈向文化创造力的必然通道。话语的建构也是思想的建构，是个人体现意志、表达诉求、维护利益的文化表达。培养大学生话语建构能力，是培养这群作为引领社会风尚、弘扬主流意识形态的主力队伍文化能力的重要途径，是进一步维护和巩固团结稳定、争取更广泛人群对民族文化理解、认同、支持的必然途径。文化创造力是指在传承已有文化的基础上，激活传统、推陈出新，创造出新的文化形式、文化内容、文化作品、文化业态等。文化创造力是文化思想和精神的结晶，是将人从动物彻底区别开来并且推动人类文明发展至今的重要力量。"人类的许多文化产品，之所以是伟大的、不朽的和超越性的，之所以能够成为人类文化财富的积淀，变成历史的客观精神，正是因为它所体现出的创造力和创新精神。"① 培养大学生文化创造力，促进大学生练就整理挖掘民族文化精髓、阐发中华文化当代价值、丰富中华文化内涵、推动现代科技手段增益文化效果的能力，有利于推进中华优秀传统文化的创造性转化和创新性发展、建设社会主义文化强国、促进中华文明进步。

4. 文化形象

"实践、认识、再实践、再认识，这种形式，循环往复以至无穷，而实践和认识之每一循环的内容，都比较地进到了高一级的程度。"② 人的文化素质也需要经过由文化认知、文化情感、文化能力到文化行为、文化实践，再到文化认知、文化情感、文化能力的加深等循环往复的发展阶段，才能完成内化于心、外化于行的文化素质生成和发展整个过程。大学生文化形象，大体表现为一种精神气质和样貌，具体体现为大学生为获得文化思想认识而进行的自觉实践活动，是通过实践改造客观世界获得的文化思想认识的外显。

大学生精神风貌是指大学生个人或群体文化能力、文化气质、文化品位等的外在表现。大学生作为青年的代表和社会风尚的引领者，其精神风貌不仅关系到个人形象，还关系到学校形象、社会形象以及整个民族和国家的气质形象。大学生在高校文化育人的作用下，言谈举止彰显出较高的文化修养、

① 沈壮海. 充分发挥中华文化创造力源泉的作用 [J]. 求是，2016 (3)：45-47.
② 毛泽东. 毛泽东选集：第1卷 [M]. 北京：人民出版社，1991：296-297.

思想境界，展示出新时代新青年的精气神，是高校文化育人关注的目标之一。大学生具有良好的精神风貌意味着：一是有朝气蓬勃的面貌。青年人就像晨曦，处于人生中体力和脑力发展的最佳状态，理应展现出意气风发的精神姿态和活力四射的生命气息。二是有务实进取的精神。大学生作为成年人，已经拥有分辨是非的能力和独立的个性，应不依靠他人、不随波逐流、不人云亦云，主动培养自己判断和处理问题的能力，培养敢于突破成规的勇气和锐意创新、开拓进取的能力。三是有向上向善的品质。大学生要不断修身崇德，培养高雅志趣，自觉抵制低俗、媚俗、庸俗文化，同时投身道德实践，在深入社会、关爱他人、奉献人民的道德实践中感受善的力量。四是有只争朝夕的斗志。青春转瞬即逝，大学生成长于中国特色社会主义新时代，肩负民族复兴大任，应常怀本领不够的忧患意识，以不负韶华、实干兴邦的担当来应对百年未有之大变局的挑战和机遇，以青春之我成就青春之中国。大学生文明行为是大学生作为现代公民所表现出的符合社会公序良俗的行为。文明行为既是个人文化素质的外在反映，又是社会文明程度的客观反映。具有健康的心理，良好的文化教养、个人修养、道德品质的人，所体现出的行为必然是合乎道德与法律、合乎礼仪与传统、合乎常情与常理的。大学生文明行为具体体现为自觉践行和弘扬社会主义核心价值观，自觉维护和传播主流意识形态，自觉维护祖国统一和民族团结，自觉践行道德、法律责任和义务，自觉运用中国特色社会主义文化基本立场、观点以及方法去观察问题、分析问题和解决问题，不断在实践中加强、固化和升华文化获得感。

四、高校文化育人效益质量评价指标

高校文化育人效益质量是指高校通过开展文化育人工作、培养具有良好文化素质的人才，达到推动中国特色社会主义文化繁荣发展，最终服务国家发展、社会进步、民族复兴的程度和水平。马克思主义认为"占统治地位的思想不过是占统治地位的物质关系在观念上的表现"[①]，而"新的社会思想和理论，只有在社会物质生活的发展向社会提出新的任务以后，才会产生。可是，一经产生，它们就会成为促进解决社会物质生活的发展所提出的新任务、

---

① 马克思，恩格斯. 马克思恩格斯文集：第1卷 [M]. 北京：人民出版社，2009：550.

促进社会前进的最重大的力量"①。一个社会占统治地位的思想必然为其统治服务。同高校思想政治工作一样，高校文化育人是无产阶级政党为巩固马克思主义指导地位、建设社会主义文化强国的重要举措。其目的在于通过提升大学生文化素质、培养担当民族复兴大任的时代新人、推动新时代文化繁荣发展，为进一步建设中国特色社会主义先进文化、丰富中华文化内涵、实现中华民族伟大复兴创造必要的精神条件。因此，高校文化育人必然要服务于国家发展、社会进步，为党育才、为国育人。探析高校文化育人效益质量的评价指标，需要分析影响效益质量的因素，找准效益质量评价的主要关切，厘清效益质量评价指标的内容。

（一）影响高校文化育人效益质量的因素

满足主体需要是质量的价值旨归，是检验质量达成的最高标准。高校文化育人旨在服务于个人成长成才、自由全面发展的需要，服务于国家发展、社会进步的需要。因此，变化发展的主体需要、高校文化育人的效率与公平，是影响高校文化育人效益质量的主要因素。

1. 变化发展的主体需要

高校文化育人质量的主体是国家、社会和大学生，判断高校文化育人效益质量，归根结底要看高校文化育人满足国家、社会、大学生需求的程度和水平。随着社会物质生产的发展和时代的变迁，国家、社会、大学生对高校文化育人的需要是与时俱进、变化发展的。

（1）变化发展的国家发展、社会进步的需要。改革开放初期，劳动者学历层次、文化素质普遍偏低，难以满足"四个现代化"宏伟目标的人才需求。提高劳动者素质、"培养具有高度科学文化水平的劳动者"②，成为国家发展和社会进步的迫切需要。国家发展、社会进步的现实需要使开拓大学生眼界、巩固大学生科技文化知识、丰富校园文化生活成为高校工作的重点。培养为"四个现代化"服务的、具有良好道德品质和文明习惯的、合格的社会主义建设专门人才，是保证高校文化素质教育质量的根本路径。20 世纪 90 年代，为推进中国特色社会主义现代化建设，实现社会主义现代化建设"三步走"的

---

① 斯大林. 斯大林文集 [M]. 北京：人民出版社，1985：214.
② 邓小平. 在全国教育工作会议上的讲话 [N]. 人民日报，1985-04-23（01）.

宏伟目标，党和国家决定实施科教兴国战略，强调要提高全民族的科技文化素质。仅仅靠开阔眼界、丰富校园文化已经无法满足国家战略发展的需要。加上当时教育领域普遍存在的重理轻文、培养方式单一、知识结构失衡、人文素质教育欠缺等问题制约着大学生个人综合素质的发展。为改变此局面，原国家教委提出要"注重素质教育、注重能力培养、注重个性发展"①，大力推进以文化素质教育为切入口的素质教育。提升大学生综合素养，培养"四有"新人，实现应试教育到素质教育的转向，是实现高校文化素质教育质量的根本路径。21世纪初，为抓住机遇，迎接挑战，提升综合国力和国际竞争力，党和国家提出人才强国战略，强调要"把实施人才强国战略作为党和国家一项重大而紧迫的任务抓紧抓好""要树立大教育、大培训观念，在提高全体人民的思想道德素质、科学文化素质和健康素质的基础上，重点培养人的学习能力、实践能力，着力提高人的创新能力"②，为全面建设小康社会和实现中华民族伟大复兴提供人才保证。在此需求的驱动下，高校人文素质教育内涵不断拓展，以人为本的教育理念得以深入贯彻。进一步增强校园文化、大学文化的育人功能，培养德智体美劳全面发展的社会主义建设者和接班人，是保证高校文化素质教育质量的根本路径。中国特色社会主义进入新时代，中华民族伟大复兴开启了不可逆转的历史进程，建设社会主义文化强国、实现"两个一百年"奋斗目标是我国的重大任务。习近平总书记强调："我国高等教育要立足中华民族伟大复兴战略全局和世界百年未有之大变局，心怀'国之大者'，把握大势，敢于担当，善于作为，为服务国家富强、民族复兴、人民幸福贡献力量。"习近平总书记要求："为党育人、为国育才，为实现第二个百年奋斗目标、实现中华民族伟大复兴的中国梦、推动人类文明进步作出新的更大的贡献。"③ 这就需要高校深刻认识和把握主体需要，将文化育人作为思想政治教育的重要形式和构建高校全过程育人、全方位育人工作机制的重要着力点。落实立德树人根本任务，围绕举旗帜、聚民心、育新人、兴文化、展形象的使命任务，不断丰富文化育人内涵、拓展文化育人渠道、创

---

① 周远清. 大学素质教育：源头·基础·根本 [J]. 中国大学教学，2014（5）：12-14.
② 以"三个代表"重要思想为指导大力实施人才强国战略 为全面建设小康社会提供坚强人才保证和智力支持 [N]. 人民日报，2003-12-21（01）.
③ 习近平在清华大学考察时强调 坚持中国特色世界一流大学建设目标方向 为服务国家富强民族复兴人民幸福贡献力量 [J]. 思想政治工作研究，2021（5）：14-16.

新文化育人方法、凝练文化育人成效，培养担当民族复兴大任的时代新人，是高校文化育人的使命和任务，也是实现高校文化育人质量的根本路径。

（2）变化发展的个人需要。大学生有适应社会、自我发展、精神享受的需要。恢复高考初期，由于长期以来知识、眼界、精神世界的需求得不到满足，大学生们迫切渴望通过学习科学文化知识来改变命运，通过思想的愉悦和精神的满足来弥补物质世界的匮乏。伴随着改革浪潮的兴起，各种思想文化涌入，大学生们表现出对各类文化活动、文学作品、思想观点的极大兴趣和热情。一时间，校园广播深入人心，校园舞蹈风靡一时，校园社团蓬勃发展，各类校园文化活动在大学生中广受欢迎。广泛开展校园文化活动，满足大学生对丰富校园文化生活的需要，是实现高校教育质量的重要途径。随着教育体系的发展完善，青年一代受教育程度不断提高，但随之而来的是对应试教育的批判。长期存在的重视智育忽视德育、体育、美育，重视知识灌输忽视实践创新的以考试为目的和评判标准的教育模式，难以满足大学生全面发展的需要。大学生盼望着能改变应试教育模式、尊重个性化发展。仅仅靠丰富校园文化活动、拓展大学生眼界与知识面的文化教育已经无法再满足大学生成长成才的需要。在国家素质教育浪潮下，重视人的思想道德素质、能力培养、个性发展、身体健康和心理健康教育，提升大学生创新能力、实践能力、合作精神的第二课堂在全国各高校兴起并蓬勃发展。丰富和拓展第二课堂，大力推进高校校园文化建设，促进优良校风、教风、学风的形成，发挥校园文化的育人功能，成为实现高校思想政治教育质量的重要途径。生活在新时代的大学生，在社会物质财富、精神财富已大大丰富的今天，面临的是智能化、信息化、自动化的科技发展对人才素质提出的多学科交叉融合、多领域深度耦合的新挑战。伴随着社会发展的巨大机遇，挑战和压力也随之而来，使得大学生既有一专多能、全面发展的成长需求，又有在这个快节奏的时代品味生活、享受乐趣的精神需要，还有珍惜历史机遇、增强个人能力和本领、提升综合素质、成就出彩人生的迫切愿望，渴望在实现中华民族伟大复兴的梦想中实现个人的中国梦，活出人生价值。高校结合自身特色，注重青春底色与青年趣味，充分发挥文化的浸润、熏陶作用，将校园建成"芝兰之室"，对大学生的文化认知、文化情感、文化能力、文化行为等进行全方位沉浸式感染、教化，促进人的自由全面发展，促进人与人、人与自然、人与社会和谐共生，是保证高校文化育人质量的重要途径。

2. 文化育人的效率与公平

高校文化育人主体包括国家、社会、大学生，各方利益诉求不尽相同，对文化育人效益质量的感受和判断也有差异。对于国家和社会而言，高校文化育人效率是影响效益质量实现的重要因素；对于大学生而言，高校文化育人的公平则是影响其体验文化育人效益质量的关键。

"效率"是管理学概念，其词源本义是指"消耗的劳动量与所获得的劳动效果的比率"[①]。效率关注的是投入与产出之间的比率，旨在给定的条件下最大限度地优化、协调资源以满足预设目标。当投入小于产出时，通常称为有效率或正效率；当投入大于产出时，通常称为低效率或负效率。一般而言，效率依赖于主体的意志和科学的管理方法及手段。在高校文化育人中，投入的师资队伍、财政资金、平台设备、场馆设施、时间成本、物料耗材等人力、物力、财力资源都是有限的，无论是国家、社会还是高校本身，都渴望以最少的投入获得最大的回报，实现效率最大化。什么是高校文化育人效率最大化？就是在国家政策的引导下，高校结合自身特色，精准锚定服务需求，在既有的资源和条件下，通过优化资源结构，更紧密、更及时地服务于国家战略需要，培养出更多类型齐全、结构合理、层次鲜明的具有较高文化素质的大学生，产出更丰富、更优质的文化成果，促进社会主流意识形态更广范围、更深层次地传播。例如，国家在"双一流"高校建设中，按照注重效率的原则，将优质的资源向最有能力、最具潜力的"双一流"高校重点倾斜，虽然使"双一流"高校和普通高校的差距进一步拉大，但集中产出的一批创新人才、文化成果、文化服务等加大了高校文化育人服务国家和社会需求的力度。如何实现高校文化育人效率最大化？一是育人主体具有高校文化育人的坚定意志，主要表现为国家及教育主管部门的重视程度、社会的关注力度、高校的执行强度。国家及教育主管部门的重视程度决定了高校文化育人在特定阶段的地位，关系到高等教育将文化育人摆在何种位置、达到什么目标、投多少成本来做；社会的关注力度决定了高校文化育人在特定阶段的影响，关系到高校文化育人要关涉多大范围、做到何种程度；高校的执行强度决定了要将文化育人做到什么样的深度和厚度，关系到高校文化育人的成果彰显和持续发展。二是高校文化育人的科学管理。高校文化育人的科学管理取决于教

---

① 路丽梅，王群会，江培英. 新编汉语辞海［M］. 北京：光明日报出版社，2012：1459.

育主管部门的管理职能发挥和高校管理的规范化与技术化。教育主管部门通过政策、拨款、评估等手段促进高校文化育人规模、质量、结构、效益协调的宏观管理，是提高高校文化育人效益、质量、效率的重要手段。高校自身通过理顺体制机制，标准化育人内容、方法以及流程，技术化育人手段及平台，提升管理的规范化与技术化水平，达到提高文化育人规模效益、优化文化育人结构效益的效果，从而促进高校文化育人效益质量的提升。

"公平"是个人关注的焦点。公平是存在于社会关系中的人们所追求的一种基本价值。曾有心理学家提出过一个公平关系方程式——"个人：结果/投入＝他人：结果/投入"。这意味着，"当个人认为自己所获得的结果与投入之比等于他人所获得的结果与投入之比时，便产生了公平感。可见，公平是一个相对性的概念，并且发生在分配关系之中"①。大学生对高校文化育人是否满足个人需要的感知说到底是一种带有强烈情感色彩的主观体验，依赖于个人不同的评价标准，是受个人喜好、外界压力、认知水平等影响的综合性判断。其中，公平的感知是影响其愉悦体验的重要因素，也成为其满意度判断的重要评价标准。不公平的感受会降低获得感，降低愉悦感甚至产生负面的主观体验。当大学生强烈感受到自身所获得的资源条件和教育质量与他人所获得的有明显差距时，体验感、满足感便会下降，而文化育人效果也大打折扣。例如，网络上经常出现的大学生在对比"别人的学校""别人的老师""别人的条件"后，对自己所获得的师资条件、校园环境、设施场馆等显见资源与之呈现的差距，表现出失落和不满之情，极易影响其获得感、满足感、成就感。然而在现实中，地区与地区之间、高校与高校之间、高校各二级学院之间甚至个人与个人之间所获得的资源和条件或多或少都会存在差异，不存在绝对的公平和均等。在此情况下，要保障高校文化育人的公平，提升文化育人效益质量，不应只强调高校如何克服困难、优化资源结构，而应从大处着眼、从全局着眼，发挥国家的宏观指导作用。一方面，国家尽最大可能实现权利平等，即每个大学生都有同等权利去获取相应的资源和条件。例如，在政府的统筹协调下，拥有优质资源的高校靠技术手段开设慕课（MOOC）、云课堂等一系列网络公开课程、讲座，分享优质资源、惠及大学生群体。另

---

① 曹方方，刘国瑞. 我国高等教育改革中公平、正义与效率的内在逻辑与实现路径 [J]. 江苏高教，2021（1）：20-25.

一方面，国家指导各高校凝练特色、各取所长。各高校都有其独特的历史文化传统和学科优势特长，应集中资源打造特色品牌，铸就独特的文化名片，力争"百花齐放"，形成"各美其美，美美与共"的局面。

（二）高校文化育人效益质量评价的主要关切

对高校文化育人效益质量进行评价，要充分考虑育人主体需要，考虑文化育人服务于大学生适应社会、自我发展，服务于社会文明和谐、向上向善，服务于社会主义文化强国建设、中华民族伟大复兴。从高校文化育人效益质量维度来看，高校文化育人既担负着教育的使命，又肩负着思想文化宣传的使命。习近平总书记多次强调，宣传工作要承担起"举旗帜、聚民心、育新人、兴文化、展形象"的使命任务。对于高校文化育人而言，育新人、兴文化、展形象也是高校文化育人实现效益质量的主要关注点。

1. 育新人

"育新人，就是要坚持立德树人、以文化人，建设社会主义精神文明、培育和践行社会主义核心价值观，提高人民思想觉悟、道德水准、文明素养，培养能够担当民族复兴大任的时代新人。"[1] "育新人"是高等教育和宣传工作实现为人民服务的"顶层设计"，体现了高等教育和宣传工作的价值追求、社会需求和时代要求。高校文化育人坚持"育新人"，既是指高校文化育人为党育人、为国育才，又是指高校文化育人以人为本、促进大学生自由全面发展，是高校文化育人社会本位与高校文化育人个人本位的两种不同价值观的和谐融合。

高校文化育人坚持为党育人、为国育才，培根铸魂，启智润心。2016年12月，习近平总书记在全国高校思想政治工作会议上强调："我国高等教育发展方向要同我国发展的现实目标和未来方向紧密联系在一起，为人民服务，为中国共产党治国理政服务，为巩固和发展中国特色社会主义制度服务，为改革开放和社会主义现代化建设服务。"[2] 要提升高校文化育人质量，关键就看高校紧密着眼于国家战略需求、谋划国家社会需要的学科和专业的强度；培养

---

① 习近平. 举旗帜聚民心育新人兴文化展形象 更好完成新形势下宣传思想工作使命任务 [J]. 紫光阁，2018（9）：7-8.
② 坚持中国特色社会主义教育发展道路 培养德智体美劳全面发展的社会主义建设者和接班人 [J]. 紫光阁，2018（10）：8-9.

大量具有坚定信念、崇高理想、人文情怀的高素质战略人才的广度；造就一批具有国际话语能力和话语权、具有较强文化传播水平的名师大家和领军人物以传播中国声音、维护国家形象的程度；孵化大批高水平文化创新团队、智库以解决文化强国建设发展中面临问题的力度。不管是服务国家战略需求、传播中国声音还是为文化传承与创新贡献智慧力量，人都发挥着决定性作用。为国家发展、社会进步持续输送有用人才，是高校文化育人的核心使命，是高校文化育人效益质量提升的标志性成果。

高校文化育人坚持立德树人，促进大学生自由全面发展。习近平总书记指出："人，本质上就是文化的人，而不是'物化'的人；是能动的、全面的人，而不是僵化的、'单向度'的人。"① 人的全面发展说到底是人不断以文化发展自我、脱离动物本质和低级趣味的过程。马克思主义认为，人是一切社会关系的总和，社会属性是人的本质属性。人的本质属性是在人不断适应社会、认识社会、融入社会、创造社会的过程中实现的。大学生要实现全面发展，首先要融入社会，具备社会所要求的基本知识、能力、素质，才能成为真正意义上的社会的一分子。培养大学生步入社会所需要的基本文化知识、文化能力和文化素质是高校文化育人的最低目标。大学生融入社会之后，有提升综合能力、满足个人物质生活和精神生活需要的要求，需要不断自我发展。大学生的思想和行为的发展是其认识和实践相互作用的结果。当大学生的感性认识发展到理性认识再通过理性认识指导实践，经历了实践、认识、再实践、再认识这种循环往复的过程之后，其认识世界和改造世界的思想及能力得以升华和提升，最终在改造客观世界的同时也完成了对主观世界的改造，促进了个人的全面发展。大学生在高校文化育人的作用下，具备更健康的文化态度，自尊自信、悦人悦己、理性平和、积极向上；具备更高远的文化修为，有风骨、气韵、胸怀、眼界；具备更强大的文化能力，刚健自强、开拓创新、善于创造、开放包容。大学生能在文化的沉浸和感染中享受精神世界的满足与愉悦，在改造物质世界的过程中不断丰富精神世界，不断定义自我、占有自我全部本质、实现自我价值。这是高校文化育人的依归，也是高校文化育人效益质量提升的根本性成果。

---

① 习近平. 之江新语 [M]. 杭州：浙江人民出版社，2007：150.

2. 兴文化

"兴文化，就是要坚持中国特色社会主义文化发展道路，推动中华优秀传统文化创造性转化、创新性发展，继承革命文化，发展社会主义先进文化，激发全民族文化创新创造活力，建设社会主义文化强国。"① 文化是中华民族生存、发展的重要力量，兴文化就是要为人民谋幸福、为民族谋复兴、为世界谋大同。高校是各种文化交流碰撞的集散地，也是传承文化、创造文化、发扬文化的场所，更是引领社会主义先进文化建设的坚实阵地。兴文化是高校义不容辞的职责和使命。兴文化，意味着高校要坚持中国特色社会主义文化发展道路，坚持守正创新、推动社会主义文化繁荣发展。

高校坚持中国特色社会主义文化发展道路。首先，高校要坚守社会主义办学方向，坚持马克思主义在意识形态领域的指导地位。马克思主义是中国特色社会主义高校的鲜明底色，抓好马克思主义思想理论教育，深化大学生对马克思主义科学理论的认识、对共产主义的向往，让马克思主义理论内化于心、外化于行，成为师生分析问题和解决问题所持有的基本立场、观点、方法，不仅是文化育人的任务，更是社会主义高等教育的应有之义。其次，高校要坚持党对一切工作的领导，以坚定师生文化自尊与自信为目标，以严把校园文化风向为抓手，保障高校文化建设方向。坚持党对一切工作的领导是新时代中国特色社会主义的基本方略，习近平总书记强调："加强党对高校的领导，加强和改进高校党的建设，是办好中国特色社会主义大学的根本保证。"② 高校通过完善党委统一领导、党政齐抓共管、强化队伍建设、完善条件保障等，提升党对校园宣传工作、文化建设的领导力，保障高校紧跟时代步伐、沿着中国特色文化建设方向前进。最后，高校要着力建设符合国情、回应时代需要的哲学社会科学学科体系。高校是建设中国特色哲学社会科学的重要力量，高校不断丰富和完善哲学社会科学学科体系，促进马克思主义理论、政治学、经济学、法学、新闻传播学、社会学等学科内涵式发展，打造具有中国特色、能与国际接轨的学科专业，并提供人才保障。这是促进中国特色社会主义文化发展的重要途径。

① 习近平. 举旗帜聚民心育新人兴文化展形象 更好完成新形势下宣传思想工作使命任务 [J]. 紫光阁，2018（9）：7-8.
② 坚持立德树人思想引领 加强改进高校党建工作 [N]. 人民日报，2014-12-30（01）.

高校坚持守正创新、推动社会主义文化繁荣发展。民族特征存在于历史之中，更存在于文化之中。文化的传承和发展是民族存续的精神源泉和不竭动力。作为传承文化、创造文化、发扬文化的场所，高校承担"兴文化"的使命任务，不只是要求高校单向度地对师生进行文化教育和传播、理论宣传等传承工作，更重要的是要创造条件激发师生文化创新与创造的活力，促进文化的创造和发展。首先，高校通过创造条件、优化资源，激励和引导师生产出高质量的原创文化成果。高校通过政策激励、制度引导、条件创设、经费保障等措施，激发师生探索、研究、创造文化的激情和兴趣，大力产出科学研究成果和文化艺术作品，积极参与各项大学生科技作品精神、文化艺术展演等活动，助推文化思潮的批判、文化遗产的挖掘、文化特质的梳理、文化精神的凝练、文化基因的延续。其次，高校通过开展政、产、学、研融合，助力社会文化产业发展。文化产业的发展关乎人民文化需求的满足和文化强国建设。文化产业要满足人民多层次、高水平的精神需求，需要依靠高校的人才输送和智力支持。目前，我国文化产业发展正处在转型升级的进程中，贯彻新发展理念、加强创新驱动、提升数字化水平、扩大优质文化产品供给，是文化产业发展的核心。高校是思想理念、科学技术创新的沃土，高校通过政、产、学、研协同，探索第五代移动通信技术（5G）、大数据、云计算、人工智能、虚拟现实等技术在文化创作、生产、传播、消费各环节和各领域运用的方法与路径，推动云演艺、数字艺术、沉浸式体验等新型业态的成长，为文化产业的发展和繁荣提供新动能。最后，高校通过树立良好风气，辐射和带动周边和谐繁荣，引领社会风尚。高校是社会文化繁荣和发展的重要力量，各省、自治区、直辖市都拥有不同数量、不同层次的高校，这些高校通过提供公共文化服务、志愿活动、项目展示等形式，为地区文化的发展、社会文化的繁荣做出了重要贡献。高校师生作为生活在所在社区和城市的一分子，其价值观、文化知识、文明行为通过社会交往与地区乡土人情、民风习俗相融相通，推动着其他社会成员思想观念、精神面貌、文明风尚、行为规范的发展，对提高全社会文明程度发挥了积极作用。

3. 展形象

"展形象，就是要推进国际传播能力建设，讲好中国故事、传播好中国声音，向世界展现真实、立体、全面的中国，提高国家文化软实力和中华文化

影响力。"① 国家形象是国家软实力的重要组成部分，影响到我国国际地位和
大国崛起的外交环境。展形象是中国作为文化强国、文明社会而屹立于世界
民族之林、实现伟大复兴的不可忽视的重要任务。高校是文化精英和知识理
论的孕育之地，是国家形象塑造和传播的动力工厂。高校履行展形象的使命，
主要通过在国际学术界展示学术形象、在世界舞台展示国家和政府形象两方
面实现。

高校在国际学术界展示自身的学术形象。从中国高等教育发展史来看，
中国高等教育发展起步较晚，曾一度与西方发达国家存在较大差距。2022 年
4 月 5 日，习近平总书记在中国人民大学考察时强调，要 "加快构建中国特色
哲学社会科学，归根结底是建构中国自主的知识体系。要以中国为观照、以
时代为观照，立足中国实际，解决中国问题，不断推动中华优秀传统文化创
造性转化、创新性发展，不断推进知识创新、理论创新、方法创新，使中国
特色哲学社会科学真正屹立于世界学术之林"②。习近平总书记对高校促进中
国特色哲学社会科学发展、展示国际学术能力与学术形象的指示，要求高校
要努力构建中国特色哲学社会科学学科体系、学术体系、话语体系。高校教
师、科研团队要通过自身扎实的理论基础、深厚的文化底蕴、坚定的政治立
场，在吸收借鉴、兼容并蓄、对国外学术研究成果进行批判性学习的基础上，
对国外基本学术理论、概念、话语、方法深入分析、仔细鉴别、认真取舍，
努力形成具有中国特色、中国风格、中国气派的学术话语体系，彰显学术自
信和话语自信。在国际学术合作项目、学术论坛、学术会议等交往中，高校
师生要提高学术交流和合作研究的能力，展示学术研究的成果和成就。

高校在世界舞台展示国家和政府形象。国际合作与交流是高校的重要使
命之一。文明因交流而多彩，高校作为对外展示国家形象、联通世界文明沟
通互鉴的重要窗口，承担着传播中国声音，讲好中国故事，真实、立体、全
面地展示中国形象的职责。这意味着，高校不仅要重视学术话语和学术形象，
更应配合国家宣传整体规划，在国际交往中通过各种形式增进国际社会对中
国基本国情、价值观念、发展道路、内外政策的了解和认识，增进国际友好

---

① 习近平. 举旗帜聚民心育新人兴文化展形象 更好完成新形势下宣传思想工作使命任务 [J]. 紫光
　　阁，2018 (9)：7-8.
② 习近平在中国人民大学考察 [J]. 党建，2022 (5)：2.

人士对中国文明、民主、开放、进步形象的认识，讲好习近平新时代中国特色社会主义思想，讲深中华民族伟大复兴的中国梦，讲清人类命运共同体理念，讲透解决世界发展问题的中国智慧、中国主张，让世界认识中国、了解中国、拥抱中国。"把制定海外传播战略规划作为高校宣传思想工作的重要着力点，明确高校海外传播的路径、机制和策略，建立一套涵盖各个环节的体制机制，确保工作长期良性运转；要发挥高校学科、专业优势，提升国际化办学水平，培养一大批政治立场坚定、具有国际化视野、懂新闻传播和对外报道的人才，打造公共外交'生力军'；要抓住'互联网+'新机遇，在国际学术交流与合作中积极开展对外宣传，展示我国改革开放40年来取得的巨大成就和良好形象。"①

（三）高校文化育人效益质量评价指标的内容

高校文化育人效益质量评价指标应体现高校文化育人满足国家发展、社会进步的需要，满足大学生自由全面发展需要的程度。高校文化育人服务于国家发展，体现为培养和输送具有较强理想信念和文化素质、能建设社会主义文化强国、担当民族复兴大任的时代新人；体现为产出文化成果，推动中国特色社会主义哲学社会科学学科体系、学术体系、话语体系发展，体现走向世界舞台中央，讲好中国故事、传播中国声音、维护国家形象。高校文化育人服务于社会进步，体现为提供优质公共文化产品和服务，为丰富居民文化生活出力；体现为深化政、产、学、研合作，为文化产业发展和创新提供智力支持和技术服务；体现为传播大学文化，弘扬向上向善的正能量，引领社会风尚。高校文化育人服务于大学生自由全面发展，体现为提升大学生文化素质，让大学生更加能适应社会、自我发展、欣赏和热爱生活。因此，结合高校文化育人效益质量的主要关注点来看，高校文化育人影响度、高校文化育人贡献度、高校文化育人满意度是考察高校文化育人效益质量不可忽视的关键指标。

1. 高校文化育人影响度

文化育人影响度是一所高校彰显人才培养实力、展示文化形象的重要途径。影响度不仅取决于育人成果的说服力和文化本身的魅力，也取决于推广

---

① 孙文营. 新时代高校宣传思想工作的使命任务 [J]. 思想教育研究，2018（9）：23-25.

者的传播能力。高校通过培育具有较高文化素质、对社会有用的时代新人，通过深化内涵、创新方法不断提升文化传播能力，助推高等教育质量进一步提升，助力中国特色社会主义文化影响力进一步扩大，是其在建设教育大国、文化强国背景下义不容辞的责任。衡量高校文化育人影响度，可以从高校育人品牌与育人经验、文化传播两方面来进行考察。

（1）高校育人品牌与育人经验。高校在文化育人过程中，将理论与实践相结合，不断思考总结经验，形成了具有鲜明特色的文化育人品牌，并对其加以宣传、推广、复制，是高校文化育人实力的体现，也是文化育人效益质量的彰显。

独特的文化育人品牌。品牌具有较强的标识性、指向性、象征性，其通过独特的图像、符号、文字、语言等介质传递着特定的文化内涵。良好的品牌形象让人产生信任、依赖甚至忠诚的情感，更有利于价值观念的传递，是文化建设追求的高阶目标。高校在进行文化育人过程中，通过不断挖掘、凝练、塑造能反映自身大学精神和文化底蕴的文化实体或文化活动，并对其进行长期的开发、研究、打磨和积淀，以制度化、项目化、风格化的形式累进创新、精心包装，形成的具有鲜明大学气质和文化标识的特色品牌，是一所大学文化育人的显著成果，是高校文化育人实力的体现。例如，北京大学的"弘扬五四精神培育时代新人——'铸魂育人、立德树人'系列活动"、南京大学的"仲英道德讲堂与中华道德传播研究工程"、山西财经大学的"山西情中华魂 奋斗行——聚焦山西文化 培育红色新青年"项目、杭州师范大学的"以艺润德 构筑中华优秀传统文化的多维育人载体——越剧文化传承保护项目"、湖南大学的"涵育家国情怀 坚定文化自信——以'全球华人国学大典'为依托推进传统文化育人"项目、西安交通大学的"弘扬爱国奋斗精神 争做西迁精神新传人"等高校特色文化活动品牌，既富有时代气息、具有鲜明价值导向，又结合自身优势、体现了独特的文化内涵；既在校园内营造了浓厚的文化氛围，又产生了良好的社会反响。

值得复制和推广的文化育人经验。《高校思想政治工作质量提升工程实施纲要》明确指出，要"展示一批体育艺术文化成果""建设一批文化传承基地""推选展示一批高校校园文化建设优秀成果""实施'高校原创文化经典推广行动计划'"等。教育部连续六届发布了"礼敬中华优秀传统文化"示范项目和特色展示项目，目的都是要鼓励高校通过不断探索，形成一批效果好、影响大、有特色、可推广的优秀成果，并将优秀成果尽可能大范围、大力度地进行宣传和推广，形成普遍适用、可复制的经验，促成文化育人成果遍地开花、文化育人大繁荣大发展的局面。高校在文化育人过程中，通过对文化育人工作与成果进行全面系统、客观合理的评估，结合实践对工作中的问题、原因、提升策略等进行理性分析、科学总结，形成可借鉴的模式、方法、手段等有效经验，主动对其进行宣传展示、引发社会讨论和思考，继续深化和拓展其适用性、助力经验和成果的普遍推广，是高校文化育人社会担当的体现，也是高校深入落实《高校思想政治工作质量提升工程实施纲要》文件精神的重要任务。

（2）文化传播。文化传播是对内凝聚价值共识、夯实文化自信根基，对外促进文明交流互鉴的重要途径。高校能否主动对内讲好新时代中国特色社会主义的故事，对外助推中国特色社会主义文化国际传播，关乎高校服务中国特色社会主义文化强国建设、服务国家文化软实力发展的使命达成，关系到高校文化育人效益质量的实现。

高校对内主动讲好新时代中国特色社会主义故事，要求高校坚守阵地、守正创新，通过主动讲好中国故事，增强社会主义意识形态的凝聚力和引领力。高等教育是一个国家教育的最高阶段，高校的整体水平代表着国家和民族的思想厚度、精神品质和创新能力，不仅是观照社会科技文化发展的一面镜子，也是新技术、新文化孕育和勃发的生长点。高校要在守正创新的基础上充分展示中国特色社会主义文化，履行引领社会文化发展、应对外来文化挑战的使命，意味着不仅要通过主渠道和主阵地来讲故事，也要充分运用电影、动漫、微博、微信、艺术展演等新技术、新手段、新形式等来讲故事；意味着不仅要在校内对全体师生讲好中国故事，也要扩大辐射面，对全社会、全民族讲好中国故事；意味着不仅要讲好中国传统故事、红色故事，也要讲好改革故事、新时代故事；意味着不仅要讲好中国共产党治国理政的故事，也要讲好中国人民在奋斗圆梦过程中的典型人物、典型事件、典型故事；意味着不仅要善于传播既有故事，也要依托所在区域的历史文化遗产，深入挖掘文化元素，不断总结、提炼和塑造出更多的故事。高校能否为讲好新时代中国特色社会主义的故事而形成特色品牌、明星人物、经典案例、创新形式，所讲的故事能否打动人、吸引人、得到广泛认可、形成文化效应，是判断其文化影响力的指标之一。

高校对外推进中国特色社会主义文化国际传播的能力。高校对外进行中国特色社会主义文化国际传播，是高校自身发展的需要，也是高校的基本职能之一。高校增强其文化推广与传播的能力，主要通过优化专业设置、推进国际交流与合作来实现。文化推广关键靠人，靠一批批前赴后继的有意愿、有能力承担文化交流和推广使命的人才。高校通过开设相关学科、优化专业结构和人才培养模式，培养一批具有国际文化交流意识、国际视野和专业能力的对外汉语人才、翻译人才、文化传播人才；通过扩大国际文化交流，让越来越多的中国学者走向世界舞台，在国际学术界、文化界发出中国声音，搭建与国外高校、研究机构、智库等的常态化交流互动渠道，密切与世界文化的交融；通过中外合作办学，充分发挥留学生中外文化交流桥梁的作用，让中外留学生成为行走的名片，成为国际文化交流的使者。这些乐于主动推介中华文化符号、地理标识、文化遗产，擅于广泛宣传中国主张、中国智慧、中国方案，便于开展双边、多边文化合作研究，勇于宣扬中华文化精神和文化理念的文化交流人才，能获得学界、文化界的认可，能在民间交流中发挥积极作用，正是高校文化育人影响力的彰显。

2. 高校文化育人贡献度

高质量的文化育人源于高质量的文化，也必然产出高质量的文化。高校作为教育的最高阶段，其继承文化、创造文化的能力不仅体现了大学的追求和灵魂，更关乎国家文化和民族精神的传承与发展。原创文化成果是高校文化生产能力和创新能力的体现，也是高校推动社会主义文化强国建设的重要途径。高校文化育人贡献度可以从高校原创文化成果、高校公共文化服务两方面来体现。

（1）高校原创文化成果。高校原创文化成果包含了高校师生高水平文化艺术作品和哲学社会科学研究。高水平文化艺术作品是彰显高校师生的独特气质、精神追求、文化理念、营造校园高雅清新的文化氛围、培育大学生原创思维方式和认知模式、愉悦师生心灵的文化形式。文化艺术作品不仅是一所高校文化精神的体现，也映衬着整个时代的发展与变迁。改革开放以来，随着高校校园文化活动的不断丰富，一批批优秀的高校原创文化艺术作品也竞相呈现。从清华大学的"水木年华"组合唱响校园民谣，到南京大学连续发布校园原创音乐专辑，各高校掀起原创音乐的热潮；从北京大学原创音乐剧《一流大学从澡堂抓起》连演不衰，到上海交通大学的原创话剧《钱学森》引发大学生集体报国热潮；从西北大学学生尝试拍摄校园原创电影《孔明灯》，到全国各高校拍摄的各类题材微电影火爆全网……高水平文化艺术作品已经成为大学文化和形象的展示名片，是高校文化育人成果的重要体现。因此，高校能否产生出有特色、有品位、有格调的原创文学、原创校园歌曲、原创电影或话剧等成果，成果能否在数量上持续不断，在质量上有所保障，得到共青团中央的"大学生艺术展演"、教育部的"高校原创文化精品推广行动"和"礼敬中华优秀传统文化"等活动的肯定，得到广大师生的认可，是高校文化育人质量提升的重要指标之一。

哲学社会科学研究是助推时代变革、社会发展、文明进步的动力源泉。"一切有理想、有抱负的哲学社会科学工作者都应该立时代之潮头、通古今之变化、发思想之先声，积极为党和人民述学立论、建言献策，担负起历史赋予的光荣使命。"[①] 在实现"两个一百年"奋斗目标的道路上，我国面临共同富裕、乡村振兴、产业升级、"碳达峰""碳中和"节能减排、健康中国、人类命运共同体等重大现实问题，高校以研究和解决国家、社会重大现实问题为目标，产出一系列有形的或无形的哲学社会科学研究成果，是哲学社会科学工作者的职责所在，也是高校体现使命担当、推动文化繁荣、助力中华民族伟大复兴的重要路径。高校哲学社会科学研究，既要看研究成果对构建中国特色哲学社会科学学科体系、学术体系、话语体系的贡献度，也要看研究主题对回应、解决中国发展面临的重大理论和现实问题的关切，更要看研究方向是否坚持正确的政治导向，坚守意识形态原则和底线。

（2）高校公共文化服务。高校作为参与社会公共文化服务的重要力量，其公共文化服务水平、力度与成效，关系到社会公共文化服务的整体水平和人民日益增长的精神文化需要的满足。高校通过合作交流、共享资源、志愿服务等途径，为丰富居民文化生活提供新资源，为社会公共文化服务提供有益建设与发展思路，为社区和地方文化发展注入新活力。

高校参与社会公共文化服务的形式丰富。一是以文化遗产为载体，开展保护传承文化遗产交流活动。高校通过"非物质文化遗产进校园"等活动，以讲座、展示、交流、科学研究等形式，让文化遗产"动"起来、"活"起

---

① 习近平主持召开哲学社会科学工作座谈会强调 结合中国特色社会主义伟大实践 加快构建中国特色哲学社会科学 [J]. 党建, 2016 (6)：4-6.

来，增强大学生对文化遗产保护与传承的使命感，引导大学生参与到文物保护、修复、开发、宣传等工作中，引导师生参与到文化遗产科学研究、地方志和民族志的编撰和教育中。二是以文化产业为载体，开发文化产品和项目合作。高校发挥学科优势，激活艺术、设计、传播、广告等学科人才的专业潜能，与校外合作建设文创产业孵化基地、文创工作坊、创新创业园等实习实训基地，通过开发文化品牌、打造文创产品、开展群众文化艺术活动、参与文旅企业合作经营等，为地方文化创意产业的发展提供新动能。三是以文化活动为载体，提供惠民志愿服务。高校通过大学生"三下乡"活动以及在重要节庆假日等，组织各类学生社团以汇报演出、实践考核等形式，举办音乐会、舞蹈节、戏剧演出、书画展演等，为人民群众提供具有思想性、艺术性、观赏性的高雅艺术演出，营造浓厚的文化艺术氛围。四是以文化资源为载体，促进优质文化资源共享共建。高校拥有优质的文化设施和资源，可以通过适度开放高校图书馆、档案馆、博物馆、景点等文化基础设施，为社会公众提供文化服务。国内部分高校在共享文化资源方面有先进经验，如武汉大学樱花展、厦门大学芙蓉湖、湖南大学岳麓书院、中国地质大学"逸夫博物馆"、哈尔滨工程大学哈军工文化园景区、西北农林科技大学博览园等，都已经作为对外开放的旅游景区成为城市的一张名片，为公众提供公益性、均等性、便利性的公共文化服务。

3. 高校文化育人满意度

高校文化育人效益质量的根本指向在于满足国家发展、社会进步的需要，满足大学生自由全面发展的需要。高校文化育人服务于国家发展、社会进步、大学生成长成才的程度、力度、深度、广度等维度大多可以通过客观、显性的数据和成果体现。由于高校文化育人的人文特性，在衡量主体需要是否得以满足的过程中，我们不能忽视"人"在其中的主观能动性，因此需要适当考虑主观、感性的评价指标。满意度是主体需求被满足之后产生的获得感与愉悦感。关注高校文化育人满意度，不仅有利于突出"以人为本"的价值理念，也有利于提升高校文化育人工作的有效性，促进高校文化育人工作进一步改进与完善。具体而言，高校文化育人满意度主要可以从以下两方面来进行判断。

（1）社会满意度。社会满意度是指社会群体、组织和个人对高校文化育人是否满足自身需要的一种关系认知与情感体验。高校文化育人服务于社会进步，为社会提供必要的人才输送和精神文化服务。其中，与高校文化育人效益质量关系最密切的是用人单位的满意度和家庭的满意度。高校人才培养的目的是向国家、社会输送更多的有用人才。大学生毕业后离开校园步入工作岗位，所具备的价值观念、道德品质、文化素质、专业能力等，直接关系到其胜任岗位职责、提供劳动价值、贡献社会的程度。对于用人单位而言，在符合基本条件的情况下，具有积极进取的精神风貌、诚实敬业的道德品质、勤奋踏实的人生态度的人，具有更高的文化修养、人文关怀、合作意识的人，具有更丰富的文化知识、人文视野的人，往往在职场中更易受组织和个人的欢迎。考察用人单位对毕业生文化素质的满意程度、对毕业生能力素质结构与用人单位人才素质需求的耦合度，实际上也是在考察高校文化育人服务社会需要的程度。家庭是人生的起点，在每个人心中处于最高的地位。家庭对人的人生观、世界观、价值观、思维方式和行为习惯的养成发挥着最深刻、最直接的影响。大学生是家庭的希望，承载着家长的期待。高等教育能提供家庭教育所无法企及的完整的知识体系、优质的教育资源、丰富的人际结构和多样的社会环境。家庭对大学生在高校接受高等教育是充满期待的。经过高等教育阶段的学习，大学生能具备哪些基本能力与素质、掌握哪方面知识与技能等，家庭一般对此都有基本的规划和预设。了解家庭的需求，探索家庭需求、个人需求、学校需求、社会需求的有机融合，尽可能地满足家庭的合理需求，是高校提升文化育人效益质量、更好地做"人"的工作的基本要求。

（2）毕业生满意度。随着高等教育质量观"以人为本"和"人是目的"的哲学回归，越来越多的教育者将"以学生为中心""强调学生参与""重视其学习过程中满意度提升"[①] 作为教育质量评价的基本理念。"从学习者满意度的角度来探析和纠偏教育活动过程中所存在的问题"被认为是"促进高等教育质量提升的重要而根本性的路径。"[②] 让大学生学有所用、学有所成、学有所为、学有所得，是高等教育的要义。高校文化育人质量作为高等教育质量的重要组成部分，也是指向"人"、作用于"人"的工作，人的基本文化

---

① 唐文. 培育以学生为中心的高等教育质量文化 [J]. 江苏高教，2009（6）：50-52.

② 李子联. 高等教育质量满意度：差异与解释 [J]. 深圳大学学报（人文社会科学版），2021，38（3）：19-28.

需求能否得以满足、人的情感体验是否正向、可持续，需要通过毕业生满意度高低来体现。毕业生在经历高校文化育人全过程之后，对高校文化育人工作及自身认可程度、接受程度进行相对客观的评价，不仅能真实反映高校文化育人的实效性，也能对高校文化育人工作发挥反馈、条件作用，有助于高校认识文化育人工作中的问题与困难，把握影响育人效果的因素，进一步提升文化育人质量。毕业生对高校文化育人的满意度，可以通过大学生对高校文化育人各项工作的接纳度，掌握高校文化育人对大学生利益需求和价值关切的满足程度，衡量大学生对高校文化育人工作的认可度；可以通过对文化价值观是否得到大学生真正的认同，文化知识是否被大学生真正掌握，文化精神和目标追求是否得到大学生的理解和认可，文化欣赏和理解能力是否得到真正传承和发展，掌握高校文化育人的有效性；可以通过对大学生毕业后的文化素质发展水平进行跟踪调查，衡量高校文化育人对大学生终身学习的影响程度。

第五章
高校文化育人质量评价
指标体系的构建实施

高校文化育人质量评价指标体系是高校和主管部门围绕立德树人根本任务，通过将高校文化育人目标和任务逐层分解，形成相互联系、权重合理的一系列具体指标，用以对高校文化育人过程质量、结果质量和效益质量实施科学测评的有机体系。指标的选取是高校文化育人质量评价指标体系中的关键环节，需要以满足总体掌握评价结果的必要性为限度，选取最为核心、关键的指标，保证评价指标体系的灵活性和可操作性。在建立起高校文化育人质量评价指标体系之后，我们需要运用层次分析法等方法，确定各项指标的重要程度，为指标赋权。

一、高校文化育人质量评价指标的选取

表征高校文化育人过程的基础维度指标、表征高校文化育人结果的功能维度指标、表征高校文化育人效益的价值维度指标，构成了一个剖析高校文化育人质量的指标体系。在此指标体系中，各维度指标相互联系、相互影响，勾勒出高校文化育人质量的清晰画像。然而，在实际操作中，指标并非越多越好，而是以满足总体上掌握评价结果的必要性为限度的。以掌握高校文化育人质量总特征和总趋势为目的，主动忽视一些部分或细节，保证评价指标体系的灵活性和可操作性，是高校文化育人质量评价指标选取的要义。

（一）指标的选取依据

如何从所有能表征高校文化育人质量的指标中选取适当指标，构成科学合理的评价指标体系，取决于评价的目的和高校文化育人质量评价指标体系的用途。如果一套评价指标体系仅仅用于科学研究，则应尽可能穷尽所有指标，以便厘清影响高校文化育人质量系统的各方面因素。如果一套评价指标体系是用于实际测评的，目的在于发现问题以便对工作进行总体把握和趋势性指导，则不应追求所有细节精确无误，应尽量避免重复和繁琐，在不影响对总体性质、水平和趋势的判断的基础上，凝练出具有代表性的指标。因此，我们在指标选取过程中，一是要注重指标的可操作性。部分指标在科学研究分析中属于关键指标，而在实际评价过程中难以落地，即无法转化为具体的、合理的评价观测点。例如，考察大学生文化素质，按照知、情、意、行的经典分析模式，可以对其从文化认知、文化情感、文化能力、文化形象四个指

标进行考察，这在理论上是自洽的。然而，文化情感是一种带有心理倾向的情感体验，文化能力是一种在对文化深刻理解的基础上的自我表达和自我创造，这两者通常又是以认知和行为的形式表现出来的。我们在测评中能真正观测和评价的，也只是大学生所展现出的文化认知和外在的文化形象。因此，对文化情感、文化能力等难以进行合理观测的指标，即可纳入与之相关的可被观测的指标中。二是要注重指标的适用性。一套高校文化育人质量评价指标体系不应只针对某一类特定的学校，而是要具有普遍适用性，能为不同类别、不同层次的高校提供评价思路和参考。这就要求指标应多选取原则性、基础性的指标，少选取特有性指标。三是要注重指标的一致性。高校文化育人质量评价指标是针对高校文化育人质量而设置的，必须反映高校文化育人的基本性质、体系结构、运行过程、目标指向等，不能为了指标体系的简约而舍弃必要指标，应从整体上关照高校文化育人过程、结果、效益的各方面，关照高校文化育人质量主体、客体、介体、环体各部分，体现高校文化育人质量的基本状况。

在筛选高校文化育人过程指标时，笔者重点考虑指标覆盖高校文化育人过程整个环节，充分展现高校文化育人工作体系运行逻辑。笔者参考《全国大学生思想政治教育工作测评体系（试行）》文件的指标设计，重视"工作定位与思路""领导体制与工作机制""队伍建设""条件保障""育人环境"等贯穿思想政治教育工作全过程的关键指标，将"育人理念""工作思路""机制体制""队伍保障""经费保障""制度保障"等作为衡量高校文化育人工作过程必不可少的指标。同时，为反映高校文化育人的目标指向和根本性质，突出中华优秀传统文化、革命文化和社会主义先进文化教育，笔者将"文化教育"列为重要的二级指标，从课堂、实践等方面呈现中华优秀传统文化、革命文化和社会主义先进文化教育情况。此外，笔者结合《全国高校文明校园测评细则》（2020年版）关于校园文化建设评价的指标设计，突出"文化设施""文体活动""环境规划"等指标的重要作用，选取能体现大学文化场域的"大学精神与校园价值观""校风、教风、学风建设""校园文化活动""校园景观建设"等指标。

在筛选高校文化育人结果指标时，笔者重点考虑选取能体现大学生文化素质状况的具体可测的指标。对人的思想行为进行评价，本就是复杂和困难的，因为人的思想和行为本身既难以准确量化，又难以精准表达。正如此前的分析，若按照知、情、意、行的分析模式考察大学生文化素质状况，从理论上可将"文化认知""文化情感""文化能力""文化形象"作为评价指标。然而"文化情感""文化能力"是相对灵活和模糊的，并且一般通过"文化认知"和"文化形象"展现出来。因此，在指标筛选时，笔者将"文化情感"中有关文化自觉、文化自信的指标内容凝练到"文化认知"中，将"文化能力"有关内容凝练到"文化形象"和效益指标中的"文化育人影响度"和"文化育人贡献度"中。笔者对认知、情感相关部分的指标保留一定模糊性，对能力、行为相关部分的指标尝试以量化结果进行衡量，这既维护了指标体系的科学性，又保证了实际操作的可行性。

在筛选高校文化育人效益指标时，笔者重点考虑能反映高校文化育人直接效益的指标，即高校文化育人在该效益形成和发展过程中发挥主导作用。该效益与高校文化育人息息相关，并随着高校文化育人质量的高低而波动起伏。例如，在"文化育人影响度"二级指标下，笔者选取"育人特色显示度"和"育人成果推广度"指标，直观呈现高校文化育人品牌、育人经验推广情况；舍弃"高校对内、对外文化传播"指标，因为该指标更偏向于呈现高校学科建设、科学研究、人才培养等合力的综合结果。同样，在"文化育人贡献度"二级指标下，笔者选取"社会服务好评度"和"实践创新贡献度"指标，运用可量化的标准，衡量高校原创文化成果、参与公共文化服务等情况，反映高校文化育人的直接成果。

笔者在参考《中共中央国务院关于加强和改进新形势下高校思想政治工作的意见》《高校思想政治工作质量提升工程实施纲要》《全国大学生思想政治教育工作测评体系（试行）》《全国高校文明校园测评细则》（2020 年版）等相关政策文件，结合思想政治工作质量测评理论研究和实践经验的基础上，从过程质量、结果质量、效益质量三个维度入手，对高校育人质量评价重要指标进行了初步筛选。

（二）指标体系的总体框架

为进一步提高指标选取的科学性和有效性，本书采用德尔菲法，组织了思想政治和文化育人领域的 15 位专家对初选指标进行匿名筛选、归类和排序。首轮专家意见征询后，笔者根据 15 位专家给出的建议对初选指标进行适当删减或增加，此后将修改后的指标体系进行第二次专家意见征询、第三次专家意见征询，直至专家一致认为该指标体系不需要进行修改，最终确定了9 个二级指标和 23 个三级指标（见表 5-1）。

表 5-1　高校文化育人质量评价指标体系总体框架

维度指标 A （一级指标）	分类指标 B （二级指标）	观测指标 C （三级指标）
过程质量 A1 （0.392）	组织领导 B11	育人理念 C111
		工作思路 C112
		体制机制 C113
	运行保障 B12	队伍保障 C121
		经费保障 C122
		制度保障 C123
	文化教育 B13	中华优秀传统文化、革命文化和社会主义 先进文化教育进课堂 C131
		中华优秀传统文化、革命文化和社会主义 先进文化主题教育活动 C132
		中华优秀传统文化、革命文化和社会主义 先进文化教育资源库及基地建设 C133
	文化建设 B14	大学精神与校园价值观 C141
		校风、教风、学风建设 C142
		校园文化活动 C143
		校园景观建设 C144
结果质量 A2 （0.322）	文化认知 B21	大学生对文化观的正确认知 C211
		大学生对中国精神、东西方文化的认知 C212
	文化形象 B22	大学生精神风貌 C221
		大学生文明行为 C222
效益质量 A3 （0.286）	文化育人影响度 B31	育人特色显示度 C311
		育人成果推广度 C312
	文化育人贡献度 B32	社会服务好评度 C321
		实践创新贡献度 C322
	文化育人满意度 B33	社会满意度 C331
		毕业生满意度 C332

（三）指标的观测标准

不同质量等级在各观测指标上表现出不同的具体情况，指标的观测标准旨在确定用以表征不同质量等级的具体尺度和界限，以求在复杂多变的具体实践中尽量确保评价的客观性。

1. 过程质量维度各指标的观测标准

过程质量维度由组织领导、运行保障、文化教育、文化建设四个二级指标组成。组织领导二级指标主要考察文化育人理念、工作思路、体制机制三个三级指标。育人理念三级指标主要考察人才培养方案中是否体现立德树人、以人为本；高校是否将文化育人相关工作纳入学校事业发展规划。工作思路三级指标主要考察学校是否有明确的文化育人工作思路，是否注重思想政治教育十大育人体系协同规划部署。体制机制三级指标主要考察高校是否有文化育人领导小组和专门工作会议，相关部门是否有明确的职责和相应的任务，评估部门是否定期进行任务评价与考核。

运行保障二级指标主要考察队伍保障、经费保障、制度保障三个三级指标。队伍保障三级指标主要考察高校对党团干部及相关责任人是否有明确的任务要求、管理考核办法，高校文化育人队伍配备是否充足，专兼职比例是否适当，高校是否有文化育人队伍的培训、表彰。经费保障三级指标主要考察高校是否在思想政治工作经费中设置专门预算科目，文化育人经费是否不低于十大育人体系工作经费平均水平，经费是否专款专用。制度保障三级指标主要考察高校及其各二级相关部门是否有文化育人配套文件，近三年是否有修订文化育人相关文件。

文化教育二级指标主要考察中华优秀传统文化、革命文化和社会主义先进文化教育进课堂，中华优秀传统文化、革命文化和社会主义先进文化主题教育活动，中华优秀传统文化、革命文化和社会主义先进文化教育资源库及基地建设三个三级指标。中华优秀传统文化、革命文化和社会主义先进文化教育进课堂三级指标主要考察高校是否有中华优秀传统文化、革命文化、社会主义先进文化及"四史"等相关必修、选修课程设置，是否支持相关学科开展建设。中华优秀传统文化、革命文化和社会主义先进文化主题教育活动三级指标主要考察高校是否定期开展高雅艺术进校园活动，是否利用重大纪念日、重要庆典、班会、团日活动等开展主题教育活动，是否开展社会主义核心价值观教育活动。中华优秀传统文化、革命文化和社会主义先进文化教育资源库及基地建设三级指标主要考察高校是否有持续开发网络或实体文化教育资源库，是否有定点联系的爱国主义教育基地、文化教育基地，并持续合作。

文化建设二级指标主要考察大学精神与校园价值观，校风、教风、学风建设，校园文化活动，校园景观建设四个三级指标。大学精神与校园价值观三级指标主要考察高校是否有校训、校徽、校史陈列馆，师生是否普遍了解、认同大学精神，是否形成了较为和谐统一的校园价值观。校风、教风、学风建设三级指标主要考察高校是否有校园文化建设总体规划，是否有系统的校园统一标识建设，是否有校风、教风、学风建设具体举措，并定期进行督查。校园文化活动三级指标主要考察高校是否开展各类健康向上的校园文体活动，是否努力打造品牌，是否定期开展学生宿舍及生活园区文化活动。校园景观建设三级指标主要考察高校校园教学、生活设施场所规划是否合理，是否有展览馆、礼堂、学生活动中心等必要的文化体育场馆，是否形成有格调的、高雅的人文景观和优美的自然风光。

过程质量评价指标观测标准详见表5-2。

表5-2　过程质量评价指标观测标准

一级指标	二级指标	三级指标	观测标准
过程质量 A1	组织领导 B11	育人理念 C111	①人才培养方案中体现立德树人、以人为本 ②文化育人相关工作纳入学校事业发展规划
		工作思路 C112	①有明确的文化育人工作思路 ②坚持思想政治教育十大育人体系协同规划部署
		体制机制 C113	①有领导小组和专门工作会议，由学校关键责任人任组长 ②学校相关部门有明确的职责和相应的任务 ③学校评估部门定期进行任务评价与考核

表5-2(续)

一级指标	二级指标	三级指标	观测标准
过程质量 A1	运行保障 B12	队伍保障 C121	①对党团干部及相关责任人有明确的任务要求、管理考核办法 ②文化育人队伍配备充足,专兼职比例适当 ③有文化育人队伍的培训、表彰
		经费保障 C122	①在思想政治工作经费中设置专门预算科目 ②文化育人经费不低于十大育人体系工作经费平均水平 ③经费专款专用
		制度保障 C123	①学校及其各二级相关部门有文化育人配套文件 ②近三年有修订文化育人相关文件
	文化教育 B13	中华优秀传统文化、革命文化和社会主义先进文化教育进课堂 C131	①有中华优秀传统文化、革命文化、社会主义先进文化及"四史"等相关必修、选修课程设置 ②支持相关学科建设
		中华优秀传统文化、革命文化和社会主义先进文化主题教育活动 C132	①定期开展高雅艺术进校园活动 ②利用重大纪念日、重要庆典、班会、团日活动等开展主题教育活动 ③开展社会主义核心价值观教育活动
		中华优秀传统文化、革命文化和社会主义先进文化教育资源库及基地建设 C133	①持续开发网络或实体文化教育资源库 ②有定点联系的爱国主义教育基地、文化教育基地,并持续合作
	文化建设 B14	大学精神与校园价值观 C141	①有校训、校徽、校史陈列馆 ②师生普遍了解、认同大学精神 ③形成了较为和谐统一的校园价值观
		校风、教风、学风建设 C142	①有校园文化建设总体规划 ②有系统的校园统一标识建设 ③有校风、教风、学风建设具体举措,并定期进行督查
		校园文化活动 C143	①开展健康向上的各类校园文体活动,努力打造品牌 ②定期开展学生宿舍及生活园区文化活动
		校园景观建设 C144	①校园教学、生活设施场所规划合理 ②有展览馆、礼堂、学生活动中心等必要的文化体育场馆 ③形成有格调的、高雅的人文景观和优美的自然风光

2. 结果质量维度各指标的观测标准

结果质量维度由大学生文化认知和大学生文化形象两个二级指标组成。大学生文化认知二级指标分为大学生对正确文化观的认知和大学生对中国精神、东西方文化的认知两个三级指标。大学生对文化观的正确认知三级指标主要考察大学生是否认同马克思主义文化观、是否坚守科学精神与学术道德、是否能清楚认识自身使命。大学生对中国精神、东西方文化的认知三级指标主要考察大学生能否认同中国精神，能否分辨和抵御错误思潮，能否坚持平等、互鉴、对话、包容的文明观。大学生文化形象二级指标由大学生精神风貌和大学生文明行为两个三级指标构成。大学生精神风貌三级指标主要考察大学生能否践行社会主义核心价值观，是否有朝气蓬勃、务实进取、向上向善的整体面貌。大学生文明行为三级指标主要考察大学生是否有符合法律规定的规范行为、是否有良好的行为习惯和文明举止。

结果质量评价指标观测标准详见表5-3。

表5-3　结果质量评价指标观测标准

一级指标	二级指标	三级指标	观测标准
结果质量 A2	文化认知 B21	大学生对文化观的 正确认知 C211	①认同马克思主义文化观 ②坚守科学精神与学术道德 ③能清楚认识自身使命
		大学生对中国精神、 东西方文化的认知 C212	①认同中国精神 ②分辨和抵御错误思潮 ③坚持平等、互鉴、对话、包容的文明观
	文化形象 B22	大学生精神风貌 C221	①践行社会主义核心价值观 ②有朝气蓬勃、务实进取、向上向善的整体面貌
		大学生文明行为 C222	①有符合法律规定的规范行为 ②有良好的行为习惯和文明举止

3. 效益质量维度各指标的观测标准

效益质量维度由文化育人影响度、文化育人贡献度、文化育人满意度三个二级指标组成。文化育人影响度二级指标主要考察育人特色显示度和育人成果推广度两个三级指标。育人特色显示度三级指标主要考察高校是否形成有影响力的文化品牌，是否建成文化传承基地，是否有校园文化建设优秀成果获评省部级及以上校园文化建设示范项目、特色展示项目等。育人成果推广度三级指标主要考察高校是否形成可复制、可推广的文化育人经验，文化育人经验是否获省部级及以上政府部门批示或国家级媒体宣传报道。

文化育人贡献度二级指标包含社会服务好评度和实践创新贡献度两个三级指标。社会服务好评度三级指标主要考察高校是否有参与社会公共文化服务，是否有大学生获评省部级以上精神文明先进个人、道德模范等荣誉，是否有师生公益志愿活动、社会服务典型事迹。实践创新贡献度三级指标主要考察是否有大学生文化科技研究成果获评省部级及以上荣誉，或成果转化产生社会效益；是否有大学生原创文化艺术精品力作获省部级及以上荣誉。

文化育人满意度包含社会满意度和毕业生满意度两个三级指标，分别通过用人单位对毕业生文化素质的满意度和毕业生对自身文化素质的满意度来体现。

效益质量评价指标观测标准详见表5-4。

表5-4 效益质量评价指标观测标准

一级指标	二级指标	三级指标	观测标准
效益质量 A3	文化育人影响度 B31	育人特色显示度 C313	①形成有影响力的文化品牌 ②建成文化传承基地 ③校园文化建设优秀成果获评省部级及以上校园文化建设示范项目、特色展示项目
		育人成果推广度 C312	①形成可复制、可推广的文化育人经验 ②文化育人经验获省部级及以上政府部门批示或国家级媒体宣传报道
	文化育人贡献度 B32	社会服务好评度 C321	①参与社会公共文化服务 ②有大学生获评省部级以上精神文明先进个人、道德模范等荣誉 ③有师生公益志愿活动、社会服务典型事迹
		实践创新贡献度 C322	①大学生文化科技研究成果获评省部级及以上荣誉，或成果转化产生社会效益 ②大学生原创文化艺术精品力作获省部级及以上荣誉
	文化育人满意度 C33	社会满意度 C331	用人单位对毕业生文化素质的满意度较高
		毕业生满意度 C332	毕业生对自身文化素质的满意度较高

二、高校文化育人质量评价指标权重的确定

高校文化育人质量评价各指标从不同的方面反映高校文化育人的情况，但其对文化育人质量影响程度的大小却不尽相同。在建立高校文化育人质量评价指标体系之后，还须确定各项指标的重要程度。本书采用层次分析法对高校文化育人质量评价各指标进行权重确定。层次分析法（AHP）是一种定性和定量相结合的、系统化的、层次化的分析方法。层次分析法将决策问题按总目标、各层子目标、评价准则直至具体的备选方案的顺序分解为不同的层次结构，然后用求解判断矩阵特征向量的办法，求得每一层次的各元素对上一层次某元素的优先权重，最后再用加权和的方法递阶归并各备择方案对总目标的最终权重，最终权重最大者即为最优方案。层次分析法适合用于具有分层交错评价指标的目标系统，并且目标值又难以定量描述的决策问题。

（一）建立层次结构模型

根据层次分析法，本书将高校文化育人质量设为最高层，其次是过程质量、结果质量、效益质量 3 个一级指标（A），再向下逐层建构 9 个二级指标（B）和 23 个三级指标（C），形成高校文化育人质量指标体系层次结构模型如图 5-5 所示。

（二）构造判断矩阵

在确定各层次、各因素之间的权重时，如果只是定性的结果，则常常不容易被人接受，因此笔者通过一致矩阵法，即不把所有因素放在一起比较，而是进行两两相互比较，采用相对尺度以尽可能减少性质不同的诸因素相互比较的困难，从而提高准确度。笔者根据两个要素之间重要性对比的量化需要，建立重要程度标度表。层次分析法标度说明如表 5-5 所示。

表 5-5 列出了重要性等级及其赋值，按要素两两比较结果构成的矩阵即为判断矩阵。从层次模型结构的第二层开始，对从属于上一层每个因素的同一层诸多元素，笔者用成对比较法和重要程度标度表构造判断矩阵，直至最下层指标。

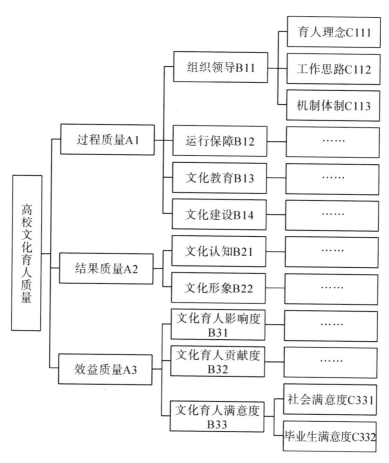

图5-1　高校文化育人质量指标体系层次结构模型

表5-5　层次分析法标度说明

重要性级别	含义	说明
1	同样重要	两因素比较，具有相同的重要性
3	略微重要	两因素比较，一个因素比另一个因素略微重要
5	明显重要	两因素比较，一个因素比另一个因素明显重要
7	非常重要	两因素比较，一个因素比另一个因素非常重要
9	绝对重要	两因素比较，一个因素比另一个因素绝对重要
2、4、6、8	—	上述相邻判断的中间值
1/3	略微不重要	两因素比较，一个因素比另一个因素稍显不重要

表5-5(续)

重要性级别	含义	说明
1/5	明显不重要	两因素比较，一个因素比另一个因素明显不重要
1/7	非常不重要	两因素比较，一个因素比另一个因素非常不重要
1/9	绝对不重要	两因素比较，一个因素比另一个因素绝对不重要

（三）判断矩阵一致性检验

为保证在进行影响因素重要性比较时，各项判断具有逻辑的一致性，笔者按照科学方法要求需要对结果进行一致性检验。一致性检验主要针对每一个判断矩阵计算其一致性比例，若一致性比例小于0.1，则检验通过；若不通过，则代表两两比较过程中有不符合逻辑之处，需重新构造判断矩阵。

第一步：计算一致性指标 CI。$CI = (\lambda_{max} - n)/(n - 1)$，笔者将 CI 作为衡量判断矩阵不一致程度的标准。

第二步：查找相应的平均随机一致性指标 RI（见表5-6）。

表 5-6　平均随机一致性指标 RI 标准值

n	1	2	3	4	5	6	7	8	9
RI	0	0	0.58	0.90	1.12	1.24	1.32	1.41	1.45

第三步：计算一致性比例 CR。$CR = CI/RI$。当 CR<0.1 时，判断矩阵是可以接受的；当 CR≥0.1 时，判断矩阵应被修改，直至达到可接受为止。

（四）计算指标权重

为确保高校文化育人质量评价指标体系的赋权更加科学合理，笔者组织了15位专家对指标进行重要程度打分。专家包括5位高校思想政治教育学领域的教授，1位高校校级领导，5位学生工作部门负责人，4位具有博士学位或正在攻读博士学位的学院副书记及资深辅导员。以上专家均对高校文化育人有较为深刻的思考和研究，对研究高校文化育人质量评价能给出相对科学、客观的意见。

1. 一级指标层（A）权重确定

根据15位专家对一级指标（A1、A2、A3）的重要程度打分结果，笔者分别构建判断矩阵，重复层次分析法的步骤，即对判断矩阵进行一致性检验，

得到具体权重。以专家 1 的打分结果计算过程为例。专家 1 认为，过程质量
（A1）和结果质量（A2）同样重要，效益质量（A3）重要性略微低于 A1 和
A2，按照层次分析法两两对比原则，A1 比 A3 略微重要且分数相差 1，因此
A1∶A3＝2，同理 A2∶A3＝2。专家 1 对 A1、A2、A3 两两重要程度打分的判
断矩阵如表 5-7 所示。

表 5-7　专家 1 对 A1、A2、A3 两两重要程度打分的判断矩阵

项目	A1	A2	A3
A1	1	1	2
A2	1	1	2
A3	1/2	1/2	1

首先，矩阵 $A = \begin{bmatrix} 1 & 1 & 2 \\ 1 & 1 & 2 \\ 1/2 & 1/2 & 1 \end{bmatrix}$，设矩阵的特征根为 λ，则有

$$A\lambda = \lambda X \Rightarrow AX = \lambda EX \Rightarrow (\lambda E - A)X = 0$$

通过矩阵的线性运算，笔者计算得到 A 的特征根 λ 有 3 个，即 $\lambda_1 = 0$，
$\lambda_1 = 0$，$\lambda_1 = 3$。在层次分析法中，笔者取判断矩阵的最大特征值（$\lambda_{max} = 3$），
这里指标数 $n = 3$，计算一致性指标 $CI = (\lambda_{max} - n)/(n - 1) = (3 - 3)/(3 - 1) = 0$。
从而，$CR = CI/RI = 0 < 0.1$（RI 查表），判断矩阵 A 通过一致性检验。

笔者对最大特征值对应的特征向量 $\alpha = (0667, 0.667, 0.333)^T$ 进行标准
化处理，即得到权向量 $w = (0.4, 0.4, 0.2)^T$。因此，专家 1 对一级指标 A1、
A2、A3 打分的权重分别为 0.4，0.4，0.2。

为方便计算，笔者根据层次分析法的计算步骤，用 R 软件编写程序，依
次对 15 位专家的打分结果进行计算。

在构建 A1、A2、A3 的判断矩阵中，15 位专家对指标重要程度打分的判
断矩阵均通过一致性检验，其中 CR 值及权重，即文化育人一级指标权重如表
5-8 所示。笔者最终得到 A1、A2、A3 的权重分别为 0.392，0.322，0.286。

表 5-8　文化育人质量一级指标权重

序号	A1	A2	A3	CR 值
专家 1	0.4	0.4	0.2	0
专家 2	0.33	0.33	0.33	0
专家 3	0.54	0.163	0.297	0.005
专家 4	0.33	0.33	0.33	0
专家 5	0.33	0.33	0.33	0
专家 6	0.5	0.25	0.25	0
专家 7	0.4	0.4	0.2	0
专家 8	0.5	0.25	0.25	0
专家 9	0.4	0.4	0.2	0
专家 10	0.2	0.4	0.4	0
专家 11	0.33	0.33	0.33	0
专家 12	0.33	0.33	0.33	0
专家 13	0.33	0.33	0.33	0
专家 14	0.4	0.4	0.2	0
专家 15	0.54	0.163	0.297	0.005
权重 W	0.392	0.322	0.286	—

2. 二级指标层（B）权重确定

笔者根据 15 位专家对二级指标重要程度对比打分的结果，分别构建判断矩阵；对判断矩阵进行一致性检验，只列出通过一致性检验的判断矩阵得到的权重。

在构建 B11、B12、B13、B14 的判断矩阵中，15 位专家对指标重要程度打分的判断矩阵均通过一致性检验，其中 CR 值及权重，即过程质量（A1）下各二级指标权重如表 5-9 所示。笔者最终得到权重 B11、B12、B13、B14 的权重分别为 0.285，0.253，0.231，0.231。

表 5-9　过程质量（A1）下各二级指标权重

序号	B11	B12	B13	B14	CR 值
专家 1	0.167	0.167	0.333	0.333	0
专家 2	0.455	0.263	0.141	0.141	0.002
专家 3	0.286	0.143	0.286	0.286	0
专家 4	0.095	0.467	0.278	0.16	0.010
专家 5	0.333	0.333	0.167	0.167	0
专家 6	0.286	0.286	0.143	0.286	0
专家 7	0.333	0.333	0.167	0.167	0
专家 8	0.333	0.333	0.167	0.167	0
专家 9	0.286	0.286	0.286	0.143	0
专家 10	0.4	0.2	0.2	0.2	0
专家 11	0.25	0.25	0.25	0.25	0
专家 12	0.25	0.25	0.25	0.25	0
专家 13	0.143	0.286	0.286	0.286	0
专家 14	0.189	0.108	0.351	0.351	0.002
专家 15	0.467	0.095	0.16	0.278	0.010
平均 W	0.285	0.253	0.231	0.231	—

在构建 B21、B22 的判断矩阵中，二阶判断矩阵均可以通过一致性检验（CR=0），15 位专家打分计算出的权重，即结果质量（A2）下各二级指标权重如表 5-10 所示。笔者求得平均权重作为 B21、B22 的权重，分别为 0.506 和 0.494。

表 5-10　结果质量（A2）下各二级指标权重

序号	B21	B22	CR 值	序号	B21	B22	CR 值
专家 1	0.5	0.5	0	专家 9	0.5	0.5	0
专家 2	0.5	0.5	0	专家 10	0.667	0.333	0
专家 3	0.333	0.667	0	专家 11	0.5	0.5	0
专家 4	0.667	0.333		专家 12	0.5	0.5	0

表5-10(续)

序号	B21	B22	CR 值	序号	B21	B22	CR 值
专家 5	0.5	0.5	0	专家 13	0.5	0.5	0
专家 6	0.5	0.5	0	专家 14	0.667	0.333	0
专家 7	0.5	0.5	0	专家 15	0.249	0.751	0
专家 8	0.5	0.5	0	平均 W	0.506	0.494	0

　　在构建 B31、B32、B33 的判断矩阵中，15 位专家对指标重要程度打分的判断矩阵均通过一致性检验，15 位专家打分计算出的权重，即效益质量（A3）下各二级指标权重如表 5-11 所示。笔者计算出 B31、B32、B33 的权重分别为 0.353，0.285，0.361。

表 5-11　效益质量（A3）下各二级指标权重

序号	B31	B32	B33	CR 值
专家 1	0.4	0.2	0.4	0
专家 2	0.333	0.333	0.333	0
专家 3	0.4	0.4	0.2	0
专家 4	0.163	0.297	0.54	0.005
专家 5	0.4	0.2	0.4	0
专家 6	0.54	0.297	0.163	0.005
专家 7	0.4	0.2	0.4	0
专家 8	0.333	0.333	0.333	0
专家 9	0.2	0.4	0.4	0
专家 10	0.297	0.163	0.54	0.005
专家 11	0.333	0.333	0.333	0
专家 12	0.333	0.333	0.333	0
专家 13	0.333	0.333	0.333	0
专家 14	0.54	0.297	0.163	0.005
专家 15	0.297	0.163	0.54	0.005
平均 W	0.353	0.285	0.361	—

3. 三级指标层（C）权重确定

笔者根据 15 位专家对各二级指标下三级指标重要程度对比打分的结果，分别构建判断矩阵；对判断矩阵进行一致性检验，只列出通过一致性检验的判断矩阵得到的权重。

在构建 C111、C112、C113 的判断矩阵中，15 位专家对指标重要程度打分的判断矩阵均通过一致性检验，其中 CR 值及权重，即组织领导（B11）下各三级指标权重如表 5-12 所示。笔者计算出 C111、C112、C113 的权重分别为 0.328，0.325，0.347。

表 5-12 组织领导（B11）下各三级指标权重

序号	C111	C112	C113	CR 值
专家 1	0.25	0.25	0.5	0
专家 2	0.333	0.333	0.333	0
专家 3	0.297	0.163	0.54	0.005
专家 4	0.163	0.297	0.54	0.005
专家 5	0.2	0.4	0.4	0
专家 6	0.4	0.4	0.2	0
专家 7	0.333	0.333	0.333	0
专家 8	0.4	0.4	0.2	0
专家 9	0.333	0.333	0.333	0
专家 10	0.333	0.333	0.333	0
专家 11	0.333	0.333	0.333	0
专家 12	0.333	0.333	0.333	0
专家 13	0.333	0.333	0.333	0
专家 14	0.333	0.333	0.333	0
专家 15	0.54	0.297	0.163	0.005
平均 W	0.328	0.325	0.347	—

在构建 C121、C122、C123 的判断矩阵中，15 位专家对指标重要程度打分的判断矩阵均通过一致性检验，其中 CR 值及权重，即运行保障（B12）下各三级指标权重如表 5-13 所示。笔者计算出 C121、C122、C123 的最终权重分别为 0.351，0.301，0.348。

表 5-13　运行保障（B12）下各三级指标权重

序号	C121	C122	C123	CR 值
专家 1	0.5	0.25	0.25	0
专家 2	0.2	0.4	0.4	0
专家 3	0.2	0.4	0.4	0
专家 4	0.163	0.297	0.54	0.005
专家 5	0.4	0.2	0.4	0
专家 6	0.4	0.2	0.4	0
专家 7	0.4	0.2	0.4	0
专家 8	0.333	0.333	0.333	0
专家 9	0.333	0.333	0.333	0
专家 10	0.4	0.2	0.4	0
专家 11	0.333	0.333	0.333	0
专家 12	0.333	0.333	0.333	0
专家 13	0.333	0.333	0.333	0
专家 14	0.4	0.4	0.2	0
专家 15	0.54	0.297	0.163	0
平均 W	0.351	0.301	0.348	—

在构建 C131、C132、C133 的判断矩阵中，15 位专家对指标重要程度打分的判断矩阵均通过一致性检验，其中 CR 值及权重，即文化教育（B13）下各三级指标权重如表 5-14 所示。笔者计算出 C131、C132、C133 的权重分别为 0.417，0.340，0.243。

表 5-14　文化教育（B13）下各三级指标权重

序号	C131	C132	C133	CR 值
专家 1	0.4	0.4	0.2	0
专家 2	0.333	0.333	0.333	0
专家 3	0.5	0.25	0.25	0
专家 4	0.54	0.163	0.297	0.005

表5-15（续）

序号	C131	C132	C133	CR 值
专家 5	0.54	0.297	0.163	0.005
专家 6	0.559	0.32	0.122	0.013
专家 7	0.4	0.4	0.2	0
专家 8	0.4	0.4	0.2	0
专家 9	0.2	0.4	0.4	0
专家 10	0.444	0.444	0.111	0
专家 11	0.333	0.333	0.333	0
专家 12	0.333	0.333	0.333	0
专家 13	0.333	0.333	0.333	0
专家 14	0.4	0.4	0.2	0
专家 15	0.54	0.297	0.163	0.005
平均 W	0.417	0.340	0.243	—

在构建 C141、C142、C143、C144 的判断矩阵中，15 位专家对指标重要程度打分的判断矩阵均通过一致性检验，其中 CR 值及权重，即文化建设（B14）下各三级指标权重如表 5-15 所示。笔者计算出 C141、C142、C143、C144 的权重分别为 0.320，0.298，0.242，0.139。

表 5-15　文化建设（B14）下各三级指标权重

序号	C141	C142	C143	C144	CR 值
专家 1	0.286	0.286	0.286	0.143	0
专家 2	0.25	0.25	0.25	0.25	0
专家 3	0.423	0.227	0.227	0.122	0
专家 4	0.467	0.278	0.16	0.095	0.01
专家 5	0.351	0.351	0.189	0.108	0.002
专家 6	0.386	0.386	0.142	0.087	0
专家 7	0.3	0.3	0.3	0.099	0
专家 8	0.351	0.351	0.189	0.108	0.002

表5-15(续)

序号	C141	C142	C143	C144	CR 值
专家 9	0.25	0.25	0.25	0.25	0
专家 10	0.351	0.351	0.189	0.108	0.002
专家 11	0.25	0.25	0.25	0.25	0
专家 12	0.308	0.308	0.308	0.077	0
专家 13	0.125	0.375	0.375	0.125	0
专家 14	0.286	0.286	0.286	0.143	0
专家 15	0.423	0.227	0.227	0.122	0
平均 W	0.320	0.298	0.242	0.139	—

在构建 C211、C212 的判断矩阵中，二阶判断矩阵均可以通过一致性检验（CR＝0），15 位专家打分计算出的权重，即文化认知（B21）下各三级指标权重如表 5-16 所示。笔者求得平均权重作为 C211、C212 的权重，分别为 0.472 和 0.528。

表 5-16　文化认知（B21）下各三级指标权重

序号	C211	C212	CR 值	序号	C211	C212	CR 值
专家 1	0.5	0.5	0	专家 9	0.5	0.5	0
专家 2	0.5	0.5	0	专家 10	0.333	0.667	0
专家 3	0.333	0.667	0	专家 11	0.5	0.5	0
专家 4	0.667	0.333	0	专家 12	0.5	0.5	0
专家 5	0.333	0.667	0	专家 13	0.5	0.5	0
专家 6	0.5	0.5	0	专家 14	0.667	0.333	0
专家 7	0.5	0.5	0	专家 15	0.249	0.751	0
专家 8	0.5	0.5	0	平均 W	0.472	0.528	0

在构建 C221、C222 的判断矩阵中，二阶判断矩阵均可以通过一致性检验（CR＝0），15 位专家打分计算出的权重，即文化形象（B22）下各三级指标权重如表 5-17 所示。笔者求得平均权重作为 C221、C222 的权重，分别为 0.522 和 0.478。

表 5-17　文化形象（B22）下各三级指标权重

序号	C221	C222	CR 值	序号	C221	C222	CR 值
专家 1	0.5	0.5	0	专家 9	0.333	0.667	0
专家 2	0.5	0.5	0	专家 10	0.5	0.5	0
专家 3	0.5	0.5	0	专家 11	0.5	0.5	0
专家 4	0.667	0.333	0	专家 12	0.5	0.5	0
专家 5	0.333	0.667	0	专家 13	0.5	0.5	0
专家 6	0.667	0.333	0	专家 14	0.667	0.333	0
专家 7	0.5	0.5	0	专家 15	0.667	0.333	0
专家 8	0.5	0.5	0	平均 W	0.522	0.478	0

在构建 C311、C312 的判断矩阵中，二阶判断矩阵均可以通过一致性检验（CR=0），15 位专家打分计算出的权重，即文化育人影响度（B31）下各三级指标权重如表 5-18 所示。笔者求得平均权重作为 C311、C312 的权重，分别为 0.545 和 0.455。

表 5-18　文化育人影响度（B31）下各三级指标权重

序号	C311	C312	CR 值	序号	C311	C312	CR 值
专家 1	0.667	0.333	0	专家 9	0.333	0.667	0
专家 2	0.667	0.333	0	专家 10	0.751	0.249	0
专家 3	0.333	0.667	0	专家 11	0.5	0.5	0
专家 4	0.333	0.667	0	专家 12	0.333	0.667	0
专家 5	0.5	0.5	0	专家 13	0.5	0.5	0
专家 6	0.667	0.333	0	专家 14	0.751	0.249	0
专家 7	0.5	0.5	0	专家 15	0.667	0.333	0
专家 8	0.667	0.333	0	平均 W	0.545	0.455	0

在构建 C321、C322 的判断矩阵中，二阶判断矩阵均可以通过一致性检验（CR=0），15 位专家打分计算出的权重，即文化育人贡献度（B32）下各三级指标权重如表 5-19 所示。笔者求得平均权重作为 C321、C322 的权重，分别为 0.539 和 0.461。

表 5-19　文化育人贡献度（B32）下各三级指标权重

序号	C321	C322	CR 值	序号	C321	C322	CR 值
专家 1	0.667	0.333	0	专家 9	0.333	0.667	0
专家 2	0.333	0.667	0	专家 10	0.333	0.667	0
专家 3	0.667	0.333	0	专家 11	0.5	0.5	0
专家 4	0.333	0.667	0	专家 12	0.5	0.5	0
专家 5	0.667	0.333	0	专家 13	0.5	0.5	0
专家 6	0.667	0.333	0	专家 14	0.667	0.333	0
专家 7	0.667	0.333	0	专家 15	0.751	0.249	0
专家 8	0.5	0.5	0	平均 W	0.539	0.461	0

在构建 C331、C332 的判断矩阵中，二阶判断矩阵均可以通过一致性检验（CR＝0），15 位专家打分计算出的权重，即文化育人满意度（B33）下各三级指标权重如表 5-20 所示。笔者求得平均权重作为 C331、C332 的权重，分别为 0.472 和 0.528。

表 5-20　文化育人满意度（B33）下各三级指标权重

序号	C331	C332	CR 值	序号	C331	C332	CR 值
专家 1	0.5	0.5	0	专家 9	0.5	0.5	0
专家 2	0.5	0.5	0	专家 10	0.5	0.5	0
专家 3	0.667	0.333	0	专家 11	0.5	0.5	0
专家 4	0.333	0.667	0	专家 12	0.5	0.5	0
专家 5	0.333	0.667	0	专家 13	0.5	0.5	0
专家 6	0.333	0.667	0	专家 14	0.5	0.5	0
专家 7	0.249	0.751	0	专家 15	0.667	0.333	0
专家 8	0.5	0.5	0	平均 W	0.472	0.528	0

4. 各层级指标权重汇总

笔者以各同属于一级指标下的二级指标的总权重等于 1（过程质量 A1 的权重＝1，结果质量 A2 的权重＝1，结果质量 A3 的权重＝1），将三级指标权重进行折算，各三级指标相对于二级指标的权重折算如表 5-21 所示。

表 5-21　各三级指标相对于二级指标的权重折算

层次 C	B11 0.285	B12 0.253	B13 0.231	B14 0.231	B21 0.506	B22 0.494	B31 0.353	B32 0.285	B33 0.361	各三级指标相对于二级指标的权重
C111	0.328									0.093
C112	0.325									0.093
C113	0.347									0.099
C121		0.351								0.089
C122		0.301								0.076
C123		0.348								0.088
C131			0.417							0.096
C132			0.340							0.079
C133			0.243							0.056
C141				0.320						0.074
C142				0.298						0.069
C143				0.242						0.056
C144				0.139						0.032
C211					0.472					0.239
C212					0.528					0.267
C221						0.522				0.258
C222						0.478				0.236
C311							0.545			0.192
C312							0.455			0.161
C321								0.539		0.154
C322								0.461		0.132
C331									0.472	0.170
C322									0.528	0.190

　　笔者再以文化育人质量的总权重等于 1（F＝1），将三级指标权重再次进行折算，得到最终确定的各层级指标权重（见表 5-22）。

表 5-22　各层级指标权重

维度指标 A （一级指标）	分类指标 B （二级指标）	二级指标 权重	观测指标 C （三级指标）	三级指标 权重
过程质量 A1 （0.392）	组织领导 B11	0.111	育人理念 C111	0.036
			工作思路 C112	0.036
			体制机制 C113	0.039
	运行保障 B12	0.099	队伍保障 C121	0.035
			经费保障 C122	0.030
			制度保障 C123	0.034
	文化教育 B13	0.091	中华优秀传统文化、革命文化和社会主义 先进文化教育进课堂 C131	0.038
			中华优秀传统文化、革命文化和社会主义 先进文化主题教育活动 C132	0.031
			中华优秀传统文化、革命文化和社会主义 先进文化教育资源库及基地建设 C133	0.022
	文化建设 B14	0.091	大学精神与校园价值观 C141	0.029
			校风、教风、学风建设 C142	0.027
			校园文化活动 C143	0.022
			校园景观建设 C144	0.013
结果质量 A2 （0.322）	文化认知 B21	0.163	大学生对文化观的正确认知 C211	0.077
			大学生对中国精神、东西方文化的认知 C212	0.086
	文化形象 B22	0.159	大学生精神风貌 C221	0.083
			大学生文明行为 C222	0.076
效益质量 A3 （0.286）	文化育人 影响度 B31	0.101	育人特色显示度 C311	0.055
			育人成果推广度 C312	0.046
	文化育人 贡献度 B32	0.082	社会服务好评度 C321	0.044
			实践创新贡献度 C322	0.038
	文化育人 满意度 B33	0.103	社会满意度 C331	0.049
			毕业生满意度 C332	0.054

5. 指标权重结果分析

由指标权重得分可见，过程质量是高校文化育人质量的基础，反映了高校文化育人工作的全貌，其重要程度大于结果质量和效益质量，是评价高校文化育人质量的重点，也是提升高校文化育人质量的关键点。过程质量下的组织领导、运行保障、文化教育、文化建设四个二级指标的重要程度大体相当，从不同侧面体现着过程质量的情况。结果质量的重要程度仅次于过程质量，其中文化认知的重要程度略高于文化形象的重要程度，反映了高校文化育人对大学生文化认知的影响更大。效益质量在一级指标中占比最低，与效益质量除文化育人外还受多种因素影响有关，是思想、道德、政治等多种教育影响的共同结果。高校文化育人质量评价指标体系的权重在一定程度上合理体现了高校文化育人质量的影响因素及重要程度。需要指出的是，层次分析法对指标权重的设计大多根据专家主观经验而设定，在一般情况下其权重排序较为合理，但人的意志因素仍然摆脱不了主观性和多变性，各指标的权重分配可能会存在与实际的偏差，需要在实践中进一步修改和完善。

第六章
高校文化育人质量评价
指标体系的实证研究

为把握高校文化育人质量现状，发现并解决高校文化育人质量建设中存在的问题，有针对性地提升高校文化育人质量，本章尝试运用已构建的高校文化育人质量评价指标体系，通过多层次模糊综合评价法、层次分析法等方法，以 G 大学为例进行实证研究。

一、G 大学文化育人质量评价的方案设计

G 大学是一所具有鲜明财经特色的地方应用研究型大学，有 20 个二级学院，有教职工 2 400 余人，有本、硕、博层次在校生 3 万余人。G 大学先后荣获地方"十佳园林式单位""文明单位""美丽校园"等称号。笔者邀请思想政治教育领域专家组成评价小组，对该校文化育人质量开展评价工作。

（一）评价内容的构成

笔者以高校文化育人质量评价指标体系具体标准为依据，设计两部分评价内容。第一部分由专家根据 G 大学团委、宣传部、学工部等职能部门整理的资料档案，对高校文化育人过程质量维度全部指标、效益质量维度部分指标进行"优""良""中""差"的评级。第二部分以问卷调查、深度访谈形式考察高校文化育人结果质量及效益质量，得出高校文化育人结果质量维度全部指标、效益质量维度部分指标相关信息，再对调查结果进行量化统计分析。最后，笔者将各部分评价结果进行数据化处理，根据指标权重，以"优""良""中""差"为等级标准，得出 G 大学高校文化育人质量的最终评级。

（二）评价方法的选择

笔者根据文化育人质量评价定性与定量相结合的原则，采用模糊综合评价法进行统计分析。模糊综合评价法是借助模糊数学的一些概念，对实际中的综合评价问题提供一套行之有效的定量评价方法。模糊综合评价法以模糊数学为基础，应用模糊关系合成的原理，将一些边界不清晰、不易定量的因素定量化，从多个因素对被评价事物隶属度等级状况进行综合性评价的方法。其基本步骤如下：在第一部分中，笔者首先确定被评价对象的因素集和评语集；其次分别确定各个因素的权重和它们的隶属度向量，获得模糊评判矩阵；最后利用模糊合成算子将因素权向量和模糊评判矩阵进行模糊运算，得到模糊评价结果。在得出第二部分的数据和得分之后，笔者将其代入评价指标体系，通过模糊综合评级法判断出最终综合评价等级。

（三）评价小组的组建

评价小组由从事思想政治教育工作多年的 6 名专家组成。其中思想政治教育学教授 2 人、校团委负责人 1 人、宣传部负责人 1 人、学工部干部 1 人、二级学院党委副书记 1 人。评价小组主要负责评价具体执行标准的确定、材料真实性与科学性的鉴定、评价结果的解释与讨论等。在评价实施之前，评价小组通过集中座谈会，对高校文化育人相关政策文件、思想政治教育理论、评价技术与方法等相关内容进行了学习，就评价目的、意义、各项评价指标具体内涵及标准达成了共识。评价小组在认真进行材料审核、实地考察后，正式开启评价工作。

（四）等级标准的确定

根据高校文化育人质量评价指标体系，结合实际情况，评价小组经反复讨论，确定了 G 大学文化育人质量评价各指标的等级标准（见表6-1）。

表6-1　G 大学文化育人质量评价各指标的等级标准

一级指标	二级指标	三级指标	标准	测评方式	指标权重
过程质量 A1	组织领导 B11	育人理念 C111	①人才培养方案中体现立德树人、以人为本 ②文化育人相关工作纳入学校事业发展规划	材料审核	0.036
			符合上述两项标准为"优"，符合其中一项为"中"，其余情形为"差"		
		工作思路 C112	①有明确的文化育人工作思路 ②坚持思想政治教育十大育人体系协同规划部署	材料审核	0.036
			符合上述两项标准为"优"，符合其中一项为"中"，其余情形为"差"		
		体制机制 C113	①有领导小组和专门工作会议，由学校关键责任人任组长 ②学校相关部门有明确的职责和相应的任务 ③学校评估部门定期进行任务评价与考核	材料审核	0.039
			符合上述三项标准为"优"，符合其中二项为"良"，符合其中一项为"中"，其余情形为"差"		

表6-1(续)

一级指标	二级指标	三级指标	标准	测评方式	指标权重
过程质量 A1	运行保障 B12	队伍保障 C121	①对党团干部及相关责任人有明确的任务要求、管理考核办法 ②文化育人队伍配备充足（与辅导员配比相当），专兼职比例适当（与辅导员配比相当） ③有文化育人队伍的培训、表彰	材料审核	0.035
			符合上述三项标准为"优"，符合其中二项为"良"，符合其中一项为"中"，其余情形为"差"		
		经费保障 C122	①在思想政治工作经费中设置专门预算科目 ②文化育人经费不低于十大育人体系工作经费平均水平 ③经费专款专用	材料审核	0.03
			符合上述三项标准为"优"，符合其中二项为"良"，符合其中一项为"中"，其余情形为"差"		
		制度保障 C123	①学校及其各二级相关部门有文化育人及配套文件 ②近三年有修订文化育人相关文件	材料审核	0.034
			符合上述两项标准为"优"，符合其中一项为"中"，其余情形为"差"		
	文化教育 B13	中华优秀传统文化、革命文化和社会主义先进文化教育进课堂 C131	①有中华优秀传统文化、革命文化、社会主义先进文化及"四史"等相关必修、选修课程设置 ②支持相关学科建设	材料审核	0.038
			符合上述两项标准为"优"，符合其中一项为"中"，其余情形为"差"		
		中华优秀传统文化、革命文化和社会主义先进文化主题教育活动 C132	①定期开展高雅艺术进校园活动 ②利用重大纪念日、重要庆典、班会、团日活动等开展主题教育活动 ③开展社会主义核心价值观教育活动	材料审核 实地考察	0.031
			符合上述三项标准为"优"，符合其中二项为"良"，符合其中一项为"中"，其余情形为"差"		

表6-1(续)

一级指标	二级指标	三级指标	标准	测评方式	指标权重
过程质量 A1	文化教育 B13	中华优秀传统文化、革命文化和社会主义先进文化教育资源库及基地建设 C133	①持续开发网络或实体文化教育资源库 ②有定点联系的爱国主义教育基地、文化教育基地,并持续合作	材料审核 实地考察	0.022
			符合上述两项标准为"优",符合其中一项为"中",其余情形为"差"		
	文化建设 B14	大学精神与校园价值观 C141	①有校训、校徽、校史陈列馆 ②师生普遍了解、认同大学精神 ③形成了较为和谐统一的校园价值观	材料审核 实地考察	0.029
			符合上述三项标准为"优",符合其中二项为"良",符合其中一项为"中",其余情形为"差"		
		校风、教风、学风建设 C142	①有校园文化建设总体规划 ②有系统的校园统一标识建设 ③有校风、教风、学风建设具体举措,并定期进行督查	材料审核 实地考察	0.027
			符合上述三项标准为"优",符合其中二项为"良",符合其中一项为"中",其余情形为"差"		
		校园文化活动 C143	①开展健康向上的各类校园文体活动,积极打造品牌 ②定期开展学生宿舍及生活园区文化活动	材料审核 实地考察	0.022
			符合上述两项标准为"优",符合其中一项为"中",其余情形为"差"		
		校园景观建设 C144	①校园教学、生活设施场所规划合理 ②有展览馆、礼堂、学生活动中心等必要的文化体育场馆 ③形成有格调的、高雅的人文景观和优美的自然风光	材料审核 实地考察	0.013
			符合上述三项标准为"优",符合其中二项为"良",符合其中一项为"中",其余情形为"差"		

表6-1(续)

一级指标	二级指标	三级指标	标准	测评方式	指标权重
结果质量 A2	文化认知	大学生对正确文化观的认知 C211	①认同马克思主义文化观 ②坚守科学精神与学术道德 ③能清楚认识自身使命	调查问卷访谈	0.077
			调查样本90%符合上述三项标准为"优",80%符合则为"良",70%符合则为"中",其余情形为"差"		
		大学生对中国精神、东西方文化的认知 C212	①认同中国精神 ②分辨和抵御错误思潮 ③坚持平等、互鉴、对话、包容的文明观	调查问卷访谈	0.086
			调查样本90%符合上述三项标准为"优",80%符合则为"良",70%符合则为"中",其余情形为"差"		
	文化形象	大学生精神风貌 C221	①践行社会主义核心价值观 ②有朝气蓬勃、务实进取、向上向善的整体面貌	调查问卷访谈	0.083
			调查样本90%符合上述两项标准为"优",80%符合则为"良",70%符合则为"中",其余情形为"差"		
		大学生文明行为 C222	①有符合法律规定的规范行为 ②有良好的行为习惯和文明举止	调查问卷访谈	0.076
			调查样本90%符合上述两项标准为"优",80%符合则为"良",70%符合则为"中",其余情形为"差"		
效益质量 A3	文化育人影响度 B31	育人特色显示度 C313	①形成有影响力的文化品牌 ②建成文化传承基地 ③校园文化建设优秀成果获评省部级及以上校园文化建设示范项目、特色展示项目	材料审核	0.055
			符合上述三项标准为"优",符合其中二项为"良",符合其中一项为"中",其余情形为"差"		

表6-1(续)

一级指标	二级指标	三级指标	标准	测评方式	指标权重
效益质量 A3	文化育人影响度 B31	育人成果推广度 C312	①形成可复制、可推广的文化育人经验 ②文化育人经验获省部级及以上政府部门批示或国家级媒体宣传报道	材料审核	0.046
			符合上述两项标准为"优",符合其中一项为"中",其余情形为"差"		
	文化育人贡献度 B32	社会服务好评度 C321	①参与社会公共文化服务 ②有大学生获评省部级以上精神文明先进个人、道德模范等荣誉 ③有师生公益志愿活动、社会服务典型事迹	材料审核	0.044
			符合上述三项标准为"优",符合其中二项为"良",符合其中一项为"中",其余情形为"差"		
		实践创新贡献度 C322	①大学生文化科技研究成果获评省部级及以上荣誉,或成果转化产生经济、社会效益 ②大学生原创文化艺术精品力作获省部级及以上荣誉	材料审核	0.038
			符合上述两项标准为"优",符合其中一项为"中",其余情形为"差"		
	文化育人满意度 C33	社会满意度 C331	用人单位对毕业生文化素质的满意度较高	调查问卷访谈	0.049
			调查样本达90%为"满意"及以上则为"优",80%则为"良",70%则为"中",其余情形为"差"		
		毕业生满意度 C332	毕业生对自身文化素质的满意度较高	调查问卷访谈	0.054
			调查样本达90%为"满意"及以上则为"优",80%则为"良",70%则为"中",其余情形为"差"		
评价结果	根据各三级指标评价等级,结合指标权重,按照指标结构依次向上进行二级指标、一级指标量化,最终求得G大学文化育人质量的综合评定值				

在确定了 G 大学文化育人质量评价实施方案后，笔者可以根据评价指标体系，运用综合模糊判定法对评价对象进行初步评定，再配合对大学生的文化素质、毕业生对高校文化育人满意度、用人单位对毕业生文化素质满意度等情况的调查，掌握高校文化育人人才培养实效，形成高校文化育人质量的最终结果。

（一）综合判定结果的得出

1. 方法的选择和运用

高校文化育人质量评价是基于定性和定量相结合的以等级为标准的综合结果判定，既无法完全通过数量来体现，又不能简单地以"是"和"否"来回答，而是用属于程度的"优""良""中""差"来表达，这种"程度"大小的描述就可以用隶属函数来表示。因此，其在方法上适合运用综合模糊判定法。

经典数学的基础是普通集合论，它可以用"非此即彼"来描述并且有明确的外延、边界分明。特征函数 $X_A(x)$ 表示如下：

$$X_A(x) = \begin{cases} 1 & \text{当 } x \in A \\ 0 & \text{当 } x \notin A \end{cases}$$

但是，对没有明确外延、边界不分明的模糊概念 X，即"亦此亦比"，无法用普通集合来表示，使用模糊集合的隶属函数表示如下：

$$X_A(x) = a \qquad 0 \leqslant a \leqslant 1$$

式中，A 为论域 $X = \{x_1, x_2, \cdots, x_n\}$ 中的一个模糊集，$X_A(x) \in [0, 1]$ 为 x 对 A 的隶属度，其中 $x \in X$。

若 A 的隶属函数为 X_A，则 A 的向量表示为 $A = \{x_1, x_2, \cdots, x_n\}$

2. 判定结果的逐级推导

（1）三级指标评价结果。专家组通过材料审核、实地考察、调查研究等方法，按照高校文化育人质量评价指标体系，先得出 G 大学文化育人各三级指标评价结果（见表6-2）。

表 6-2　G 大学文化育人质量三级指标评价结果

维度指标 （一级指标）	分类指标 （二级指标）	观测指标 C （三级指标）	评价 结果	指标 权重
过程质量 A1	组织领导 B11	育人理念 C111	良	0.036
		工作思路 C112	优	0.036
		体制机制 C113	良	0.039
	运行保障 B12	队伍保障 C121	优	0.035
		经费保障 C122	良	0.030
		制度保障 C123	良	0.034
	文化教育 B13	中华优秀传统文化、革命文化和社会主义 先进文化教育进课堂 C131	良	0.038
		中华优秀传统文化、革命文化和社会主义 先进文化主题教育活动 C132	优	0.031
		中华优秀传统文化、革命文化和社会主义 先进文化教育资源库及基地建设 C133	中	0.022
	文化建设 B14	大学精神与校园价值观 C141	良	0.029
		校风、教风、学风建设 C142	良	0.027
		校园文化活动 C143	优	0.022
		校园景观建设 C144	优	0.013
结果质量 A2	文化认知 B21	大学生对文化观的正确认知 C211	良	0.077
		大学生对中国精神、东西方文化的认知 C212	良	0.086
	文化形象 B22	大学生精神风貌 C221	良	0.083
		大学生文明行为 C222	良	0.076
效益质量 A3	文化育人 影响度 B31	育人特色显示度 C311	良	0.055
		育人成果推广度 C312	中	0.046
	文化育人 贡献度 B32	社会服务好评度 C321	中	0.044
		实践创新贡献度 C322	良	0.038
	文化育人 满意度 B33	社会满意度 C331	优	0.049
		毕业生满意度 C332	良	0.054

（2）二级指标评价结果。笔者根据综合模糊判定法最大隶属度原则，在获得各三级指标评价等级的基础上，从三级指标开始，结合指标权重，按照指标结构依次向上进行二级指标、一级指标量化，最终求得 G 大学文化育人质量的综合评定值。根据综合模糊运算，笔者得到的 G 大学文化育人质量二级指标评价结果如表 6-3 所示。

表 6-3　G 大学文化育人质量二级指标评价结果

维度指标	分类指标	评价结果	指标权重
过程质量 A1	组织领导 B11	良	0.111
	运行保障 B12	良	0.099
	文化教育 B13	良	0.091
	文化建设 B14	良	0.091
结果质量 A2	文化认知 B21	良	0.163
	文化形象 B22	良	0.159
效益质量 A3	文化育人影响度 B31	良	0.101
	文化育人贡献度 B32	良	0.082
	文化育人满意度 B33	良	0.103

根据最大隶属度原则，笔者得到的 G 大学二级指标总体水平为"良"。

（3）一级指标评价结果。笔者根据综合模糊运算结果，得到的 G 大学文化育人质量一级指标评价结果如表 6-4 所示。

表 6-4　G 大学文化育人质量一级指标评价结果

维度指标	评价等级				评价结果	指标权重
	优	良	中	差		
过程质量 A1	0.315	0.585	0.102	0.000	良	0.392
结果质量 A2	0.097	0.597	0.218	0.089	良	0.322
效益质量 A3	0.241	0.631	0.254	0.008	良	0.286

根据最大隶属度原则，笔者得到的 G 大学文化育人质量一级指标总体水平为"良"。

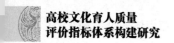
（4）综合指标评价结果。

通过综合模糊运算，笔者得到的 G 高校文化育人质量评价质量综合隶属度为

$$A_{G大学} = （0.223，0.602，0.183，0.183）$$

根据最大隶属度原则，G 高校文化育人质量总体水平属于"良"，表明 G 高校的文化育人质量处于较好的水平。

（二）调查问卷的设计与分析

1. 调查问卷的设计

高校文化育人质量调查问卷主要是为了掌握高校文化育人人才培养实效，即大学生的文化素质究竟如何、毕业生对高校文化育人是否满意、用人单位如何评价毕业生文化素质等情况。调查问卷由以下三部分组成：

（1）大学生文化素质测评。大学生文化素质测评以了解大学生文化认知、文化形象等情况为测评目标，旨在掌握大学生文化素质整体样貌。调查问卷由两部分组成：一是测评对象的基本状态，主要是采集学生的基本信息（性别、年级、政治面貌等），便于进行差异分析，基本形式是选择题；二是实效测评量表，基本形式是测评量表。测评量表从文化认知和文化形象维度出发，从对文化本质、文化价值的认识，对中国精神的认识，对东西方文化的认识，精神风貌和文明行为五个维度考虑，以题项的形式表达，形成初测量表，包括五个维度，共有题项 33 个。其中，题目 1~6 是对文化本质、文化价值的认识维度，题目 7~13 是对中国精神的认识维度，题目 14~20 是对东西方文化的认识维度，题目 21~27 是精神风貌维度，题目 28~33 是文明行为维度，第 1，4，5，11，13，21~33 题为反向计分。量表使用五级计分，从 1 "非常赞成"到 5 "强烈反对"，分数越高说明大学生文化素质越好。

大学生文化素质测评于 2021 年 12 月在 G 大学选取 89 名学生实施初测，在初测的科学性经论证后，笔者根据论证结果对题项进行了适当删减，编制出最终版量表。最终版量表保留题项 31 个，于 2022 年 1 月在 G 大学选取 402 名学生进行正式测试。笔者发放问卷 402 份，回收有效问卷 385 份，问卷回收率为 95.77%。

（2）毕业生文化育人满意度调查。毕业生文化育人满意度调查以了解高校文化育人对毕业生的持续影响程度及毕业生对高校文化育人认可程度、接受程度为测评目标，旨在把握 G 大学毕业生对母校文化育人的整体满意度。调查内容包含了测评对象的性别、攻读学位层次、学科、毕业年限等基本状态采集，共 4 个问题，进行比较分析和归因分析；对母校文化育人具体工作满意度的测试，共 16 个问题，采用自评式五级量表法，通过快速直观地获取调查对象对主题的满意程度并进行量化；此外，毕业生参与文化教育活动的热情与兴趣、对母校文化育人整体工作的看法和态度等的调查共 11 个问题，以了解高校文化育人对毕业生的影响程度。为此，笔者编制了 G 大学毕业生文化育人满意度调查问卷，于 2022 年 1 月至 2 月采取问卷星线上调查方式，以 G 大学毕业生为调查范围进行数据的采集、回收与整理。笔者在调查期间内共发放问卷 300 份，回收有效问卷 278 份，问卷回收率为 92.67%。

（3）用人单位对毕业生文化素质满意度深度访谈。为了解用人单位对 G 大学毕业生文化素质满意度，笔者设计了用人单位对 G 大学毕业生文化素质满意度访谈提纲，问题涉及该单位有多少名 G 大学毕业生、其岗位及职级是什么情况等基本信息，对这些毕业生的整体印象及其共同特点、工作胜任情况等群体画像，这些毕业生所呈现出的文化素质如何、这些文化素质体现在哪些方面、对其文化素质满意度如何等关键信息。根据 G 大学就业部门的信息，得到用人单位许可后，笔者选取了接受该校毕业生较多的 1 家本地事业单位、1 家本地大型民营企业、2 家本地中小型民营企业、1 家外地政府行政部门、1 家外地大型民营企业在内的 6 家用人单位，于 2022 年 1 月至 3 月采取现场走访、线上视频会议等调查形式分别与 6 家单位进行了交流。在平均时长 1 小时的交流过程中，笔者邀请用人单位的人力资源部门负责人或单位总负责人就访谈提纲中的相关问题进行讨论，获得了较为详细的信息。

2. 调查问卷的检验

调查问卷的检验包括信度检验和效度检验。信度检验用于测量样本回答结果是否可靠，即样本有没有真实作答量表类题项，衡量问卷结果信度的指标以相关系数为主，主要有稳定系数、等值系数和内在一致性系数三类。信度系数的范围是 0~1，信度系数越大，说明问卷调查结果的信度越大。一般来说，信度系数大于 0.8 时，表示信度很高；信度系数在 0.7~0.8，表示信度比较好；信度系数在 0.6~0.7，表示信度可以接受；信度系数在 0.6 以下，表示不可接受。笔者以此标准来衡量各个量表的信度。效度即有效性，它是指测量工具或手段能够准确测出所需测量的事物的程度。效度分为三种类型：

内容效度、准则效度、结构效度。效度的测量方法多样。本次调查主要采用因子分析测量其结构效度。结构效度是指测量结果体现出来的某种结构与测量值之间的对应程度。结构效度分析所采用的方法是因子分析，即利用因子分析测量量表或整个问卷的结构效度。判断样本数据是否适合进行因子分析，可以从取样适切性量数（KMO）值的大小来判别。KMO 值介于 0~1，KMO 值越接近于 1，则越合适做因子分析；越接近 0，则越不适合做因子分析。

笔者通过 SPSS 软件对大学生文化素质测评问卷进行检验，结果显示 KMO = 0.803，Bartlett 球形检验卡方值为 1 356.14，自由度为 465（$p < 0.05$），说明题项之间存在明显的相关，有共同因素存在，适合进行因素分析。量表内部一致性（Cronbach's α）系数为 0.902，基于标准化项的 Cronbach's α 系数为 0.913，信度很好。各维度之间与总分之间的相关性最高为 0.812、最低为 0.666，各维度之间具有中等程度相关，各维度与总分之间呈中等偏高相关，说明量表的结构效度较好。

笔者通过 SPSS 软件对毕业生满意度问卷进行检验，结果显示 KMO = 0.944，Bartlett 球形检验卡方值为 7 783.504，自由度 351（$p < 0.05$），说明题项之间存在明显的相关，有共同因素存在，适合进行因素分析。笔者采用限定因子方差极大正交旋转的方法和碎石图，再根据理论构想抽取 4 个因子，发现这 4 个因子揭示累积方差贡献率为 70.529%，表明这 4 个因子可以很好地解释数据。量表内部一致性（Cronbach's α）系数为 0.948，基于标准化项的 Cronbach's α 系数为 0.951，说明问卷信度很好。各维度之间与总分之间的相关性最高为 0.934、最低为 0.459，各维度之间具有中等程度相关，各维度与总分之间呈中等偏高相关，说明量表的结构效度较好。

由此可知，两份问卷设计合理，适合进一步分析。

3. 调查结果的统计

（1）关于 G 大学生文化素质状况的调查结果。从受访对象基本信息来看，女生约占七成，男生约占三成，基本与 G 大学男女生比例一致。受访对象涉及在读本科生和研究生，其中大一、大二、大三学生占主体，占比为 82.8%。在受访对象所属学科中，文法类占 8.6%，理工类占 12.2%，艺体类占 13.2%，经管类占 59.5%，与 G 大学经管类高校性质归属相符。受访对象中共青团员占 53.8%，正式党员、预备党员及入党积极分子占 33.6%，符合大学生政治面貌一般比例（见表 6-5）。

表 6-5　受访大学生基本信息统计

基本资料分类		人数	百分比/%
性别	男	110	28.6
	女	275	71.4
年级	大一	67	17.4
	大二	156	40.5
	大三	96	24.9
	大四	28	7.3
	研究生	38	9.9
所属学科	文法类	33	8.6
	经管类	229	59.5
	理工类	47	12.2
	艺体类	51	13.2
	其他	25	6.5
政治面貌	正式党员	16	4.2
	预备党员	18	4.7
	入党积极分子	95	24.7
	共青团员	207	53.8
	群众	49	12.7

　　笔者对在校大学生文化素质状况实效测评的分数情况进行统计发现，最高平均分为 4.94 分，最低平均分为 3.32 分，得分越高，说明大学生文化认知、文化形象状况越好，得分越低说明效果越差。如表 6-6 所示，G 大学在校大学生文化素质状况实效测评效果的总平均分为 4.16 分，属中等偏高水平。这说明 G 大学学生整体呈现出积极向上的状态，绝大部分学生持正确的文化观，对文化事件的认识、对美丑的分辨、对民族精神和时代精神的理解、对中华文化、西方文化的看法和态度等都符合文化育人总体方向，学生对正能量的坚守和弘扬、对礼仪规范的践行也总体符合新时代大学生应展现出的文化形象。

表 6-6　大学生文化素质总体情况表

维度与总平均分	平均值（M）	标准差（SD）	极小值	极大值
对文化本质、文化价值的认识	3.728 6	0.552 60	1.75	5.00
对中国精神的认识	4.384 4	0.496 81	1.00	5.00
对东西方文化的认识	4.281 0	0.510 80	2.50	5.00
精神风貌	4.193 7	0.484 79	2.71	5.00
文明行为	4.050 5	0.566 85	2.57	5.00
总平均分	4.161 3	0.369 45	3.32	4.94

　　笔者对在校大学生文化素质与其相关可能因素进行相关性分析发现，大学生文化素质与性别、年级、学科类别不存在显著的相关关系。大学生文化素质与政治面貌存在正向的、微弱的相关关系（见表6-7）。

表 6-7　大学生文化素质与其相关可能因素的相关性分析

变量	v_1	v_2	v_3	v_4	v_5	性别	年级	学科类别	政治面貌
文化素质	0.508**	0.836**	0.673**	0.786**	0.742**	0.073	-0.021	0.053	0.122*

　　从调查结果来看，在大学生关于文化观的正确认识方面，在"文化没有好坏之分"的这一观点上，有近四成的受访学生表示反对，约一成的受访学生表示说不清楚，也有近五成的受访学生表示赞同，说明学生对文化的本质、性质的理解尚待加强。在"文化只是维护统治阶级利益的工具"的这一观点上，有73.3%的受访学生表示强烈反对或反对，有15.3%的受访学生说不清楚，持赞同观点的学生占比为11.5%。在"与满足国家发展、社会进步需要相比，能满足我个人需要的文化更有价值"的这一观点上，有60.8%的受访学生表示强烈反对和反对，有16.9%的受访学生说不清楚，但仍有21.4%的学生比较赞同。在"只要自己安定富足，中华文化发展与否对我来说不是很重要"的这一问题上，绝大部分受访学生持反对态度，但有3.9%的学生持肯定态度。这说明，受访学生大体持有正确的文化观，但在文化本质和文化发展问题上仍需要提升认识水平。

　　在大学生对中国精神的认识方面，近90%的受访学生反对"为中华崛起而读书已经过时了""为国家利益和社会利益而牺牲个人利益是不值得的"

"现在物质丰裕，不需要艰苦朴素的品质了""相比集体主义，我更认同个人主义"等观点，仅有不到 1% 的学生对以上观点表示赞同。超过九成的受访学生表示"认同社会主义核心价值观"，近八成受访学生认为"自己会为中华民族伟大复兴贡献力量"。谈及创新精神时，有 22.9% 的学生认为"创新精神很重要，但离我很遥远"，有 31.4% 的学生感觉自己也说不清楚，有 45.7% 的学生表示反对。在对东西方文化的认识方面，超过 80% 的学生认为自己对中华文化有强烈的归属感和认同感，但仍有近 10% 的学生表示自己对中华文化没有很强烈的归属感和认同感。在"和传统节日相比，我更愿意过洋节"的这一观点上，超过 95% 的受访学生表示反对，不到 1% 的学生表示赞同。关于如何看待西方"普世价值"，有近八成的学生表示不认同，仅 1% 的学生表示认同。超过九成的学生对中华优秀传统文化持肯定态度，不认为其糟粕多于精华。将中华文明与西方的物质文明和精神文明相对比时，超过 95% 的学生不认为自己更青睐西方文明，仅有 1% 的学生认为自己更青睐西方文明。谈及西方文化对中国特色社会主义制度是否有借鉴意义时，近九成的学生认为具有一定借鉴意义。超过 95% 的学生表示，如果面对外来文化恶意攻击，自己会主动维护中华文化尊严。

大学生精神风貌的调查结果显示，七成以上的学生认为自己总是充满正能量的，近八成的学生表示会认真做好每件事，七成以上的学生表示即使自己过得不怎么样也乐于帮助别人。近七成的学生对明天充满信心，表示即使在困境依然不会意志消沉。超过八成的学生表示如果有必要，自己愿意为国家利益牺牲个人利益。超过七成的学生表示如果有必要，自己会"路见不平拔刀相助"。九成的学生认为自己不会做违背道德规范的事。

大学生文明行为的调查结果显示，95% 以上的学生表示自己绝大多数时候都能真诚待人、平和友好。94% 的学生表示自己一直比较注重提升自己的道德品格和精神修养。超过八成的学生表示自己写论文、作业、考试等从没有过抄袭、伪造、作假等行为。近七成的学生表示自己没有说脏话的习惯。超过八成的学生热爱参加志愿服务。97.7% 的学生表示自己会遵纪守法、讲究文明礼仪。

（2）关于 G 大学毕业生对文化育人满意度的调查结果。从受访对象基本信息来看，男女各接近一半，近七成的人在 G 大学攻读本科学位，近三成的人在 G 大学攻读硕士学位。毕业 5~10 年（含 10 年）的人占据本次受访对象的 50.36%，毕业 10 年以上的人占据本次受访对象的 20.86%，毕业 3~5 年（含 5 年）的人占据本次受访对象的 14.03%，毕业不满 3 年的人占据本次受访对象的 14.75%。在所属学科中，经管类毕业生占据 56.83%，与 G 大学财经类高校的办学定位相一致。其后分别为理工类和文法类，分别占据 30.58% 和 10.79%。

受访对象对学校校训的记忆程度普遍不深，有 28.23% 的人表示对校训记忆深刻，有 11.87% 的人表示记得校训的大部分内容，有 42.81% 的人表示模糊记得校训的内容，有 17.99% 的人表示完全不记得了。对什么是 G 大学的大学精神，明确表示知道或清楚的人仅占比 17.99%，表示完全不知道或模糊知道的人占比 68.71%，其余则需要经提醒才知道。对学校历史表示知道或清楚的人则稍多，占比 33.82%，但也有 9.35% 的人表示完全不知道，超过一半的人则是模糊知道或需要经提醒才知道。

有 46.04% 的受访对象明确表示在校期间喜欢参加校园文化活动，有 3.96% 的人表示不喜欢，其余则持无所谓态度。关于在校期间参与校园文化活动的总次数，六成以上的人表示不到 10 次，有 12.59% 的人表示参加 10~20 次，有 11.15% 的人表示参加次数在 20 次以上。有 50.12% 的人认为母校有文化品牌或特色活动。受访者普遍对母校文化育人工作持满意态度，其中满意度最高的为校园自然风光，有 92.8% 的人感到满意，不满意的为 0。满意度排序紧随其后的是校园人文景观满意度为 84.89%，人际关系满意度为 80.21%，校风满意度为 78.42%，运动场、大礼堂等设施场馆和校园文体活动的满意度均为 76.62%，校园广播、校园官网官微、校园宣传栏满意度为 74.46%，文化氛围满意度为 72.3%，学风满意度为 70.14%，中华优秀传统文化教育、革命文化教育、社会主义先进文化教育满意度平均为 70.02%，哲学社会科学讲座满意度为 69.06%。满意度排名最后的是文化实践基地满意度和校园社团满意度，均为 68.34%。

谈及自身文化素质时，有 81.29% 的人认为与母校的文化育人工作有关。对自身文化素质提升影响最大的，依次是个人自修、校园氛围、课堂学习、第二课堂活动和校外实践。毕业生对毕业时自身文化素质感到满意，有 14.39% 的人认为毕业时的文化素质总体来说很高，有 54.68% 的人认为自己毕业时的文化素质高于普通水平。有 64.39% 的人认为毕业时的文化素质对进入社会有很大帮助，有 28.42% 的人认为有一点帮助，仅有 7.2% 的人认为说不清楚或没有帮助。有44.24%的人认为母校对自身文化素质提升的帮助达到甚至超出了自己的预期，有40.65%的人认为只有部分达到了自己的预期，有3.96%的人认为完全没达到自己的预期，其余则表示说不清楚。在谈到母校对自身文化素质提升的帮助是否达到家庭或家长的预期时，44.68%的人认为达到或超出了其家庭或家长的预期，32.37%的人认为只有部分达到，有4.32%的人认为完全没有达到，其余表示说不清楚。

（3）关于用人单位对 G 大学毕业生文化素质满意度的调查结果。受行业需求、学科专业要求等方面的影响，G 大学毕业生的用人单位涵盖了管理学、艺术设计、机械工程、新闻学、传播学、会计学等主要学科，中层（主管、经理、科长、主任）以上人员占比约为三成。用人单位对 G 大学毕业生整体印象较好，认为其整体体现出较高的文化素养，主要表现为人生观、世界观、价值观正，符合社会主流意识形态；其品质认真负责、积极上进、勤学善思、适应性较强、胜任力较强；其行为举止遵纪守法、文明礼貌、善于合作与分享等；但在文化常识和文学艺术品位上，并没有太突出的表现，处于普通水平。用人单位普遍对 G 大学毕业生所体现出的积极主动、善于沟通与合作的品质印象深刻，倾向于用"人缘好""灵活""活跃分子""适应性强""有团队精神"等词形容他们，对 G 大学毕业生在单位的价值表示肯定。在被要求对 G 大学毕业生的文化素质整体印象的满意度进行打分（10 分为非常满意，0 分为非常不满意）时，用人单位平均给出了 8 分的成绩。

三、G 大学文化育人质量评价的结果分析

结合综合模糊评价与调查问卷结果，我们可以一览 G 大学文化育人质量的整体样貌。G 大学在文化育人过程中，有其优势与特色，但也有较为明显的短板和值得改进之处。

（一）G 大学文化育人的优势与特色

1. 顶层设计与系统谋划合理

G 大学文化育人质量评价中育人理念、工作思路、机制体制、队伍保障四个三级指标得分较高，反映了其文化育人顶层设计与系统谋划合理。其突出表现在以下几方面：

　　一是 G 大学将文化育人纳入学校事业发展规划。在《G 大学"十四五"发展规划和二○三五年远景目标》中，G 大学将"建设和谐美丽校园"作为九大任务之一，提出要建设高品质校园文化、建设平安和谐校园。根据该规划，G 大学详细制定了《G 大学"十四五"校园文化建设规划》和《G 大学"十四五"办学条件规划》，明确了"通过美丽校园、魅力校园建设，凸显学校办学特色，实现以文化人，实现满足师生文化需求和增强师生精神力量相统一"的目标。该规划还对"十四五"期间校园文化建设进行了详细规划，将 2021 年确定为"党史学习教育年"，2022 年为"爱校荣校年"，2023 年为"校园场景增靓年"，2024 年为"'三风'提升年"，2025 年为"魅力校园建设年"，明确了"力争用五年的时间打造与学校目标定位相适应的校园文化"的任务。G 大学确立了"学生中心、产出导向、持续改进"的人才培养理念，大力推进德智体美劳五育并举、促进学生全面发展，并在学生培养方案、《G 大学学生管理规定》中得以体现，突出了"立德树人""以人为本"的价值导向。

　　二是 G 大学在学校思想政治工作中有明确的文化育人板块、有符合本校实际和自身特色、切实可行的文化育人工作方案。G 大学重视思想政治工作，《G 大学"十四五"发展规划和二○三五年远景目标》中提出系统推进十大育人体系建设，形成党委统一领导、党政齐抓共管、职能部门组织协调、二级院系具体落实、全校各方积极参与的"大思政"工作格局的目标。在 2022 年 3 月印发的《G 大学思想政治工作质量提升工程实施意见（修订）》中，G 大学将思想政治工作质量提升工程任务进行分解，从深入开展中华优秀传统文化、革命文化、社会主义先进文化教育；推进中华优秀传统文化教育，引导高雅艺术、非物质文化、民族民间优秀文化走近师生；传承和弘扬伟大建党精神，加强红岩精神宣传阐释；开展师生社会主义核心价值观主题教育；开展以劳动教育为重点的宣传教育；开展总体国家安全观教育，提高重点领域防范化解重大风险能力；加强社会主义法治宣传教育；加强全民国防教育，强化国防意识等方面明确了文化育人的具体任务要求。G 大学通过《G 大学思想政治工作质量提升工程任务分解表》，一一落实了文化育人工作内容的任务图、责任人、时间表。根据十大育人体系和《G 大学"三全育人"综合改革建设方案》，G 大学制订了"三全育人"十个子方案，分别明确了重点任务，要求各专项工作组根据任务推进，各相关牵头部门根据工作进度适时检查督办。

三是有健全的校园文化建设机制体制和评估措施。G大学成立了校园文化建设领导小组，由学校党委书记、校长担任组长，相关校领导担任副组长，分管校园文化建设的党委常委任常务副组长，多个职能部门负责人任成员。领导小组下设办公室，负责日常工作的组织协调，办公室主任由党委宣传部主要负责人兼任。G大学以制度形式对校园文化建设任务进行阶段性细化分解，明确责任领导、责任单位、时间进度。在评估考核方面，G大学将校园文化发展目标与二级单位规划目标紧密结合，落实到二级单位年度工作计划中，要求二级单位明确校园文化建设目标任务。在一年一度的目标考核中，G大学对校园文化建设实施过程、进度和是否达到预定目标进行监测评估和跟踪检查，对规划实施发展方向、阶段性目标落实情况、各项强制性内容执行情况进行检查。

四是G大学拥有一支素质较高的校园文化建设和管理队伍。G大学以文件的形式，将党政办公室、党委组织部、党委宣传部、党委学生工作部、党委保卫部、党委教师工作部、国内合作发展处、教务处、科研处、党委研究生工作部、后勤处、财务处、采购与招投标管理中心、基建处、校工会、校团委、信息化办公室等职能部门划定为校园文化建设责任部门，并通过明确编制和岗位职责，保障了文化育人工作有专人负责。G大学每年举行的"校园好新闻优秀指导教师""优秀社团指导教师""优秀信息工作者""优秀团委书记"等针对文化育人队伍的专项评优及表彰，对强化队伍建设发挥了积极作用。

2. 文化育人场域构建适宜

G大学校园文化活动、校园景观建设两个三级指标得分很高，评级均为"优"，中华优秀传统文化、革命文化和社会主义先进文化教育进课堂，中华优秀传统文化、革命文化和社会主义先进文化主题教育活动两个三级指标得分较高，评级均为"良"，反映了G大学在文化场域构建方面取得了较明显的成果。

G大学自然风光优美，是××地区"十佳园林式单位""文明单位""绿色学校建设示范学校"和××地区首批"美丽校园"。校园风景文化规模建设呈稳定扩大的趋势，标志性人文景观不断增加。例如，校园文化艺术主题项目"智慧"等10组雕塑，图书馆"探索""文化之光"等4面主题漆画或壁画，校前广场校训景观石等文化景观，已成为校友、师生合影留念、学习休闲的热门去处，也吸引了××地区市民前往参观休闲。G 大学拥有较强的文化供给能力。校训、校徽在校园随处可见，校园视觉识别系统（VIS）、图书馆导视系统全面推广，教学楼、行政楼、实验楼的系列文化标牌、"社会主义核心价值观""新时代高校教师职业行为十项准则""中外经典励志名言"等宣传标牌清晰可见，校园路牌和指示牌、校园橱窗、学生宿舍文化宣传栏、阅报栏、电子显示屏等管理规范，各二级学院有院旗、院徽并在多种场合得以展现。G 大学设计开发的手提袋、U 盘、笔记本、明信片、T 恤、杯子、伞、礼品摆件等系列校园文化用品，受师生欢迎。校园新媒体建设力度较大，官网、官微、官博和抖音等阵地平台建设稳步推进，建成了报、刊、网、站、栏、官微、官博、抖音等融媒体阵地，初步形成策、采、编、审、发一体化生产流程，初步实现资讯编发痕迹、浏览数据动态收集分析。在校园文化宣传方面，G 大学拍摄有若干主题的学校宣传片、微视频，宣传视频在多个官方平台拥有较高的点赞量和转发量。

在中华优秀传统文化、革命文化和社会主义先进文化的进课堂和文化活动开展方面，G 大学总结出了较为先进的经验。G 大学设立了通识学院，探索建立具有学校特色的通识教育体系，搭建包括"国学经典选读"等在内的人文社会科学、自然科学、心理健康、素质拓展以及创业教育五大类 200 余门通识系列特色选修课程体系，培育学生成长为内有人文情怀和科学艺术修养，外能兼济天下、经邦济世的全面发展的人。在《G 大学"十四五"发展规划和二〇三五年远景目标重点任务分解》中，G 大学强调中华优秀传统文化、革命文化和社会主义先进文化进课堂，加强"四史"和形势政策课程教育，面向全体学生开设有中国特色和中国底蕴的哲学社会科学课程，要求弘扬时代精神，培育人文情怀，厚植家国情怀。中华优秀传统文化、革命文化和社会主义先进文化主题教育活动推进有力，印发了《"第二课堂成绩单"制度实施办法（试行）》，将中华优秀传统文化、革命文化和社会主义先进文化作为"5+X"第二课堂课程项目体系中的重要内容，引领学生广泛参与思想成长、创新创业、文体拓展、劳动实践、志愿公益等课外活动。G 大学将"第二课堂成绩单"纳入学生综合素质考评、评奖评优、团员发展、推优入党等工作中，规定学生在校期间完成 3 个第二课堂学分方可毕业。为保证中华优秀传统文化、革命文化和社会主义先进文化进课堂、主题教育活动顺利推进，G 大学统筹协调各部门，有效调动各资源，如在《G 大学关于马克思主义学院建设的实施方案》中要求思想政治理论课教师全面参与校园文化建设与研究，积极指导学校习近平新时代中国特色社会主义思想研习会等理论学习型学生社团建设，深入开展文化育人科学研究。

3. 校园文化服务得当

G 大学育人特色显示度、社会服务好评度、实践创新贡献度三个三级指标得分较高，评级均为"良"，反映了该校文化育人在服务大学生成长成才、服务社会文明进步、服务社会主义文化强国建设方面取得了一定成效。

为服务学生成长成才，G 大学在校园文化建设中积极推动构建"大"勤工助学工作体系，树立"笃学、励志、创造、价值"的勤工助学文化理念，积极营造勤工助学的浓厚氛围，从政策推动、资金支持、场地提供、资源整合、组织管理等方面大力推动品牌化运行"勤工助学+"系列主题平台和品牌活动，并不断挖掘其品牌价值和育人的深度感召力、影响力和旺盛的生命力，丰富了校园文化的层次和内涵。其相关项目获得教育部第八届高校校园文化建设优秀成果优秀奖。

G 大学打造了一批以"优秀毕业生宣讲""感动校园人物评选""校长荣誉奖""新儒商文化节""龙脊书香读书分享会""高雅艺术进校园""翠湖论坛""师德师风演讲大赛"等为代表的先进组织、优秀典型人物评选表彰和文化艺术类品牌活动，形成了校园文化品牌。在服务大学生成长成才方面，G 大学建立了围绕"翠湖文化"为核心的品牌文化集群，以翠湖博士论坛、翠湖读友会、翠湖赛事为引领，以翠湖学者文库、翠湖影视播放厅、翠湖书吧等为载体，广泛开展形式多样、内容丰富的学术文化交流。G 大学的主题教育和文化活动也塑造了特色品牌，一年一度的"新儒商"文化节主动发现大学生需求，采用"青年点单"的方式从网上征集大学生兴趣及意愿，挑选出志趣高雅、积极向上且符合大学生口味的文化活动。该活动得到青年大学生的欢迎和好评，学生参与度高。毕业生文化育人满意度调查结果显示，50%以上的毕业生认为 G 大学有特色文化品牌，说明其文化品牌建设已取得一定成效。当然，其在影响力和传播力方面还存在较大的发展空间。此外，一批包括"戏剧节""草坪音乐会"等在内的颇具口碑的校园文化活动也开始形成品牌，在抖音、B 站等平台获得大量关注和点赞，吸引校内外学生的关注，满足了大学生文化休闲的需要。在打造文化品牌的同时，G 大学打造了以"聚焦交流互动，服务学生发展"为宗旨的学生发展中心，聚焦学生学业就业等核心需求，形成了一批包括树洞、英语角、学习帮扶组、朋辈就业帮扶组等在内的做得实、叫得响的人文服务项目，助力学风建设和学生全面发展。

（二）G 大学文化育人的短板与问题

1. 文化资源创新和开发不充分

G 大学在文化育人质量评价中，"中华优秀传统文化、革命文化和社会主义先进文化教育资源库及基地建设"三级指标评分较低，评价等级为中级，反映其文化资源创新和开发方面存在薄弱环节。

作为第二批国家大学生文化素质教育基地，G 大学注重校内文化素质课堂教育，但文化资源主要依赖于校内，与校外合作共建有 1 个文旅协同创新平台、1 个大学生影视与传媒实习实训基地、1 个旅游营销研究中心、1 个乡村振兴大学生社会实践基地及数十个专业实习实训基地。其中多是与大学生专业知识、技能技术学习有关，校企合作、校地合作的相关文化平台、文化研究尚未形成力量，与提升大学生文化素质，弘扬中华优秀传统文化、革命文化和社会主义先进文化的强相关的教育基地尚未出现。G 大学有优美的自然风光，位于当地著名南山风景区内，有清甜山泉"梦泉"和著名文化景点"南山书院"。G 大学也拥有多位文化名师，其中有创作出《山城棒棒军》《邓小平在重庆》并风靡全国的国家一级编剧，有荣获过冰心散文奖的作家，有享受国务院特殊津贴的中国古代韵文专家，培养出获得过中国新闻奖一等奖的学子等，但这些景点、名师、校友资源的开发和利用尚未达最佳状态。G 大学未有效对这些文化资源进行梳理、分级、整合，未发掘和凝练特色品牌，并围绕特色品牌进行打造，未形成经典品牌。例如，《山城棒棒军》曾在 20 世纪末风靡全国，成为一座城市的形象，但 G 大学并未借此品牌进行再造和累进创新。"南山书院""梦泉"等景观也缺乏大众互动和技术运营，未产出相关文创周边产品，未形成文化生态体系。

2. 大学精神凝练和弘扬不到位

毕业生调查问卷结果显示，近六成的人对校训印象模糊，近七成的人对大学精神感到完全不知道或模糊，这说明 G 大学在大学精神的凝练和弘扬方面存在突出问题。G 大学校训为"厚德博学，求是创新"，表达了学校对师生做人、做学问和干事业的要求，是大学精神的凝结。然而，校训无法囊括大学精神的全部内涵，且同质化情况又十分严重，未能彰显办学特色。作为地方财经类高校，G大学一直在不断凝练和塑造具有特色的大学精神，经过长期积淀和探索，最终将"含弘自强、经邦济民"确定为大学精神。该大学精神体现了学校财经特色，展示了胸怀家国天下的理想情怀。为落实和弘扬大学精神，G大学尝试将此精神高度凝练为"新儒商"精神，试图以培养具有"新儒商"精神的高素质人才为目标，也围绕"新儒商"精神开展了一系列文化活动。这本是凝聚大学精神的一次大胆尝试，遗憾的是，除以"新儒商"冠名的大学生科技文化节延续多年之外，G大学并未对"新儒商"精神的理论内涵、表现形态、具体特征等作出阐释，也未塑造出实质性的"新儒商"精神文化体系。此外，偶有教师尝试对G大学的大学精神作出阐释，将其凝练总结为"百折不挠的精神""求真务实的精神""开拓创新的精神"，但是，这种大学精神也缺乏鲜明特色，难以形成共识。可以看出，G大学在大学精神塑造和凝练上，存在"散"和"乱"的现象，尚未形成具特色鲜明并达成师生共识的大学文化之"魂"。

3. 文化成果推广不得力

G大学在中华优秀传统文化、革命文化和社会主义先进文化教育资源库及基地建设"育人成果推广"三级指标评分较低，评价等级为中级。这证明其文化资源创新和开发方面存在薄弱环节。

一是品牌活动招牌不够响。G大学现已初步形成以"翠湖文化"为核心的品牌文化集群，然而该品牌的参与度、影响力大多限于校内师生，尚未得到有效扩散，部分文化活动有其他高校参与，但参与面不广、参与程度不深。G大学虽然经常承办地区性科技文化活动、赛事，但未形成G大学自主举办的具有一定知名度、延续性、能广泛吸引社会普遍参与的"办得漂亮""叫得响亮"的标志性招牌活动。二是文化成果转化不够深。G大学创作出过弘扬革命精神的舞蹈《我们也有一面旗》、致敬中华优秀传统文化的民乐小合奏《春江花月夜》、献礼社会主义先进文化的朗诵《风从南山起》、获得全国大学生艺术展一等奖的舞蹈《母亲的火塘》、小合唱《甲木萨》等原创精品力作，也建设出了以名人雕像、翠湖、澄怀亭等为核心的文化景观平台和以校史馆、南山书院为核心的文化展示平台，还培育出多项校园文化建设相关科学研究项目，但这些文化成果未能以深度合作的方式形成产业链、供应链、价值链上的有效转化。三是文化宣传的力度不够强劲。G大学注重文化宣传，其校园文化建设也多次被《光明日报》《中国教育报》等媒体宣传报道。然而，其文化推广形式较为传统，多依赖于主流媒体，会议推广、活动推广、培训推广、文件推广、网络推广等多种形式融合不充分，不论是文化品牌活动、文化景观、文化名人还是文化用品，普遍缺乏故事驱动和技术推动，在网络运营和平台借力方面也有所欠缺，未能作为典型和榜样在高校中引起借鉴和效仿，尚无一能达到"引爆"的效果。

四、G 大学文化育人质量提升的建议

经过对 G 大学文化育人质量的深入分析，总结 G 大学在文化育人实践中的独特优势，并反思其短板和不足，我们可以对 G 大学文化育人质量提升提出具体建议。

（一）阐释与弘扬大学精神

大学精神是一所大学的文化核心和灵魂，是大学在长期的发展中不断积聚、演进而来的具有独特气质的精神形式和文明成果。大学精神是"科学精神的时代标志和具体凝聚，也是整个人类社会文明的高级形式"①。大学精神如一面明镜，孕育于特定的历史、文化、环境中，而其一旦形成又会在实践中通过与环境中的人和事的交互，完成自身的独立和超脱，成为启示并指导人的一面明灯，具有塑造价值、凝聚共识、规范行为的重要作用。G 大学属于地方财经类院校，其办学定位是"高水平财经类应用研究型大学"。在党中央、国务院"深化'三全育人'综合改革""开展爱国主义教育""推动'四史'学习教育""开展党史学习教育""'双一流'建设""'新工科、新医科、新农科、新文科'建设"等一系列重大举措和重点要求背景下，围绕学校定位及"培养应用型、复合型、创新型和国际化的高级专门人才"的人才培养总目标，进一步凝练校园价值观，加强阐释和弘扬"含弘自强、经邦济民"的大学精神，关系到师生对学校的认同感和归属感，关系到高质量校园文化建设，关系到学校发展和人才培养目标的实现。

G 大学进一步阐释和弘扬大学精神，一方面要对大学精神进行深入阐释，梳理其丰富的内涵和实践意蕴，明确学校定位、特色、发展目标与大学精神

---

① 李辉，钟明华. "大学精神"的本质特征及其建设思路［J］. 中山大学学报（社会科学版），1999（2）：116-120.

的关系，厘清"高水平财经类应用研究型大学"中的"高水平""财经"特色、"应用"定位与"含弘自强、经邦济民"大学精神的理论逻辑，对 G 大学精神的合理性、适切性进行分析，提升大学精神与办学定位的适配度。G 大学要对"新儒商"精神进行重塑，提炼出大学精神的"魂"，挖掘其中核心理念并进行加工，形成与学校相符合的大学精神画像；通过模范人物、典型案例、先进事迹等，对"新儒商"形象进行适度包装、大力弘扬，在校园中产生对"新儒商"的文化崇尚、情感尊重和价值认同，进而将其作为理想与追求。另一方面，G 大学要围绕大学精神对文化建设和文化活动进行整体规划与系统设计。G 大学要建设一批体现学校特色的文化景观，规划建设具有主题性的自然景观和文化修读休闲点，规划建设学校各类主题展馆，定期举办主题展览，美化廊、亭、墙面景观，建设不同年代的主题文化场景，形成主体群组人文景观。G 大学应产出一批以阐释和培育 G 大学的大学精神的研究成果。例如，G 大学应深入挖掘校史资料，把断的历史串起来，把散的文化聚起来，形成一批集中展示学校校训和"三风"精神内涵的"学术文库""口述校史""校友风采录"等文献资料；开展一批展示大学精神的主题文化活动，充分利用各种重大节日、庆典，通过学术论坛、沙龙、文体活动、庆典晚会等形式，将大学精神在不同渠道以多种形态展现出来，将"新儒商"形象树立起来，将模范人物和先进事迹广泛宣传报道出来。G 大学应及时完善和规范使用学校视觉识别系统，加强对视觉识别系统在文化产品方面的开发、使用和推广，充分展示学校形象和育人理念，彰显大学精神。

（二）加强文化教育基地和资源库建设

文化教育基地是展示中华优秀传统文化、革命文化、社会主义先进文化的有效载体，是加强传统文化教育、爱国主义教育和思想道德教育的重要场所，也是中华民族的精神高地。作为最立体、最直观的教科书，文化教育基地以文化遗址、博物馆、纪念馆、党史馆、烈士陵园等形式出现，相较于校园文化渐进式的耳濡目染，文化教育基地的全景式、沉浸式体验往往更有冲击力、震撼力，更能达到启智润心的效果。文化资源库是历史文化档案记录和研究的信息源泉。在信息化时代，文化资源库包含了图书馆、档案馆、文化馆等有形存在，也包含了在线平台这种云端存在。线上的文化资源库常常以文字、图片、影像、声音等形式，满足人多样化的文化需要，在技术手段的加持下，凸显出比实体资源库更加便捷、新颖、灵活的优势。G 大学位于历史文化名城，所在地区及周边有包含歌乐山烈士陵园纪念馆、红岩革命纪念馆、中国民主党派历史陈列馆、白公馆、渣滓洞、邓小平故居、陈独秀旧居、聂荣臻元帅陈列馆等在内的爱国主义教育基地，有图书馆、三峡博物馆、大足石刻、自然博物馆、工业博物馆、816 地下核工程等历史文化展馆，拥有丰富的合作共建文化教育基地的条件和机会。G 大学已开发的大学生思想政治理论课实践平台资源库，以线上线下相结合的形式带领大学生开展社会调查、赏析美文、聆听讲座、参观展馆、讨论时政等，已成为其文化教育资源库建设的成功案例。

加强文化教育基地和资源库建设，一是要探索共建校馆文化教育基地。G 大学周边拥有丰富的文化教育基地和历史文化展馆，可以谋求与各类基地和展馆的合作，共建资源整合、信息共享、协同育人的文化育人平台。在保护双方文化资源和相关权益的情况下，校方探寻学校最大限度利用资源，如在组织生活、党课培训、团日活动、节日庆典等各级各类主题活动中开展参观、展演等文化教育；馆方充分利用学校宣传渠道和人力资源开展文化保护和宣讲等相关活动的深度合作模式。二是要尝试搭建文化资源研学平台。G 大学有文化旅游、电子商务、新闻传播、艺术设计等多个学科，拥有大量具备丰富经验的专业技术人才，有文化开发、创意、推广方面的能力与意愿。G 大学可以探寻与政府、公共服务机构、企业等进行合作，搭建融实习实践、委托研究、技术开发、业务培训、志愿服务等在内的文化资源研学平台。三是要大力开发数字文化资源库。G 大学应尝试运用新技术、新手段，开发包含图书、音乐、舞蹈、戏剧、曲艺、书法等多种文化领域的数字文化资源库，推出如慕课、云课堂、随身听、掌上阅读等为形式的简易、便捷的线上文化数字资源供给，设计如智能机器人、动漫、游戏、虚拟现实漫游等在内的形式新颖、内容丰富的视觉感官体验，在提供历史文化资料介绍外，增加互动交流等综合服务，以增强对大学生的吸引力，满足不同群体的审美眼光和情趣需求。

（三）促进文化成果转化和推广

促进文化成果的转化和推广，是高校文化传承和创新职能的必然要求，也是大学文化育人的应有之义。衡量一所高校文化创新能力，关键看其产出了多少标志性文化成果，拿得出多少体现学校特色和水平、在国内外具有一定影响力和知名度的"拳头产品"。文化成果的数量和质量在很大程度上彰显了高校的文化水平、文化品位、文化气质、文化精神，是一所高校的财富。好的文化成果如果转化和推广得当，能产生巨大的社会效益。G大学产出过不少优秀文化成果，以"翠湖文化"为核心的品牌文化集群繁荣活跃，以满足大学生核心需要为目的的校园文化服务体系逐步建立，大学生原创文化艺术精品力作层出不穷，校园文化建设科学研究硕果累累，对外文化交流活动品牌日渐成熟。但是，G大学在文化成果转化和推广方面仍存在突出问题，具有重大影响力、辨识度的标志性文化成果相对缺乏，文化成果"高原"和"高峰"不足。

促进文化成果转化和推广，一是要开发一批校园文化产品。例如，G大学可以围绕"翠湖""梦泉""澄怀亭"等标志性景点，或者音乐节、艺术展、时装秀等活动，或者感动校园人物、校长荣誉奖获得者、优秀校友等人物，设计制作各类先进奖章和纪念证、纪念章，设计评选代表学校办学特色和目标定位的吉祥物，拍摄一系列宣传学校改革发展成就的音视频作品，开发和创制一批有情怀、有文化、有美感的校园文创产品。二是要拓宽校园文化品牌活动交流渠道。例如，G大学可以在感动校园人物评选、校长荣誉奖评选等各类师生先进典型的设立、评选、表彰和入学典礼、毕业典礼等重大庆典仪式以及高雅艺术进校园、翠湖论坛、翠湖读友会、大学生第二课堂素质拓展工程等特色品牌活动中，积极吸引行业专家、友好学校、帮扶单位、杰出校友、家长等参与，积极整合广大师生、校友和社会各界的资源，扩大社会参与渠道，将浓厚的校园文化氛围辐射开来。三是要优化传统的文化成果推广方式，通过媒体矩阵传播，实现精准推送。例如，G大学可以发挥传统媒体与新媒体的各自优势，探索具有特色的媒体融合之路，在教育主管部门的支持下，通过信息化手段，充分运用大数据、云平台，将现有文化成果进行分解与重构，结合时代需要，向相关机构、企业、高校同行、新闻媒体等定期推送微电影、宣传片、纪录片、科学研究等优质研究成果，促进研究转化成果的精准供给。四是要在国际舞台展示文化成果和形象。国际会议、论坛、中外合作办学、学生交流互访等形式，是加强国际文化交流、推广文化成果的重要渠道。G大学可以通过制作多语言宣传片、建设多语言校园网站、参与海外文化艺术交流演出和国际比赛等，增强文化成果的对外传播能力，助力学校国际形象的提升。

（四）加大以生为本的文化供给力度

立德树人是高等教育的根本任务，是高校文化育人的根本目的。大学生是高校文化建设的服务对象，满足大学生成长成才的文化需要是高校文化建设的宗旨。在大学阶段，随着一个人生理、心理的快速发展，其认知结构和行为模式不断成熟，自主意识不断强化，对周围惯常出现的事物开始有了不同程度的探索、质疑、逆反心理。再加上自媒体时代的到来，网络信息大爆炸，"娱乐至死"、短平快的快餐文化大行其道，使得主流文化出现被淡化、虚化和弱化的现象。一旦高校文化产品和服务偏离大学生个性化、多样化、层次化的需要，就会出现被大学生抛弃，失去主动权，出现失语、失声的现象。因此，丰富大学生精神文化生活、提升大学生综合素质、满足大学生核心需求，不断提升文化供给的质量，设计主题鲜明、形式多样、与时俱进的文化产品和文化服务，是大学文化育人的应有之义。G 大学在以生为本的文化供给上有着丰富的经验，形成了"大勤工助学"文化格局，打造出了一批大学生喜闻乐见的文化艺术体育活动，初步形成了"翠湖文化"品牌，建设了风物宜人、景观雅致的校园环境。然而，新时代也给 G 大学文化供给带来了新的机遇与挑战。如何紧密围绕"深化'三全育人'综合改革""开展爱国主义教育""推动'四史'学习教育""开展党史学习教育"要求，推出高质量的文化产品与服务；如何在"三贴近、三服务"背景下培养更多能服务于区域文化建设的优秀人才；如何在舆论生态、媒体格局、传播方式都发生深刻变化的前提下，建设与办学特色和人才培养目标相匹配、协调发展的文化成果，是 G 大学文化供给需要认真思考和回答的问题。

加大以生为本的文化供给力度，一是要精准识别服务需求，开展文化产品与服务的供给侧改革。G 大学应尝试进行文化需求测试，围绕大学生核心需求，提供满足学生实际需要的文化内容。以生为本，彰显大学生主体地位，不能仅从教育者视角出发来设想学生可能需要什么，而是真正走进大学生，从大学生的视角出发，摸清其需求。例如，G 大学可以对大学生进行文化素质及文化需求测试，发现其中不足之处及需要改进之处，对症下药，寻求与之适配、补齐短板的文化内容。二要精准供给文化产品和服务，丰富文化供给形式。G 大学应优化传统供给渠道，使文化产品与服务的获取更加便利，构建无处不在、无时不有、触手可及的文化供给体系。例如，G 大学可以整合校内外文化资源，充分鼓励文化企业和技术公司参与，搭建即时文化互动平台，实现信息、资源、技术互联互通，形成"学生点单"的文化产品供给与服务模式，建立量、质并举的文化"市场"，尽可能地使每一位大学生都能找到不同层次、不同类别、不同领域的文化产品，享受到及时、便捷的文化服务，精准满足大学生个性化的要求。三是要精准管理文化供给，提升校园人性化服务水平。人性化服务水平是营造校园人文氛围，构建和谐校园、文明校园的重要环节。人性化服务体现在校园每一项制度、每一处景观、每一位师生的言行之中。提升校园人性化服务水平，要求在校园的人、事、物中体现人文关怀。例如，G大学可以通过完善校内修读点人性化配套设施，规划建设人行步道、盲道以及无障碍通道，规划建设户外人行步道上直饮水点，提升车辆和行人的安全性与舒适度，设计制作安装"微笑提示"文创导视牌等，进一步完善校园文化基础设施建设，让师生从校园随处可见的物件中体会人文关怀。

参考文献

（一）经典著作类

[1] 马克思，恩格斯. 马克思恩格斯选集：第 1~4 卷 [M]. 北京：人民出版社，2012.

[2] 列宁. 列宁选集：第 1~4 卷 [M]. 北京：人民出版社，2012.

[3] 毛泽东. 毛泽东选集：第 1 卷 [M]. 北京：人民出版社，1991.

[4] 邓小平. 邓小平文选：第 3 卷 [M]. 北京：人民出版社，1994，1993.

[5] 习近平. 习近平谈治国理政 [M]. 北京：外文出版社，2014.

[6] 习近平. 习近平谈治国理政：第 2 卷 [M]. 北京：外文出版社，2017.

[7] 习近平. 习近平谈治国理政：第 3 卷 [M]. 北京：外文出版社，2020.

[8] 习近平. 习近平谈治国理政：第 4 卷 [M]. 北京：外文出版社，2022.

（二）重要文献类

[1] 中共中央文献研究室. 十八大以来重要文献选编（上）[M]. 北京：中央文献出版社，2014.

[2] 中共中央文献研究室. 十八大以来重要文献选编（中）[M]. 北京：中央文献出版社，2016.

[3] 中共中央文献研究室. 十八大以来重要文献选编（下）［M］. 北京：中央文献出版社，2018.

[4] 教育部思想政治工作司. 加强和改进大学生思想政治教育重要文献选编（1978—2014）［M］. 北京：知识产权出版社，2015.

[5] 中共中央文献研究室. 习近平关于社会主义文化建设论述摘编［M］. 北京：中央文献出版社，2017.

[6] 刘方喜，陈定家. 马克思恩格斯列宁斯大林论文艺与文化（上、下）［M］. 北京：中国社会科学出版社，2012.

[7] 毛泽东. 毛泽东文艺论集［M］. 北京：中央文献出版社，2002.

[8] 周恩来. 周恩来文化文选［M］. 北京：中央文献出版社，1998.

[9] 邓小平. 邓小平论文艺［M］. 北京：中共党史出版社，1998.

[10] 江泽民. 江泽民论文艺［M］. 北京：人民文学出版社，1998.

[11] 习近平. 决胜全面建成小康社会 夺取新时代中国特色社会主义伟大胜利：在中国共产党第十九次全国代表大会上的报告［M］. 北京：人民出版社，2017.

[12] 习近平. 在纪念马克思诞辰200周年大会上的讲话［M］. 北京：人民出版社，2018.

[13] 中共中央关于深化文化体制改革推动文化大发展大繁荣若干重大问题的决定［N］. 人民日报，2011-10-26（01）.

[14] 关于培育和践行社会主义核心价值观的意见［N］. 人民日报，2013-12-24（01）.

[15] 习近平. 把思想政治工作贯穿教育教学全过程［N］. 人民日报，2016-12-09（01）.

[16] 中共中央办公厅、国务院办公厅印发国家"十三五"时期文化发展改革规划纲要［N］. 人民日报，2017-05-08（02）.

[17] 习近平. 在全国宣传思想工作会议上强调 举旗帜聚民心育新人兴文化展形象 更好完成新形势下宣传思想工作使命任务［N］. 人民日报，2018-08-23（01）.

[18] 习近平. 论党的宣传思想工作［M］. 北京：中央文献出版社，2020.

［19］习近平．思政课是落实立德树人根本任务的关键课程［J］．求是，2020（17）：4-11.

［20］中共中央国务院印发深化新时代教育评价改革总体方案［N］．人民日报，2020-10-14（01）.

［21］习近平．增强文化自觉坚定文化自信 展示中国文艺新气象铸就中华文化新辉煌［N］．人民日报，2021-12-15（01）.

［22］习近平．在庆祝中国共产主义青年团成立100周年大会上的讲话［N］．人民日报，2022-05-11（01）.

［23］习近平．论党的青年工作［M］．北京：中央文献出版社，2022.

（三）学术著作类

［1］秦在东．思想政治教育管理理论［M］．武汉：湖北人民出版社，2003.

［2］沈壮海．思想政治教育的文化视野［M］．北京：人民出版社，2005.

［3］郭凤志．德育文化论［M］．长春：吉林人民出版社，2005.

［4］董泽芳．高等教育的生命线：高等教育质量的理论与实践问题研究［M］．武汉：武汉大学出版社，2009.

［5］胡显章．先进文化建设中的大学文化研究［M］．北京：高等教育出版社，2009

［6］潘懋元．大学教育质量的理论与实践研究［M］．广州：广东高等教育出版社，2009.

［7］王建华．多视角的高等教育质量管理［M］．广州：广东高等教育出版社，2010.

［8］费孝通．文化与文化自觉［M］．北京：群言出版社，2010.

［9］黄启兵，毛亚庆．大众化高等教育质量保障：基于知识的解读［M］．北京：北京师范大学出版社，2011.

［10］刘洪一．文化育人［M］．北京：商务印书馆，2012.

［11］董云川，周宏．大学的文化使命：文化育人的彷徨与生机［M］．北京：人民出版社，2012.

［12］特伦斯·W.拜高尔克，迪恩·E.纽鲍尔．亚太地区高等教育质量与公共利益［M］．杨光富，任友群，译．上海：华东师范大学出版社，2012.

［13］吴潜涛. 高校思想政治教育的理论与实践 ［M］. 北京：人民出版社，2012.

［14］孙其昂. 思想政治教育学前沿研究 ［M］. 北京：人民出版社，2013.

［15］白显良. 隐性思想政治教育基本理论研究 ［M］. 北京：人民出版社，2013.

［16］乔万敏，邢亮. 大学生思想政治教育质量提升模式研究 ［M］. 北京：人民出版社，2013.

［17］韩延明，萧思健，周晔. 大学文化育人之道 ［M］. 北京：高等教育出版社，2013.

［18］张岂止. 大学的人文教育 ［M］. 北京：商务印书馆，2014.

［19］张岱年. 中国文化精神 ［M］. 北京：北京大学出版社，2015.

［20］吴清一. 大学文化的四维向度及其育人功能实现研究 ［M］. 北京：中国社会科学出版社，2015.

［21］孙麾，林剑. 马克思的文化观与当代中国文化建设 ［M］. 北京：中国社会科学出版社，2015.

［22］程刚. 大学生思想政治教育质量提升模式研究 ［M］. 北京：中国书籍出版社，2015.

［23］薛萍. 社会主义文化观 ［M］. 北京：吉林文史出版社，2016.

［24］迟海波. 大学文化自觉的现实追寻 ［M］. 北京：中国社会科学出版社，2016.

［25］睢依凡，等. 大学文化思想及文化育人研究 ［M］. 杭州：浙江大学出版社，2016.

［26］张安富. 中国高等教育质量与水平研究 ［M］. 北京：高等教育出版社，2016.

［27］沈壮海. 思想政治教育有效性研究 ［M］. 武汉：武汉大学出版社，2016.

［28］刘建军. 寻找思想政治教育的独特视角 ［M］. 北京：中国人民大学出版社，2017.

［29］王永友. 哈军工文化研究：兼论哈军工思想政治教育 ［M］. 北京：中国社会科学出版社，2017.

[30] 冯刚. 改革开放以来高校思想政治教育发展史 [M]. 北京：人民出版社，2018.

[31] 万思志. 大学基本功能异化问题研究 [M]. 北京：科学出版社，2018.

[32] 冯刚. 高校思想政治教育工作质量评价研究 [M]. 北京：人民出版社，2020.

[33] 王振. 思想政治教育视域下以文化人研究 [M]. 北京：社会科学文献出版社，2021.

（四）期刊论文类

[1] 刘克利. 高校文化育人系统的构建 [J]. 高等教育研究，2007 (12)：8-11.

[2] 沈壮海. 关注思想政治教育的文化性 [J]. 思想理论教育，2008 (3)：4-6.

[3] 郑永廷，董伟武. 论思想政治教育的文化功能及其发展 [J]. 江苏高教，2008 (5)：113-115.

[4] 蔡劲松. 大学文化育人的主体视角与实现路径 [J]. 中国高等教育，2008 (21)：52-54.

[5] 曹文彪. 文的内化与外化的循环系统：关于文化本义的新阐释 [J]. 学术研究，2009 (6)：19-24，159.

[6] 王永友. 大学文化建设评价的思想方法 [J]. 黑龙江高教研究，2009 (1)：111-114.

[7] 王永友，郝菲. 多维度把握大学文化形成与作用的规律 [J]. 学校党建与思想教育，2011 (19)：82-84.

[8] 尉天骄，王恒亮. 论思想政治教育的文化属性 [J]. 求实，2011 (8)：77-80.

[9] 韩迎春，张蕾. 论思想政治教育的文化使命 [J]. 学术论坛，2011，34 (3)：46-49.

[10] 黄蓉生. 关于高等教育质量基本问题的思考 [J]. 中国高教研究，2012 (4)：5-9.

［11］骆郁廷，魏强. 文化发展视域下的大学生思想政治教育［J］. 思想理论教育，2012（5）：39-44.

［12］卢景昆，罗洪铁. 论思想政治教育的文化责任［J］. 思想教育研究，2012（3）：17-20.

［13］徐春艳，田九霞. 论文化软实力视域下思想政治教育的文化价值［J］. 学术论坛，2013（4）：63-66.

［14］张小琏，刘思林. 人文关怀视野下的高校思想政治工作［J］. 思想教育研究，2013（4）：93-96.

［15］刘时新. 大学生思想政治教育人文关怀路径探析［J］. 思想理论教育导刊，2013（6）：113-115.

［16］刘献君. 论文化育人［J］. 高等教育研究，2013，34（2）：1-8.

［17］宋有. 论思想政治教育的文化交往［J］. 思想教育研究，2013（1）：13-17.

［18］郑永廷. 大学生思想政治教育质量提升的理论研究［J］. 思想教育研究，2013（6）：14-16.

［19］李艳，杨晓慧. 文化自觉：高校思想政治教育的理性逻辑［J］. 中国高等教育，2013（Z1）：51-53.

［20］孟东方，王资博. 我国文化竞争指数的理论框架与现实应用［J］. 改革，2013（11）：146-156.

［21］李艳，杨晓慧. 文化自觉：高校思想政治教育的研究定位［J］. 思想理论教育导刊，2014（3）：94-99.

［22］沈壮海. 将优秀传统文化融入高校立德树人实践［J］. 思想政治工作研究，2014（4）：10-13.

［23］李建国. 文化育人的哲学省思［J］. 高等教育研究，2014，35（4）：8-5.

［24］王永友，王莹. 校园文化价值观的培育、凝炼与建设［J］. 中国高等教育，2015（Z1）：77-79.

［25］黄蓉生. 社会主义核心价值观的文化视域思考［J］. 中国高校社会科学，2015（1）：30-41，156-157.

［26］王永友. 论邓小平文化思想的理论体系与科学逻辑［J］. 思想理论教育导刊，2015（3）：24-28.

[27] 王永友, 史君. 以意识形态为核心提升文化软实力的实践逻辑 [J]. 马克思主义研究, 2015 (4)：91-98, 159.

[28] 孟东方. 经济新常态背景下文化产业竞争力的评估研究：兼论提升文化产业竞争力的路径 [J]. 探索, 2015 (4)：158-161.

[29] 孟东方. 构建中国文化竞争系统运行机制的思考 [J]. 管理世界, 2015 (7)：2.

[30] 王树荫, 石亚玲. 论提升思想政治教育质量的着力点 [J]. 思想理论教育, 2015 (7)：18-22.

[31] 骆郁廷, 陈娜. 论"化人"之"文" [J]. 思想理论教育导刊, 2016 (11)：120-125.

[32] 陈步云, 房正. 用五大发展理念引领大学生思想政治教育质量提升 [J]. 中国高等教育, 2017 (1)：47-50.

[33] 蔺伟, 苟曼莉. 高校文化育人的工作原则和实现途径 [J]. 中国高等教育, 2017 (2)：37-39.

[34] 冯刚. 增强高校思想政治工作的文化力量 [J]. 思想理论教育, 2017 (7)：4-9.

[35] 王永友, 宁友金. 坚定文化自信的基础地位与主体要求 [J]. 毛泽东邓小平理论研究, 2017 (11)：55-61, 107-108.

[36] 骆郁廷. 铸魂育人：新时代文化软实力发展战略 [J]. 文化软实力研究, 2018, 3 (6)：33-41.

[37] 冯向东. 高等教育如何以文化人 [J]. 高等教育研究, 2018, 39 (5)：1-8.

[38] 王威峰, 李红革. 全面质量管理：思想政治教育质量提升的新视角、新路径 [J]. 广西社会科学, 2018 (6)：212-217.

[39] 项久雨, 张畅. 用"温度"提升高校思想政治教育质量 [J]. 思想理论教育, 2018 (8)：22-28.

[40] 曹威威. 高校思想政治教育工作质量评价模式建构研究 [J]. 思想教育研究, 2018 (9)：96-99.

[41] 程刚. 新时代高校文化育人途径探析 [J]. 思想理论教育导刊, 2018 (10)：136-139.

［42］王威峰，秦在东.思想政治教育质量的管理学思考［J］.理论月刊，2018（10）：173-180.

［43］刘建军.高校思想政治教育工作质量评价的必要性、可行性及其限度［J］.学校党建与思想教育，2018（11）：5-7.

［44］王振.深化新时代高校以文化人实践的路径研究［J］.国家教育行政学院学报，2018（12）：53-58.

［45］王振.改革开放以来高校文化育人的回顾与思考［J］.思想理论教育，2018（12）：90-95.

［46］刘先春，赵洪良.高校文化立德树人的育人功能研究［J］.思想教育研究，2018（12）：87-90.

［47］孔祥慧.新时代大学生思想政治教育的文化育人理念及其强化［J］.思想政治教育研究，2019，35（1）：108-111.

［48］马小霞，程良宏，张金运.从"工具人"到"文化人"：学生角色理解的视域演进［J］.当代教育科学，2019（1）：19-24.

［49］沈壮海，许家烨.以高质量文化供给增强人民群众的文化幸福感［J］.党建，2019（6）：19-20，24.

［50］冯刚，张芳.新时代高校文化育人的理论与实践探析［J］.湖北社会科学，2019（5）：176-183.

［51］冯刚.新时代文化育人的理论考察［J］.学校党建与思想教育，2019（5）：4-7.

［52］冯刚，严帅.新时代大学生思想政治教育工作质量评价的方法和路径［J］.国家教育行政学院学报，2019（5）：46-53.

［53］郝保权.明晰新时代文化育人的内在逻辑结构［J］.中国高等教育，2019（1）：56-58.

［54］秦在东，唐佳海.新时代提升文化育人质量的基本方略［J］.思想理论教育，2019（6）：101-105.

［55］代金平，陈雨轩.文化自信视域下高校意识形态教育路径创新［J］.重庆社会科学，2019（6）：108-118.

［56］周琴.思想政治教育视域下学校文化建设的审思［J］.教学与管理，2019（6）：33-35.

［57］龙献忠，胡父尹，陈方芳. 新时代大学生文化自信：价值意蕴、问题归因与提振之道［J］. 高等教育研究，2019，40（7）：91-96.

［58］彭晓波，王贺. 充分发挥文化在高校思政教育过程中的涵养作用［J］. 中国高等教育，2019（8）：51-53.

［59］李睿淳. 教学环境中的文化育人内涵剖析与路径探究［J］. 中国职业技术教育，2019（8）：27-30.

［60］董祥宾. 理解思想政治教育质量的三重维度［J］. 思想理论教育，2019（12）：54-57.

［61］阴浩. 基于文化自觉视野下高校文化育人实施路径［J］. 中国高等教育，2019（21）：51-52.

［62］卢文忠，何春涛. 底线思维下高校文化育人探究［J］. 学校党建与思想教育，2019（23）：91-92.

［63］张红丽，韦冬余. 新时代学校文化育人体系建构的内涵、价值与路径［J］. 教学与管理，2019（33）：36-38.

［64］王振. 增强新时代思想政治教育文化蕴涵的理论思考［J］. 思想政治教育研究，2019，35（2）：136-140.

［65］潘少梅. 青年学生需要什么样的文化服务［J］. 人民论坛，2020（Z2）：136-137.

［66］冯刚，王方. 国际视野下时代新人培育的理论蕴含与实践路径［J］. 国家教育行政学院学报，2020（3）：34-42.

［67］缪学超. 理解、认同与传承：学校仪式的文化育人路径［J］. 湖南师范大学教育科学学报，2020，19（4）：95-100.

［68］罗莎，熊晓琳. 新时代高校文化育人实现理路探赜［J］. 思想教育研究，2020（4）：135-139.

［69］冯刚，史宏月. 建构高校思想政治教育工作质量评价指标体系的方法与路径［J］. 东北师大学报（哲学社会科学版），2020（5）：145-152.

［70］焦连志. 社会主义核心价值观与中华优秀传统文化教育协同机制研究［J］. 中国高等教育，2020（6）：34-36.

［71］黄书光. 回归育人本源：新中国基础教育价值取向的文化反思［J］. 学术界，2020（7）：160-166.

［72］王振.思想政治教育视域下以文化人研究的特点与趋势［J］.学校党建与思想教育，2020（7）：24-27.

［73］冯刚，白永生.高校思想政治教育发展的实践总结和规律把握［J］.教学与研究，2020（8）：64-72.

［74］王以雷.学校思想政治教育"以文化人"的实践与反思［J］.教学与管理，2020（9）：36-38.

［75］邓卓明，宋明江.新时代思想政治教育质量评价的六个维度［J］.思想理论教育导刊，2020（9）：139-144.

［76］郭颖，吴先超，马加名.全面质量管理视域下高校思想政治工作质量提升探微［J］.学校党建与思想教育，2020（17）：94-96.

［77］吴倩，万美容.提升新时代思想政治教育内容供给质量的三重路向［J］.学校党建与思想教育，2020（21）：63-65.

［78］张利明.铸魂育人的文化之维［J］.思想政治教育研究，2020，36（6）：137-141.

［79］乔木.新时代大学生文化自信教育研究［J］.教育理论与实践，2020，40（36）：35-37.

［80］冯刚.高校思想政治教育工作质量评价的时代特点与展望［J］.湖北社会科学，2021（1）：157-162.

［81］章凤红，宋广强.高校发挥中国特色社会主义文化育人功能的三重维度［J］.思想理论教育导刊，2021（1）：119-123.

［82］刘献君，陈玲.学校特色文化建设的路径探究［J］.中国高教研究，2021（3）：51-54.

［83］白显良，章瀚丹.推进思想政治教育质量评价改革需把握十对关系［J］.思想理论教育，2021（3）：11-17.

［84］冯刚，张智.新时代高校思想政治教育工作质量评价指标体系设计的实证研究［J］.思想理论教育，2021（4）：55-59.

［85］孙雷，何玉龙，高晨光.大学文化与城市文化协同育人的探索［J］.中国高等教育，2021（8）：25-27.

［86］张峻峰.推进新时代高校文化育人的逻辑进路［J］.中国高等教育，2021（Z3）：64-66.

[87] 秦在东，祁君. 新时代高校思想政治工作体系建设质量评价的原则、指标体系探赜 [J]. 思想教育研究，2021（8）：143-148.

[88] 沈丽丹，舒天楚. 新时代高校文化建设的内涵挖掘与路径探索 [J]. 思想理论教育，2021（8）：103-107.

[89] 宗爱东. 新时代高校思想政治教育质量评价的政策要素与实施框架研究 [J]. 思想教育研究，2021（10）：134-139.

[90] 冯刚，史宏月. 新时代高等学校思想政治教育质量评价科学化 [J]. 教育研究，2021，42（10）：74-82.

[91] 杨希燕. 以党史教育促进大学生思想政治工作质量有效提升 [J]. 学校党建与思想教育，2021（12）：20-23.

[92] 胡继冬. 大学生文化获得感的基本内涵、生成逻辑及其提升路径 [J]. 学校党建与思想教育，2021（17）：52-55.

[93] 刘哲，吴胜红. 论高校德育的文化属性及其实现 [J]. 学校党建与思想教育，2021（18）：30-32.

[94] 王永智. 论中华优秀传统文化与高校的育人实践 [J]. 中国高等教育，2021（20）：39-41.

[95] 郑磊. 用红色文化铸魂育人 [J]. 红旗文稿，2021（22）：41-43.

[96] 柳安娜，王安全. 从生存到存在：文化育人本质的演变与转向 [J]. 教育理论与实践，2022，42（10）：3-7.

[97] 王学俭，施泽东. 元评价：思想政治教育评价发展的新进路 [J]. 新疆师范大学学报（哲学社会科学版），2022，43（3）：31-42，2.

[98] 刘有升，陈丽静. 优秀地域文化融入高校思想政治教育研究 [J]. 思想政治教育研究，2022，38（2）：147-152.

[99] 李树学，路成浩. 完善新时代高校思想政治教育质量评价体系探究 [J]. 学校党建与思想教育，2022（11）：50-53.

[100] 张贵礼，程华东. 新时代高校文化育人的逻辑理路和实践进路 [J]. 学校党建与思想教育，2023（4）：90-93.

（五）学位论文类

［1］郝桂荣. 高校文化育人研究［D］. 沈阳：辽宁大学，2017.

［2］田歧瑞. 大学生思想政治教育质量基本问题研究［D］. 重庆：西南大学，2017.

［3］杨光. 高校思想政治教育以文化人研究［D］. 长春：东北师范大学，2018.

［4］白永生. 新时代高校文化育人研究［D］. 桂林：广西师范大学，2020.

［5］翟玉华. 新时代大学生思想政治教育以文化人研究［D］. 重庆：西南大学，2020.

［6］王纲. 高校思想政治教育评价视域下第二课堂的学生行为研究［D］. 成都：电子科技大学，2021.

附录

高校文化育人质量评价指标体系

维度指标 A （一级指标）	分类指标 B （二级指标）	二级指标 权重	观测指标 C （三级指标）	三级指标 权重
过程质量 A1 （0.392）	组织领导 B11	0.111	育人理念 C111	0.036
			工作思路 C112	0.036
			体制机制 C113	0.039
	运行保障 B12	0.099	队伍保障 C121	0.035
			经费保障 C122	0.030
			制度保障 C123	0.034
	文化教育 B13	0.091	中华优秀传统文化、革命文化和社会主义 先进文化教育进课堂 C131	0.038
			中华优秀传统文化、革命文化和社会主义 先进文化主题教育活动 C132	0.031
			中华优秀传统文化、革命文化和社会主义 先进文化教育资源库及基地建设 C133	0.022
	文化建设 B14	0.091	大学精神与校园价值观 C141	0.029
			校风、教风、学风建设 C142	0.027
			校园文化活动 C143	0.022
			校园景观建设 C144	0.013

维度指标 A （一级指标）	分类指标 B （二级指标）	二级指标 权重	观测指标 C （三级指标）	三级指标 权重
结果质量 A2 （0.322）	文化认知 B21	0.163	大学生对文化观的正确认知 C211	0.077
			大学生对中国精神、东西方文化的认知 C212	0.086
	文化形象 B22	0.159	大学生精神风貌 C221	0.083
			大学生文明行为 C222	0.076
效益质量 A3 （0.286）	文化育人 影响度 B31	0.101	育人特色显示度 C311	0.055
			育人成果推广度 C312	0.046
	文化育人 贡献度 B32	0.082	社会服务好评度 C321	0.044
			实践创新贡献度 C322	0.038
	文化育人 满意度 B33	0.103	社会满意度 C331	0.049
			毕业生满意度 C332	0.054

后记

本书的出版得到了重庆工商大学的资助和支持。

本书是在我的博士论文的基础上修改而成的。博士阶段的学习虽已结束，但学术研究和育人实践才刚刚开始。今后还有更多的研究需要四年磨一剑甚至十年磨一剑，只有厚积才能薄发。前路漫漫，任重道远。一路走来，我得到了不少人的帮助和鼓励。感谢恩师王永友教授孜孜不倦的教导，从论文选题的确定、框架的调整以及定稿，每一步都幸得导师在前方指引，我才不至于迷失方向。定期向王老师汇报的压力促使我不断思考如何提出真问题、完善知识结构、夯实基础功底。王老师在师门读书会上、在课堂上、在私下交流中，教会了我们怎样读有用的书、想务实的问题、用科学的方法、做真正的学问。在日常生活中，王老师也以身作则，教会了我们怎样做一个负责的人、真实的人、勤奋的人、善良的人。西南大学马克思主义学院的博士生导师团队也给予了我极大的帮助和启发。罗洪铁老师教会了我如何从概念入手，一步步严谨、规范地进行理论研究；黄蓉生老师告诉了我坚持守正创新、拥有大视野和大格局的重要性；白显良老师让我懂得要关注重大现实问题并解现实之惑。还有陈跃老师、靳玉军老师、何玲玲老师、吴艳东老师、邹绍清老师、周琪老师、胡刘老师……在我课程学习和论文的选题、写作中都给予过指导和帮助。专家们的倾囊相授，让我从最初不懂如何真正做研究，只能写出"文件式"的文章，到今天能学有所成，独立开展学术研究。

笔者广泛收集文献资料，多次请教专家意见，深入高校开展调研，最终完成本书的写作。感谢在研究过程中提供无私帮助的西南大学团委张瑜副书记，西华师范大学化学化工学院郑琳川书记，重庆工商大学原纪委书记周航、原副校长何勇平教授、副校长李国军教授、杨维东、吴佑波、华杰、陆嘉、杨娟、王婷、陈琛、张薇薇等领导以及当时的辅导员游薇、陈曦、古纯玉、何祖润、彭文涛、封海粟等，他们热心参与调研和讨论，为我提供一手数据和资料，使研究能顺利进行。

感谢我的工作单位重庆工商大学的领导和同事们，副校长柏群教授、副校长任毅教授、科研处田双全处长、原研工部王小玲部长等领导在工作中给予了我充分的鼓励、信任与支持，让我在工作之余能抽出时间提升自我。来到马克思主义学院后，学院党委书记宋明江教授、院长刘富胜教授、副院长洪富忠教授、原副院长简福平教授等，也为我的成长进步提供了莫大的支持，这一切都让我倍感温暖。特别感谢西南财经大学出版社李晓嵩编辑，他为本书的编校与出版耗费了大量的心血。

高校文化育人质量评价指标体系构建尚处于探索阶段，由于笔者能力所限，研究还有很多不足之处，只能留待今后不断进行补充与修正，也真诚地希望各位专家、读者批评指正。

董承婷

2024 年 12 月于重庆